MINGSHI JIANG YUWEN
YAN XING JIANG YUWEN

名师讲语文

严杏讲语文

于漪　刘远　主编

严杏　著

语文出版社
·北京·

图书在版编目（CIP）数据

严杏讲语文 / 严杏著. -- 北京 : 语文出版社,
2020.8
ISBN 978-7-5187-0705-8

Ⅰ. ①严… Ⅱ. ①严… Ⅲ. ①语文教学－教学研究－
文集 Ⅳ. ①H19-53

中国版本图书馆CIP数据核字(2018)第099564号

责任编辑 唐 飞
装帧设计 刘姗姗
出 版 语文出版社
地 址 北京市东城区朝阳门内南小街51号 100010
电子信箱 ywcbsywp@163.com
排 版 北京杰瑞腾达科技发展有限公司
印刷装订 北京市科星印刷有限责任公司
发 行 语文出版社 新华书店经销
规 格 787mm×1092mm
开 本 1/16
印 张 13.75
字 数 266千字
版 次 2020年8月第1版
印 次 2020年8月第1次印刷
印 数 1～2,000
定 价 35.00元

010-65253954(咨询) 010-65251033(购书) 010-65250075(印装质量)

序

在我国古代，对教师职责最权威的论断，无疑是唐代著名散文家、教育家韩愈的那句名言："师者，所以传道受业解惑也。"在那个时候，道传得深刻，业授得扎实，惑解得透彻，因而在施教范围内产生了广泛的影响，赢得了良好的声誉，便成了"名师"。到了近代，我国传统教育的精髓与从欧美、日本等国家引进的新的教育学说相互沟通、交融，对于"教师"角色的定位又有了新的更科学的认识，对于"名师"的要求也有了新的内容和标准。

我国历来重视师道的传承关系。所谓"名师出高徒"，短短五个字，道尽了师徒关系的全部奥秘：要被承认是"名师"，必须要有实绩，必须要能用科学的、有效的方法培养出一批又一批的"高徒"来；"名师"与"高徒"之间，前传后承，关键在一个"出"字，怎样才能"出"，怎样便不能"出"，现代教学法的精髓就在于努力探求这"出"的规律和"出"的艺术。

说到"传承"，还有个方式和渠道的问题。先秦时代，万世师表的孔子，留下了一部《论语》。世上有"课堂实录"，在中国，最早恐怕就是这部《论语》了。到 20 世纪，这种教学实录也还流行并有所发展。如梁启超 20 年代在东南大学作长篇讲演，其讲义经听讲人记录后成为了他唯一的一篇论述中学以上语文教学问题的重要论文：《论中学以上作文教学法》。后来，夏丏尊、叶圣陶曾经应邀到上海广播电台就阅读和写作问题作了几次广播讲座，讲稿后经整理便成了他们合著的《阅读与写作》。这是现代传媒第一次成了传播语文教学经验的渠道，这也是现代版的"名师讲语文"之一例，那已经是 20 世纪 40 年代的事了。

改革开放以后，最早通过课堂教学实录传播"名师讲语文"的，当推华东师大教育学教授瞿葆奎领衔主编，1980 年 3 月由人民教育出版社出版的《优秀语文教师上课实录》。出版之后，立即风行全国。随着社会经济的进一步发展和教育教学改革的逐步深入，各种以"优秀教师""特级教师"等"名师"名义编辑出版的"教学实录""教育文库""名家丛书"等纷纷出版，与各种讲习活动和竞赛活动相配合，掀起了一股向"名师"学习的热潮。其中以江苏教育出版社于 1996 年 7 月出版的"中国著名特级教师教学思想录"丛书为代表，从中可以看出这种"名师"读物的基本格局。因为标明是"教学思想录"，所以每位特级教师的介绍都分两大部分，第一部分是"特级教师"本人"夫子自道"，详尽地讲述自己对语文学科的特点和规律的认识，以及自己从事语文教学实践的基本经验（即编者认为的"教学思想”)；第二部分是精选一篇课堂教学实录，具体展示这位特级教师的课堂教学实况，便于读者从“实况”中进一步领会这一位特级教师是如何把自己的教学思想付诸实践的。这显然是在瞿编本“上课实录”的基础上有了新的发展。

不过，“名师”具有历时性，累代“名师”，都反映出他们所处时代的风貌和特色。就20世纪而言，第一代“名师”，工于文史的，就有章太炎、王国维、梁启超、鲁迅等；第二代“名师”，就有黎锦熙、胡适、陈望道、夏丏尊、叶圣陶等；第三代“名师”，就有张志公、张中行、向锦江、冯钟芸、张毕来、刘国正等；到了第四代“名师”，便有斯霞、于漪、霍懋征、钱梦龙、沈蘅仲、章熊、鲁元等。以上只是举其荦荦大者，碍难尽述。如今是第五代、第六代了。对于这些新生代的“名师”，该怎样通过新的传媒和新的编著来传播他们的教学思想和教学经验呢？教育部语文出版社特别策划了一套《名师讲语文》丛书。其“特别”之处主要表现在：

一、选录的都是新生代的语文教学“名师”。20世纪末和21世纪初，正是新一轮课程改革有力推进的历史阶段。在这新的历史阶段，必然要涌现出一批新的、在改革过程中搏浪前进并作出新贡献的教学“名师”。对于新的课程改革，新的语文课程标准，以及根据新课改精神和新课标要求实施语文教学，许多语文教师感到困惑，感到无所适从，这些新生代名师会结合自身体验给他们解惑的钥匙和指路的明灯。

二、结构新颖，内容丰满。该丛书拟出20册，每位“名师”一册，具体书名是《×××讲语文》。每册由四大板块（现今“板块理论”大流行）组成。第一大板块是“我的语文人生”。这一板块，我特别赞赏。前几天，我收到属于第四代“名师”系列的挚友福建省语文特级教师陈日亮先生的一部新著，书名赫然是《我即语文》！他认为语文教师，除了会教语文以外，他的一言一行都应该在语文运用方面堪为典范，语文教师的人生应该是与语文结缘的一生。这大概就是语文出版社诸公此番策划《名师讲语文》时设计第一讲为“我的语文人生”的根本意图。第二大板块是“我的语文理念”。新一轮课改十分重视教育教学理念的更新，那么，新生代的“名师”讲一讲自己的“语文理念”，讲一讲自己对语文和语文教学的认识，当然是题中应有之义。第三大板块是“我的语文实践”，就是以实录的形式呈现原生态的课堂教学过程和内容，再加上主讲者自己的“反思性和说明性”文字，这就同瞿编本和苏教本又有所不同了。更具新意的是第四大板块“我的教学语录”，这是以往任何一种“实录”“文库”“丛书”都没有的，就是新生代的名师，以条目的形式汇集自己富有个性色彩的教学言论。我希望这些语录，至少主要部分应该说得既符合语文和语文教学规律，又确确实实富有个性色彩。

我们期待这套新的丛书能以新世纪特有的风貌呈现在读者的面前。

顾黄初

2007年5月22日于扬州瘦西湖畔

目　录

我的语文人生

我的语文理念

我的语文实践

我的教学语录

求学的日子

湘乡师范的课程

1987 年我考入坐落在石江村的湖南省湘乡师范学校。在湘潭，沿涟水河畔，乘汽车两个小时，便可到达湘乡市东郊乡石江村。

一、美术课的印象

学素描、学国画、练书法、练篆刻是师范美术专业学生的必修课。每年的寒暑假，我们几个爱好美术的同学，相约回到学校，向当时颇有名气的王立人老师学习国画。王老师性格敦厚，对艺术有着执着追求。他告诉我们，面对临摹范本，首先要读画，分析一下范本的技法特点，是属于苍劲刚健的，还是圆润浑厚的，找出其笔墨有哪些规律，进而研究范本的布局，做到心中有数，闭目图画如在眼前。这样临画时，不需看一眼画一笔。但临摹再好也是不够的，关键在于入我化境，将其变成自己的东西。尽管当时我们并没有真正领悟王老师这番话的全部含义，但王老师还是让我们感受到了这门艺术的精深。

直到多年后我才领悟到，不仅仅是国画，学习一切艺术都应有这个见地。齐白石曾经说："学我者生，似我者死。"模仿的最终目的在于创造，最后形成自己的风格，这才是艺术创造的规律。艺术可以模仿，却无法复制。模仿借鉴之后，回归"我自为我"的境界，才能拥有自己的风格。

在我三年级的第一学期，学校里来了一批美院的实习老师，其中有一位秀丽的实习女老师分到了我们班。她喜欢穿红格子的布鞋，走起路来轻盈优美。后来我在街上的小店里发现了这款鞋子，于是我和我寝室的每个人都穿上了像老师那样的红格子布鞋。我们不但迷上了她的穿着，更是迷恋上了她的美术课堂。

她教我们画荷花：小写意主要表现嫩荷，在画荷叶的时候嫩叶要浓墨，老叶淡墨要多；大写意主要是表现秋荷，荷叶要多用浓墨干笔，表现老叶的沧桑感。

通过实习老师的点拨，我进一步深刻领悟到，画荷不仅是色彩和水墨的交融、线条和烘染的张扬、构图和物象的协调，荷花表现的是一种生命，透过静与动的强烈对比，能给予人心灵启迪和感悟。

我用了一个月的时间，用心地画了一张大大的荷花图。实习老师临走时，在我们学校举办了一次画展，而我的那幅荷花放在大厅最显眼的位置。更让我引以为豪的是，实习老师指着我对前来参观的老师和同学们说："这是我最得意的学生，她的这幅荷花图已经赶上我的水平了！"

很长一段时间，正是因为有她的鼓励，我爱上了画画。我沉醉在绘画的世界里，用色彩来描绘四季，用线条来表达心情。直到现在，不管是社会生活中，还是课堂学习中，我都希望自己能有一种荷花般的品格。荷花，她是那么清雅与素净，历经春的滋养、夏的盛放、秋的收获、冬的蕴藏，荷花的成长犹如人生于世间百态中的历练和修养。我想，人应该保有荷花的秉性。

二、跨越心中的横杆

我小时候体质比较弱，很难应对跳高、跳远等运动项目。上体育课的时候，看到同学们在运动场上跳上，爬下，潇洒自如，我坐在体育场的角落，仅像一名观众。考试的时候，那根高高架起的横杆，仿佛延伸到了天空的尽头，让我望而却步。因为体育的原因，学生时期我从未当过三好学生。体育对于师范生来说又是必修课，其他的项目通过练习还是可以达标，但是只有跳高，无论怎样练习也无法通过。

对于自己的弱项，我从不回避，我只能选择应对。一个周末的午后，我来到学校操场，偷偷向跳高训练队队员学习。我在一旁观看了每一位队员的跳高细节，发现她们都是很轻松地就跨过去了，没有任何压力和负荷，很飘逸，很自在。让我感觉诧异的是，每位队员都是采用跨越式跳高，没有人采用当时在我们班级很流行的背跃式的跳高。我仔细琢磨：跨越式莫非是跳高的必须动作？难怪我的跳高高度总是无法突破。一位学长被我认真学习的态度所感染，向我透露了一个诀窍：开始采用直线助跑，双肩要下垂，用脚前掌着地；进入弧线跑时，外侧摆动，腿富有弹性地蹬地……我如获至宝，以此作为我跳高训练的准则。尽管如此，对于我这样一个缺乏运动禀赋的女孩子来说，跳高依然是一个难以完成的项目。当我再一次站在运动场上的时候，我心里默默地念着：这次一定能过去！望着横杆，我在心里重复着助跑和起跳的要诀。每一次尝试都是对自己的一次挑战，横杆在远处，也在自己的心里。

经过无数次的艰苦训练，跳高达标考核的时候，我放松心情，向横杆跑去。在曾经重复了无数次相同的动作之后，这一次，我感觉到有了前所未有的自信。助跑、转身、起跳、落地，终于跳过去了！在那一刻，欢呼和掌声已经在我耳边响起，我在想——我成功跳过去了！老师又把横杆的高度往上调，这一回，横杆被踢落了，我没有通过，但是对于我来说，我依然满怀着能跳过的希望。我甚至感觉到体育运动能带来源于自我挑战的快乐！

成功是对自信者的馈赠。跳高，我曾经畏怯、逃避，但在我经历无数次刻苦训练之后，终于在那一瞬间成功了。为了那一次跳跃，经历了痛楚，有过失望和无奈，但它让我相信，自信是一个人成功的第一步。

三、倾听自己的声音

在湘乡师范学习时，舞蹈、弹琴是学习民歌的必修课。除了学校里规定的课程，我和朋友王慧向李老师学习民歌。李老师上课的方法很特别，每天早上她会准时在校园外的亭子里，带着爱好声乐的徒弟们练发声，唱民歌。深秋多寒风，清晨的阳光总是姗姗来迟，但我们一群人都已经早早地来到了亭子里，等待每天清晨的第一课。老师先带我们开嗓。接着她示范唱一首民歌，我们围在她的周围静听。随后，大家在老师的指导下开始练习发声，亭子上空便会响起清亮的歌声，过往的行人也会驻足聆听。那个时候，我们用歌声把我们自己和四周的人都化成了这一天的希望，投射向这崭新的一天。

李老师也会给我们讲一些有关音乐的故事。她告诉我们，毛阿敏的歌家喻户晓，但其实她的音色并不特别，只是掌握了发声技法，使她可以在舞台上收放自如地展示自己的曲调。老师经常对我们说：“好的声音是很集中、很立体的；但如发声方法不对，声音就散了。科学的发声方法，才会出好的声音。好的声音有共鸣，有质感，清脆悠扬。”以前，我的歌声细若游丝，别人常常感觉不到我的声音。在李老师的指点下，我慢慢领悟到，每个人都蕴藏着一股力量，只不过我们没有尽心地去开发。我相信，自己有一天也能发出动听的声音。

李老师有一次教我们一种特别的发声法——打哈欠，意思是，唱歌时口腔打开，要像“打哈欠”一样放松张大嘴。老师教我们唱《半个月亮爬上来》。这首歌安静而纯美，用这种方法唱最合适。练习之后，老师要求同学逐个独唱。我忐忑不安，默念老师千万别叫到我。可是老师偏偏第一个就要求我唱。随着老师的琴声，我试着发出我的声音。随后，老师让另外几个同学也跟着唱。老师点评的时候，竟然说，只有我一个人做到了用“打哈欠”这种方式唱歌。我感到惊喜。我对唱歌从此有了信心。

毕业典礼上，在同学们的鼓励下我独唱了一首歌。音乐响起，台下肃静，所有人的目光都汇集到了我的身上。伴奏的音乐响起，我的歌声飘到礼堂的每一个角落。我第一次找到欣赏自己、倾听自己的感觉，第一次在舞台发出我的歌声，第一次实现我的小小的音乐梦想。那年我十八岁。

我的酸甜而美妙的青春，长久地留在湘师的求学记忆里。那时，我们仅仅是一群懵懵懂懂、稚气未脱的学子，不知道这样的求学经历对我的将来会发生多么大的影响，不知道它对我未来的生活有着怎样的意义。直到我真正成为一名教师的时候，我才真切地感觉到湘师的老师、湘师的课程、湘师给学生提供的人文艺术训练给我带来的专业力量。它给了我成为一名教师所需要的基本素养和勇敢自信。

感谢我的母校。

国培班和教学大赛

2001 年暑假，我收到北京教育学院发来的全国中小学国家级骨干教师培训的通知。这是很多教师期盼的求学机会，我告诉自己：要好好地珍惜。

在参加培训之前，我向第一批学员李湘玲老师请教参加培训的感受。她告诉我，整个学习就像高考前那样紧张。我问第二批学成归来的卢红梅老师学习中最大的困难是什么。她说，写论文找不到资料，学电脑要有基础。

于是，那一年的暑假期间，我开始学习电脑知识，熟悉了简单的操作和上网查找资料的方法。我从市语文教研员那里借来了还没有正式发行的新课程标准，从朋友那里借来了小语期刊。总之，带着满满的一兜不知有用还是无用的资料和一颗忐忑不安的心，开始了我的培训之旅。

学习是快乐的，也是辛苦的。

我们每天早上吃过早餐后，就跑步似的赶到教室，因为我们那慈祥亲切的班主任总是早早地站在教室门外微笑着等待我们。

半天的课，最多只有一次休息。八十高龄的霍懋征老师为我们上课通常不会中途休息。她坚持得住，我们也不得不抖擞精神。

北京人好像没有午休的习惯，下午一点半就开始上课。我习惯熬夜，如果中午不休息，下午上课时通常要打瞌睡。当然也有例外。有一天，一位六十多岁的老师，染了深棕色的头发，弯弯的柳眉，淡淡的口红，一身精致得体的套裙。脖子上还系着一条亮丽的小方巾，在我们的面前，风采不凡，我就不打瞌睡了。

李春山老师说，他对电视剧中的教师形象做了一个统计：几乎所有的教师都是黄瘦憔悴的面容、陈旧过时的衣服，还有患病早衰的形象，这就是人们给教师的定格。他说教师不要做蜡烛，要做太阳，要在点亮学生智慧火花的同时放射出自己的光彩。张梅林老师说，人际交往是一门科学，不尊重人、不理解人就不会有朋友。从她那里，我知道了多元智能。她为我们朗诵她自己写的诗《昨天·今天·明天》。诗写得并不完美，她的普通话中夹杂着上海腔，可我们全班同学还是给以热烈的掌声。张老师迷人的魅力来自她的举手投足，来自她的自信，来自她对事业的执着，对生活的爱。张老师说：“语文教师对学生对教学要有爱、有情、有理解；恨不起来，爱不起来，起不到人文教育的作用；如果教师情感没到位，请你不要进教室。”

负责培训的北京教育学院基础教育系为我们请来小语界的权威：霍懋征、杨再隋、张光璎、崔峦、李吉林……这些曾经可望而不可即的专家都出现在我们的讲台上，与我们对话。

培训期间还特别安排了三次活动：第一次是我们小语班的联欢会。湖南组推选我做代表，我唱了《梦里水乡》。第二次活动是师德演讲赛。湖南组又推选我做代表。演讲是我喜欢的。我用学生写给我的信作为素材，融入学习中的一些感受，演讲的主题是“精神家园”。演讲结束后，班主任给我说了她对演讲的感受，并特别转达了她的同事对我的夸赞。第二天，班主任邀请我加入他们的国际理解课题组，并送给我一套联合国教科文组织推荐的国际理解教育丛书。第三次是汇报课。按要求，我们每个省要派一名代表上一堂汇报课。我们一致推荐由参加过全国大赛的曾旭英担此重任。但在上课的前一周，情况变了，曾旭英报上去的课文授课班已经上过同样的内容，必须另选教材，而她作为湖南组课题的负责人还需做开题汇报，其余几位组员也因其他原因不能参与，上课的任务就落到了我的身上。这个突然出现的任务让我比较焦虑。在我犹豫不决的时候，朋友们给了我鼓励和支持，大家一起设计了一堂课外阅读课。在整个设计的过程中，我们特别注重将这次学到的思想和理念融汇到课件，紧扣新课标的要求，精心制作课件。在与学生见面的短短的几分钟时间里，我应尽量带给他们一些新的观念。有人说，这里的学生嘻嘻哈哈，课堂纪律容易失控。于是，我改变了原先的设计。面对这群好奇的学生，我干脆先满足他们的好奇心：“你们想问我什么，说吧！”学生们最想知道我的年龄。“你们猜猜看？”教室里的气氛一下子融洽起来。然后，我随机抓住学生的一些表现和他们谈起了什么是“尊重”。我让他们知道了倾听是尊重，应答是尊重……我走的时候，学生都围着我说：“老师，明天上课您能不能不戴帽子？我觉得这也是一种尊重！”“老师，我们喜欢你！”可爱的孩子们让我对汇报课充满了信心。第二天，虽然我和学生的心情都有些紧张，课堂纪律还有很多不完美的地方，但我们的整体状态是好的，我们成功了。下课铃一响，班主任冲过来，握住了我们几个老师的手，激动地说：“祝贺你们！”张光璎老师在评课环节特意问我们班主任，能不能重点夸奖一下这堂课。在张老师的评价中有一个说法：“是课又不是课。”这让我激动不已。这不是我梦寐以求的状态吗？这样温暖的评价，让我找到了专业的自信。我惴惴不安地踏入京城，因为我要面对的是来自全国各地的精英。和这些精英一起学习和生活后，我就开始从最初的专业自卑感中走出来了。这里的老师、这里的朋友让我找到了专业的自信。

2001 年 10 月到 2002 年 10 月我接受了为期一年的面授和跟踪培训，培训结束的时候，正值我在南宁参加全国第四届青年教师小学语文阅读教学大赛。我们班主任得知后就组织班里来自全国各地的同学在南宁会合为我鼓劲。

比赛之后，我们一起回到学校参加结业典礼，当我作为优秀学员的代表在结业仪式上讲述自己的获奖经历时，真是感慨万千。凭着自己那一点儿对语文的热爱和悟性，我经营着自己的语文小天地，常常有一种成就感和满足感。那年的变化对我来说真是“脱胎换骨”。

蜕变是要经历痛苦和磨砺的。成功给予我快乐、满足的感受，但为了成功付出的艰苦的努力，那是一种难以名状的苦，至今还让我刻骨铭心。

我不知道要从哪里说起，我记得在湖南省阅读教学大赛之前的一天中午，跟通常一样，我早早地来到办公室，我终于忍不住哭了起来，是累，是压力，是无助的结果。

为了准备比赛，爱美的我再也没有心思打扮，整天低着头、弓着背，朋友们私底下商讨着说是不是要为我做心理调适。

为了准备比赛，我每天从早上到夜深人静，仅仅只有吃饭的时间是放松的，足够的睡眠成了我最大的奢求。

为了准备比赛，我的儿子每天只能从对面三楼的窗户伸出头来叫我妈妈。他还对奶奶说，我在他喜欢的人中只排第五名了。

记得有一天，阳光很好，我准备去找区教研员廖老师商讨教案，正好碰到同事带着他的孩子去公园，我多么羡慕啊！我当时就觉得与孩子一起去公园就是世界上最幸福的事情。我羡慕身边每一个轻松、自在的人，那时的我对幸福的理解和感悟就这么简单。

省内的那场比赛非常艰难，与我一起比赛《丰碑》的选手就有四名，其中有来自省会长沙的两名实力很强的选手。最让我难受的是因为报名听课的教师太多，组委会决定同一课必须在两个赛点各上一次，也就是说你必须在一天之内在不同的地方讲同一节课，而且两次都必须成功。当我终于上完第二场，当全场的教师向我报以热烈的掌声时，我还觉得仿佛是梦境。

后来，省教研员米仁顺老师问我：“那天你得了第一名，为什么没看见你笑?”是的，得奖那天，我没有笑，望着那位志在必得，最后却与成功擦肩而过的选手，望着那位因过度紧张和劳累而晕倒在第二场的讲台上以致前功尽弃的选手，我真的笑不出来。我甚至在想，比赛是不是有些残酷。

在稍稍休息了一段时间后，我又开始准备向我做梦都没想到过的全国最高级别的小语赛坛冲击。因为这次的比赛是8月份集中在哈尔滨抽取篇目，所以中间有一段喘息的时间。在我不断地为自己找理由放松，甚至是松懈自己的时候，无意中翻到的一篇文章极大地影响了我。文章的题目是《准备月亮，就变出月亮》。我能坚持到最后，有它的一份功劳。文章是一位记者写的。

三年前，我在一家小报社当记者。在我凭着发表的一摞作品而洋洋自得的时候，那家报社进行机构改革，和我一同编辑副刊的一位同事被留用，而我则被辞退了。

我愤愤不平，刚进这家报社时，那位同事发表的作品只是屈指可数的几篇，根本无法与我相提并论。

一天，我与另一位同事，也是我无话不谈的好朋友去喝酒，当我向他倒出一肚子苦水时，他竟意味深长地对我说："其实这并非偶然。"

他欲言又止，在我的再三追问下，他说："有一个作家曾说过，上帝的面前有一架天平，他把我们每个人放进天平的一个盘里。另一个盘里则放入与那份生命等重的收获。你的生命重于泰山，你就收获泰山；你的生命轻若鸿毛，你就收获鸿毛。在报社任职期间，你沾沾自喜，故步自封。而他，今天读一本书，他的生命加重了一百克；明天，他又深入采访连夜赶稿，他的生命又加重了二百克。后来，上帝把他放入天平时，他交出的是一份最重的生命，收获的是一份最有价值的人生。"

我闷不作声，朋友接着说："还记得那次一家马戏团来我市表演时，我们一起去采访的那位魔术师吗?"

是的，我当然记得。

当时，我和这位朋友一块儿去采访，我问那个魔术师："你的成功是不是因为你有一双比别人更灵活更敏捷的手?"

那个魔术师笑了笑，摊开手说："我的手，永远空空如也。"

我当然悟不透他的言外之意。他便说："那好，你现在想要什么?"我随口说："一串珍珠。"他说："我现在变不出珍珠，不过给我3分钟，我就能满足你的愿望。"

我点点头，他在他的百宝箱里翻腾了一会儿，胸有成竹地回到我面前，开始了他的表演。是的，只是一瞬间，他原本空无一物的手，就变换出一串晶莹剔透的珍珠项链。

我夸他的神奇，他却憨然一笑："神奇?如果你让我变一轮月亮捧在手心，那才叫神奇呢。"见我皱着眉头，他又说："因为我的百宝箱里没有月亮。"

那次采访很短暂，如今想起来却回味无穷。是啊，他的百宝箱里没有一轮月亮，他的手就不会变出月亮。如此说来，魔术的施展，必定离不开准备：准备珍珠，就变出珍珠；准备月亮，就变出月亮。

那么人生呢?人生是不是也需要准备——准备种子，就收获果实；准备辛劳，就收获幸福；准备努力，就收获成功；准备今天，就收获明天。

我终于幡然醒悟：岁月更迭，成败交织，当有一天你在人生的旅途中捡了一串美丽的珍珠时，我不会再惊讶你的幸运，因为我知道那绝非偶然，而是你饲养多年的蚌的回赠。

我即将面对的是各省三年来推出的选手，他们大多来自教育发达的大都市。而我，仅是小城市的一位名不见经传的普通语文教师。我所在的城市经费都紧张，缺少名师名家的指导，就连最新的教育理念书籍都缺乏，如何与他们同台比试？当时离大赛抽签还有半个月，我更多的是想在抽签之后再拼一把。这篇文章深深地触动了我。今天不好好准备，明天能有收获吗？想到这儿，我的心情振奋起来了。于是，我一面收集教育信息并加以整理、消化、吸收；另一方面，我通过网络了解全国最新的教改动态，丝毫不敢松懈。正是那一段时间的有效准备使我在抽签回来以后有更多的时间用来思考。

如果说省内的那场比赛在我的记忆中留下的是更多的累，那么这场全国大赛带给我的应该说是压力，沉重的压力来自我自身，也来自外界。

这次比赛市、区教育局高度重视，教育局长亲自安排细节，学校让我完全停课一个月在家准备。这无形中也加大了我的压力。

各省参赛选手的高素质，哈尔滨的赛前聚会让我对对手们的状况有了清楚的了解，对我的压力显然很大。会议上他们那雄辩的口才、敏捷的思维让我叹服。

几千名来自全国各地的听课教师会把我的授课光盘带走，我的每一句话语、每一个动作，甚至每一个表情都被存储下来。

压力，来自我的自尊心，我觉得如果不能得一等奖我将无法面对太多太多人的期望。

赛前，一位外省的选手打电话给我，她说她已经受不了比赛的压力，因为上面领导要求她得一等奖，她现在上课的每一个动作，甚至连她的发型以及头上的发卡都要听从领导安排。她甚至想让汽车撞一下，只要不撞死就行，这样就可以逃避比赛了。那天，我分明从她的声音里听出了她的绝望。是的，我也无数次地想要逃避，压抑的我甚至拒绝家人的电话。

我记得年迈的爸爸、妈妈提着一大包营养品，拿着一个大红包敲开我的房门对我说："你是我们最心疼的小女儿，我们只希望你能过得快快乐乐，我们从来就没有想到过你会有今天，这是我们发给你的奖金，不管结果怎么样，你都是爸爸妈妈的骄傲。"在外地工作的大姐也在电话中对我说："其实这次比赛也是一场心理素质的较量，一场毅力的较量，我们都相信你会勇敢地去面对，记住，展现出你自己就是成功。"

是啊！展现出我自己就是成功，那一刻我好像突然从自己的禁锢中解脱了出来。

其实，关心我的远远不只我的家人，市教研员唐老师从我抽到篇目开始，无时无刻不在关心着我，他的家也成了我们的"备战工作室"。为了保证不出意外，计算机老师冯云整整为我准备了7套课件方案。好友赵洪波为我查资料，工作到深夜……众人的关爱，帮助我征服了所有的困难，也激励我积极地去面对挑战。

大家都说我课件的音乐悦耳动听，那是我从数千首曲子的素材库里精心挑选出来的；大家都说课件里的录像感人，那是我从电视台的无数盘带子里一盒一盒截取下来的。一个多月里光打印教案我就用掉了三盒油墨，向人请教又花费了近千元的电话费。在南宁比赛上场前，我还紧张得呕吐，面对众多焦急的目光，我笑着说："没事。"因为我知道紧张是暂时的。

是的，紧张会过去的。我熟知这样一件事。那一年，巴西队在世界杯的半决赛中意外地输给了法国队。球员们比任何人都更明白，足球是巴西的国魂。他们懊悔至极，感到无脸去见家乡父老。可是当飞机降落在巴西机场的时候，映入他们眼帘的却是另一种景象，巴西总统和两万多名球迷默默地站在机场，人群中有两条横幅格外醒目："失败了也要昂首挺胸！""这也会过去的！"球员们顿时泪流满面。四年后，巴西足球队不负众望赢得了世界杯冠军。聚集在机场上的欢迎者多达三万人。人群中也有两条横幅格外醒目："胜利了更要勇往直前！""这也会过去的！"我觉得这句至理名言涵盖了人类所有的智慧：得意的时候不会趾高气扬，忘乎所以；失意的时候能够百折不挠，奋发图强。

在比赛前最最难熬的日子里，我学着对自己说："这也会过去的！"在我获得成功，众人夸奖的日子里，我也在对自己说："这也会过去的！"

今天，训练的痛苦，成功的喜悦，都已经过去了，我还是我，一名普通的小学语文教师。回首走过的日子，我突然发现因为投入了真心和热爱，所以才会有成功，才会实现我小时候的美丽之梦；因为积蓄了知识，所以才会有创新的思维、生动的课堂表现，才会在机遇来临时实现自己的成功之梦……我的梦想都在慢慢实现，以前害怕上公开课的我，今天成了一名在全国各地为别人上示范课的教师；以前迷信教材的我，今天成了国家教材编写组的编者；以前只会制造梦想的我，在今天也可以帮别人来实现梦想。

我突然发现一个人的幸运就在自己的手里，我们都可以成为自己命运的美容师。因为我们流过的每滴泪水和汗水都会化为珍珠，我们经历的所有挫折和痛苦都会变成财富。

在我压力最大的时候，我也曾不止一次地问自己：为什么要让自己受这么多的辛劳之苦？为什么为辛劳而哭？

细细想来，我应该这样回答自己："为了父母的期待，为了让儿子为妈妈而骄傲，为了自己年少时的梦想，为了找寻自己的价值，为了让这短短的人生能留下价值，为了更精彩地生活。"

著名女作家毕淑敏在一次对大学生的讲座中，被问到这样一个问题："人活着到底有什么意义？"毕淑敏回答道："人生毫无意义，因为人的生存就是一个走向死亡的过程，但是我们每个人都必须为自己的人生确立意义，让本没有意义的人生充满意义。"

一直很喜欢这样一句诗：“你知道，你爱惜，花儿努力地开；你不识，你厌恶，花儿努力地开。”是的，花儿总是在努力地开，美好的日子也在一天天流逝，我们该如何度过每一日呢？我想，我们应该让自己的每一天都能听到花开的声音。

与名师工作室一起成长

我全家几代人都是教师。我父母是教师，我两个姐姐也是教师。我就是一个活在教师世界里的人。我不喜欢管理别人，只想做一名普通教师。我最初并不想参加这次名师工作室主持人的评选，但在小学做了多年校长的大姐认为，名师工作室主持人不只是个人的荣誉，而是更好地回报社会的一个机会和责任。她动员妈妈做我的工作。

在她的劝说之下我报名了，开始填表。表格里有些内容比较烦琐，我没填写完整就交了上去。随后，评审材料的人打来电话，要求我把所有材料都补上。

面试之前，我又犹豫了：我有能力承担这么重要的工作吗？我的身体吃得消吗？我跟妈妈商量，希望放弃。妈妈心疼我，她终于说服我姐姐，同意让我放弃。

可是，市教育局的领队马老师力劝我要珍惜这个难得的机会，他让我尽力而为。于是，我又打起精神，参加了面试。最终我参加了华南师范大学基础教育培训与研究院的培训。

这次培训让我明白，名师工作室主持人依然是普通教师，依然可以做自己喜欢的事情，唯一多出来的责任，就是带个头，牵个线，组织大家一起学习。这倒是我愿意做的事情。

在培训期间，遇到了智慧而儒雅的吴颖民教授、豪气干云的王红教授和雄心勃勃的刘良华教授。刘良华教授是我们的班主任。他给我们推荐了黎世法的“异步教学”、卢仲衡的“自学辅导教学”、段力佩的“读读、议议、练练、讲讲”八字教学和他自己倡导的“兴发教学”，并将这些教学改革与新课程的“自主合作探究”联系起来。这为我后来的教学改革提供了重要的理论支持。

我沐浴着大师们理论学养的光辉，感受到他们驾轻就熟的风范，领略了专家们学术民主的魅力，领悟了他们鲜明独特的治学境界。

根据广东省名师工作室主持人培训方案，每个主持人在接受培训，返回自己的学校之后，要依托学校的教学资源和教师资源，成立名师工作室。主持人可以邀请本校教师或附近学校的教师，组成10人左右的名师工作室研究团队。名师工作室的主要职责是承担省骨干教师培训中的“跟岗学习”。每次跟岗学员为15人左右，时间为2~3个星期。

我的“严杏名师工作室”设置在景园小学图书室，这里弥漫着书香气息。每一位步履匆匆的名师走进工作室，都会轻轻地放慢脚步。冬日里的阳光优雅地穿过窗户，洒落在工作室，每一个人的心头便都能感受到这阳光给予的温暖。窗外的紫荆花也趁着这份暖意舒展开了紫红的花瓣。

从 2010 年开始，几乎每年都有来自广东省各地的骨干教师来我这里跟岗学习。来这里跟岗学习的教师需要做的事情是：（1）听课和观课。不仅听工作室主持人上课，而且听本校其他教师上课。撰写听课和观课笔记。（2）研讨。听课之后，参加评课和讨论，形成基本观念和操作策略。（3）理论学习。工作室研究团队内部定期学习相关教育理论，购买图书，订阅期刊，让跟岗的教师分享这些理论学习的资料，安排读书讨论。（4）亲自上课。听课和理论学习之后，跟岗教师亲自上课。课后安排评课和讨论。（5）撰写跟岗学习日志，积累反思心得，总结跟岗学习的经验。下面是部分教师的跟岗学习经验。

肖亮：做一个会倾听故事的老师

一个故事，就是瞭望美好世界的一个窗口，通过这个窗口，教师们反思人生，孩子们展望未来。

倾听作家的故事

校园是人与人心灵接触最为纯净和微妙的地方，我们如何才能走进孩子们那圣洁而美好的心灵世界？听了著名儿童文学作家杨红樱、商晓娜报告之后，老师们隐约找到了答案。

在交流过程中，两位作家都讲述了自己读书、写书的故事和成长的经历。她们也曾经是一名普通的教师，对孩子、对生活的热爱使她们沉醉于写作。从她们的故事中我们感受到：一名好老师，需要有像这些作家一样拥有的细腻而敏锐的心，走到孩子们中间，去捕捉、发现、唱和出孩子们的心声。孩子们对儿童文学作家、对自己喜爱的老师的这种强烈的认同感和亲近感正来源于此。

倾听大师的故事

如果说倾听故事如一缕清风拂过孩子们的心田，那么那种“田野式”的倾听就需要有一种更加洪亮的声音。这种声音，来自长者，来自智者，来自大师。

在已经过去的六年中，严老师组织工作室的老师们聆听过杨再隋、刘良华、贾志敏等大师们的故事。我们通过倾听故事，扩展了自己的教学视野，提升了个人的综合素养。“教师的专业发展首先不是为了学生和学校的发展，而是为了教师本人拥有更充实、更有意义、更幸福的生活。或者说，教师专业发展的基本前提是教师发展或教师成长。”刘良华教授在《做一个有幸福感的老师》的讲座中说的这段话，说明了教师的专业发展其实就可以融入我们的日常生活中去。

“明月装饰了你的窗子，你装饰了别人的梦。”生活就是这样，我们每一个人本身就是一个故事。我们在倾听他人的故事的时候，也同样被他人倾听着。正是通过“严杏名师工作室”的“做一个会听故事的老师”系列活动，才让我们的内心积蓄了更多“田野”的宁静、宽厚与柔情。

梅学礼：做一个会诵读故事的老师

我们的工作室，让故事里的事不再是别人的事，不再是无缘无故的片段，故事里的泪水和欢笑，也是我们的。

“音乐缓缓而起，严老师朗诵的声音响起的时候，我周围兀自沉静，觉得只有严老师的朗诵声在起伏着、漂荡着！我看不清她的脸，但她那玉石相撞的声音深深打动了我。窗外有一片薄薄的春阴，饱含了一季的雨水，在这一片春阴中的玉兰树，叶子晶莹透明。就在那一刻，我的泪水流了下来。只有我自己知道，我的泪水不仅是因为作品本身的感情而流的，更是因为严老师的朗诵让我又一次真切地感受到了声音的美好，她的朗诵击中了我……”这是一位老师在听了严杏老师的诵读之后，在她的博客上写下的一段文字。

严杏老师告诉我们：“我对语文和语文教学的热爱，就是始于诵读。诵读就是用有声语言传达出文章的艺术美感，没有拘束，忘我地表达就是诵读的最好状态。真正的颤音应该是心灵的颤动，真正的笑容是源于内心的快乐。诵到极致就是‘说’，就是平和、淡然地说，自然地说，随心地说，便能够动人心魄！”

我们在严杏老师的感染下都非常喜欢诵读。大家一起陶醉于诵读之声，沉醉于诵读之美。一次次精彩纷呈的诵读与语文教学研讨活动，一场场玉盘珍馐似的美文诵读之宴，在欣喜中，我们的专业素养得到了历练和提升。

六年前，我们组成了诵读团队，把我们饱含情韵的声音向外传递。在香港、南京、广州；在乡村、城市、海岛，在渴望倾听故事的老师和孩子们的世界里出现了我们的身影。在香港诵读完那篇《妈妈的微笑》之后，儿童文学作家马翠罗含着眼泪，握着严杏老师的手对她说：“你读得比我写的还要好！”我们知道严杏老师读懂了她的作品，还有什么比作者的感动更能打动人心呢？

三月，“严杏名师工作室”为珠海市的老师们送上了一份春天的礼物。时值阳春，草长莺飞，我们相约在雅致的容闳书院，共同诵出这个春天最美的声音。这场“诵在春天”名师诵读会，荟萃了工作室的经典诵读作品，那些声音和文字相交织的力量，让所有在场的观众屏息凝神，聆听着在遥远而深邃的心灵深处回荡着的深深呼唤。老师们用最质朴而纯粹的方式，传递着诵读的情韵。诵读会在珠海市乃至周边的中山市等地引起了强烈反响，很多老师为没能到场感受诵读之美而遗憾。随后，应市教育局的邀请，我们推出了第二场大型诵读活动，再一次完美诠释了诵读之美。

在这个工作室里，我们和严杏老师一起，只想用美好的声音向所有的听众表达：诵读是语文的灵魂，一名优秀的语文教师应该懂得，我们溢于言表的是承载在语言文字中的情感。一个老师心中的爱意和善意、民主和尊重，它一定会自然地流露。这种流露，便是一种非常质朴的教学风格，一种令人陶醉的教学艺术。当我们用自己的心灵去拨动孩子的心灵时，精神就升华了，人格就提升了，语文教学的美、美的语文教学，就会共同融汇交织成一首美的交响曲。

桂也金：做一个会品读故事的老师

如果，将教育当作艺术来面对，我们会调动所有感官，走进意境深远、思想深邃、与生活交融的艺术世界。工作室的老师们收获的不仅仅是教书的高超技能或教育的新境界，更有先贤圣哲的思想，至真至善的为人，和而不同的收获。

“读书足以怡情，足以傅彩，足以长才。”“严杏名师工作室”的青年教师和他们能影响到的学生们，以读书交友，以读书为乐，以读书怡情。品读，成了老师和学生们的一种生活习惯。课堂上给学生们的最高奖品，都是以书为主；在激励工作室的青年教师们积极上进的时候，严杏老师送出的是购书卡、购书优惠券。“严杏名师工作室”正好坐落在学校的图书室，因而大家都能方便地进入工作室。

品书使人充实，讨论使人机智。工作室的老师们最愿意聚集在一起交流读书心得。在老师们的博客中，经常会有这样的文字：“这种书很适合孩子反复地读，每次都会读出不同层次的味道。建议家长、教师和孩子一起读。书里有很多想法也是家长所有的。让我们和孩子一起不断地学习、不断地反省，保持一颗童心，陪孩子一起成长。”

我们喜欢的音乐，不是流行音乐，而是那些能够撞击人的心扉、荡涤人的灵魂的阳春白雪。严杏老师深知《周礼》中“以乐德教国子，中、和、祇、庸、孝、友；以乐语教国子，兴、道、讽、诵、言、语”的道理，她也时时处处将这些传递给工作室的每一位成员，期盼她身边的语文教师不仅仅是一位善于驾驭语言文字的教师，更是一位懂得从音乐中升华心灵、体味和谐之境界的善听者，甚至是能够与古往今来的文人墨客心灵沟通的知音。

“我追求每一堂课的精致，我竭力让课堂的每一句话语都能直叩儿童的心灵……音乐，很多时候就能起到这种推进作用。”严老师研课的态度就是这样。她往往能敏锐地抓住语文中最需要音乐渲染的关键处：《丰碑》的军需处长的手臂定格时；《只有一个地球》的人类对环境无奈慨叹时；《赶海》的人披着余晖回眸海滩时……她总能在孩子的情感最需要宣泄的时候让音乐响起，从而打动每个人，让无尽的感慨在胸中升腾，情不自禁地去品读文字、品读音乐、品读人生。

所谓“兴于诗，立于礼，成于乐”（《论语·泰伯》），修身必习诗，立命必习礼，成人必习乐。正因为如此，我们工作室老师们的语文课堂里有恰到好处的音乐，生活中有合心悦耳的音乐。每逢节假日，严老师带着工作室的所有成员，走进演播大厅，聆听各类音乐剧，感受那天籁之音带来的无穷美妙。

林伟香：做一个会创造故事的老师

生活创造了故事，故事美化了生活。在这个千篇一律的世界里，人们都喜爱有故事的人，孩子们更是如此。故事源于生活，能创造故事更是源于对生活的执着和热爱。孩子们为我们提供了创造故事的动力，我们则为孩子们造就着追寻故事的心灵。

当我们每天翻开崭新的一页时，我们扪心自问："我是否生活在平静的反复中?"每天备课、上课、批改作业，这是教师生活的永恒旋律吗？一个会创造故事的老师，必定会跳出复制式的生活，在思考和实践中，时刻改写着现在，描写着未来。对于教师的成长而言，"学会用故事说话，学会把语文变成故事，是让自己成为伟大教师的基本前提"。

"教师要过有主题的生活"是"严杏名师工作室"对每一位教师提出的要求。一个人生活在"主题"之中，他会不断地思索、不断地尝试、不断地反思、不断地修正，他也将是一个好故事的创造者。"严杏名师工作室"这个团队，就是这样一群故事的创造群体。他们走入学生、走进社会、亲近自然，用心捕捉生活中每一个细节、描绘工作中每一个瞬间。工作室鼓励教师们展开教育叙事，坚持在工作中书写教育故事。《那一朵小野花》《"我不想当文明学生"》《成长中的烦恼》《孩子，让我轻轻地祝福你》……教师们记录着自己和孩子们共同成长的每一个足迹，每一位教师都成了故事的创造者。

为了谱写更精彩的教育故事，严老师带领工作室的老师们取得了全国高级情商培训师的上岗证，有了专业知识的引领，老师们笔下的故事越来越温情，越来越睿智。现在，工作室开展的"做一个有故事的老师"系列活动，正在将老师们的教育教学故事送到需要故事滋养的老师和孩子们身边。

这是一个热爱语文的工作室。我们怀着相同的教育理想和追求走到一起。七年来，我们注重自身的课堂实践研究，开展教育科研，开发课程活动；我们送教下乡，与当地教师同课异构，一起磨课研课；我们培训省骨干教师、偏远农村教师，为他们搭建了解课改动态的桥梁……我们潜心追求诵读的神韵之美，精心锤炼自己的教学风格。工作室以多种形式培养和发展教师，在这七年的时间里，工作室的老师们先后取得全国素养大赛一等奖、全国发展与创新教育教学阅读教学比赛特等奖、广东省阅读教学大赛一等奖、广东省美文诵读大赛一等奖、珠海市教师素养大赛一等奖等荣誉。我们幸福地看到二十多名青年骨干教师从这里起飞。

这更是一个用自己的爱谱写着自己教育故事的工作室。老师们深知语文的界定不仅仅只是课堂，我们知道只有懂得不断提升自身的修养，不断追求充实幸福的生活，才能培养和塑造具有完整人格的学生。所以我们工作室在致力于教育研究的同时，也时刻关注着老师们的非教研的探索，关注着教师个人情趣、审美、哲思等各个领域的发展。当一位教师将自己的教学行为、策略、模式、构架，内化为深层的、潜意识的、融入整体生命中的自然行为的时候，我们的教育生命才会绽放出绚丽的光芒。广东省“严杏名师工作室”的老师们就是带着这份信念和责任，一起开拓着更广阔的教育视野，一起创造着更纯净的教育天空，一起用故事丰富着我们美好的教育人生。

王慧杰：偶然的遇见

在严杏老师的教育博客中有这样一段话：“当教师，经常会有故事发生。因为慵懒，无数动人的故事随着时间的流逝几乎没有留下什么痕迹。今天我突然想要留下点什么，为了我热爱的学生，也为了拥有一份记忆。于是偶然间，我的偶然产生了。”偶然是一件奇妙的事。它常常不期而遇，“采菊东篱下，悠然见南山”，在俯仰之间，远山黛影不经意地出现在眼前。这样偶然的心神交汇也许不可再得，静心思之，弥足珍贵。它也常常是一种不谋而合，“行到水穷处，坐看云起时”，没有预先的假设，没有周详的安排，淡然随意地产生，偶然地产生，丰富着我们心灵的旅途。

我常常想：教师的幸福源自哪里？从古至今，这一职业已渐渐成为一种刻板的符号。它曾被奉上神坛为人景仰和膜拜，也曾流于娼丐之间遭人调侃戏谑。在知识经济时代，在文化和教育构成综合国力的重要组成部分的社会里，人们歌颂教师，标榜师德，教师被比作“春蚕”“红烛”“父母”“园丁”，中国人信奉的实用主义把教师抽象成一种诸如高尚、奉献等价值观的代名词。那么，教师又该如何定位自己呢？作为社会人和自然人，我们在哪里找寻属于自己的幸福呢？教育改革要实现从为社会培养合格人才到实现人本身全面发展的转变。培养拥有幸福人生、全面发展的学生是我们教书育人的起点和归宿。教育要为学生的幸福人生奠基，那么教师自身的幸福人生又在哪里呢？在严杏老师身上，我看到了完美的诠释。

人们常常用“邂逅”这个词语来表达一种美好的遇见，更期待其后发生的故事。很多美好的事情往往产生于不经意之间，有时候甚至是意外的。如严杏老师说的那样，博客源于“偶然”，也因一个个不期而遇的“偶然”，让它变成了根深叶茂的大树。严老师的教育博客，记录了她生活与工作中的点点滴滴。在家庭、在学校、在至亲、在好友、在自己、在学生，严老师总是在这些对象处敏锐地捕捉和记录到闪光之处；同时，又细腻而传神地表现出那些温馨而感人的细节。我们很难将严老师的博文进行分类，因为在这里，很多故事都融合在一起。

严杏老师的行文，朴素而又富有真情，平淡的叙述往往能够触及我们内心的深处，让我们看到文字背后那一张张鲜活的面容，更让我们感受到那一种源于对生活的热爱的力量。只有当教师们都能由衷地感受到生活的美好，内心中蕴藏着对生活的爱与柔情时，才能自发地散发出人性的光辉，才能够自然、真诚地带给学生细腻的关怀、用心的呵护。我常常感叹：身在同样的环境中，面对同样的学生，为什么在严杏老师的眼睛里有那么多精彩的故事？有一个细节令我印象深刻：严杏老师善于询问和记录，她常常十分谦虚地记下别人给出的建议，视如珠玑，甚至偶尔在看学生做早操的时候，她也会把一篇文章的构思带到操场上，见到了我，便将自己的想法说给我听，看看我有什么建议。每当严老师得到灵感的时候，她会迅速地捕捉，随后，一篇精彩的博文就产生了。严老师会兴奋地将博文地址链接给我，然后告诉我："小王，你看看这篇文章好不好？有什么想法你就告诉我。"其实，每一篇文章的产生，早已在严老师心中经过反复的构思了，当我阅读的时候，哪里还需要再做什么修改？严老师常常会兴奋地对我说："今天班里有两件事我一定要记录下来。"在严老师身上，我看到了一种职业生涯的提升：当一种职业带给他一种幸福而愉悦的体验的时候；当一种职业使他常常处在兴奋和期待状态的时候，它将成为灵魂的依托和个人发展的持续动力。幸福不一定源于物质，但一定与精神相关。有人说，幸福是一种创造的能力。在严老师身上，我们看到的还有一种能力，那就是感知的能力：对文字的感知、对声音的感知、对教育契机的感知、对生活细节的感知、对艺术与美的感知……其实对每一个人而言，幸福如影随形，只是我们没有用心去感知罢了。

严杏老师曾经在一次演讲中，用丑小鸭来诠释自己人生成长的不同阶段。从师范学校的一名懵懂天真的女孩，成长为广东省特级教师、全国优秀教师、广东省名师工作室主持人，这一段历程，恐怕已经远远超出了丑小鸭变成白天鹅带给我们的惊喜和感动。严杏老师常常说自己的成绩都是偶然得到的，参加全国大赛，也是不经意报名，随机抽签，在偶然间拔得头筹。但是，在严杏老师厚厚的讲义中，在每一份教案里满满的批注和修改中，在一次又一次的试讲中，在她拖着疲惫的身躯依然展示出最轻松的微笑时，我深深地觉得，名师的成长，一切成绩的取得，并非偶然。

严杏老师的工作室每年都要接收一批来自省内的骨干教师参加跟岗培训。有学员曾经问："严老师，你希望我们在工作室跟岗学习的过程中能收获什么呢？"严老师爽朗地笑着说："我没有要求你们一定要获得什么，只要你们每一天都开开心心，在这里收获快乐就行啦……"大家听完都开心地笑了。这样轻松而融洽的笑声，贯穿着跟岗培训的始终。尽管是个玩笑，但是我想，每一位跟岗学员在这里收获的，不仅仅是专业的知识与技能，更重要的是，他们在严杏老师身上所感受到的一种人生的态度、一种成长的持续的力量。教师的成长是开放的，专业的发展也随之展开。严老师说，二十余天的跟岗学习固然能够更新学员们的理念和技能，在研讨、展示、反思的过程中，思维和观念得以交汇和碰撞。但是专业的发展、个人的成长更应该基于大家的日常生活，向同行学习、向名师学习，更要向生活学习，所以在跟岗培训的课程中，我们还学习礼仪、形体、养生、音乐等方面的内容。在这里，阅读和学习没有界限。

严老师希望每一个老师，都能关注自己的健康，关注自己的精神，关注身边的每一个人。实际上，严杏老师自己就是这样一个生活十分丰富的人。这也许和她自己的体质有关，严老师特别关注养生。她说，等到自己退休了，一定与朋友一起，琢磨养生之道。严老师十分了解不同体质身体的特点以及食物调养的方法。她看我身体消瘦，多食不胖，就对我说："小王，你是脾胃虚，平时应多吃怀山药，细的那种，就是铁棍怀山药，只需切成一小段一小段蒸着吃。炜儿小时候也是特别瘦，我把他的脾胃调养好了。"炜儿是严老师的儿子，我见到他的时候已经是读初中一年级了，长得高大结实。很难想象严老师所形容的他小时候的样子。我想，这也应该归功于这位用心的母亲。严老师热爱读书，以此来丰富自己的精神世界，提升自己的人格修养，享受吐故纳新的快乐。我常常在学校门卫室那里看到邮局送来的严老师订阅的各类杂志，有机会先睹为快。严老师也特别愿意和人分享她所读到的好书好文章，我手头上还有一本她借给我的《心灵四季》，一本很轻松闲适的小书，书中文章短小精悍、图文并茂，读着不累，时有会心。只是自己常常不能像严老师那样，独自沉醉在文字的世界里。其实，精神的成长能使生命更加丰实和充沛。

据说在阿尔卑斯山山脚的一条小路上，有一块路标，上面写着："慢慢走，欣赏啊！"它在提醒着过往的旅行者，不要因无暇欣赏路边的风景而留下遗憾。在心灵攀登的旅程中，我们向往着山顶的云海和日出，但是那一路攀登的艰辛，拾级而上时路两边的山花野草，寻常事物，又何尝不是风景呢？偶然之间，目之所及，当我们将它们采撷并深藏于心的时候，它们才真正在岁月过往之后，沉淀下来，成为我们永远的财富。带着这样一份自然和随性，去感知属于我们自己的"偶然"吧。

徐锦英：你的微笑

老师
你诵读时的微笑
何以这样真诚自然？
你的微笑
是山间那道汩汩流淌的清泉，
是春天里和煦吹拂的轻风吗？
不然
为何在你含笑的诵读中，
我分明听到了那来自密林深处的大自然协奏曲，
或低沉，或舒缓，或高扬，或轻快……
它浸润了我心田的干涸，
漾起了我心湖的涟漪！

老师
你诵读时的微笑
何以如此温柔明丽？
你的微笑
是深沉的夜空中那弯皎洁的明月，
是黎明的曙光中那轮初升的暖阳吗？
不然
为何在你含笑的诵读中，
我分明看到了那扇久未开启的窗扉铺展着丝织浅黄，
新鲜、明洁、强烈、恍惚……
它明亮了我的瞳孔，照亮了我前行的路！
老师
你诵读时的微笑
何以那样芬芳醉人？
你的微笑
是那冰天雪地里采摘而来的雪莲，
还是那埋藏了三十几年的女儿红？
不然
为何在你含笑的诵读中，

我分明嗅到了那穿越亘古洪荒的扑鼻芳香，
浓浓的，浅浅的，醇醇的，洌洌的……
它沁人心脾，
它摄人心魂！

美国教育考察

根据培训方案，我们需要到美国访学。访学期间，我们感受着不一样的教育观念和教育制度。有机会从浸润了自己生命二十多年的习以为常的教育生活中脱身，看到了一个完全不同的教育环境，不同文化背景下生活和工作的校长、教师、学生以及教育研究者们，我想得最多的问题是：我们看到了什么？我们能够借鉴什么？

美国人的阅读像碎碎花一样看起来并不显眼，却无处不在展示着他们自己的芬芳。似乎在每一个地方，每一个角落，每一个时段，他们都会捧着书本，以一种最舒适的方式沉浸在阅读的世界里。

在美国的公共场合，人们很注重自己的仪表，不大声喧哗，不吃零食，不用水瓶喝水……可是我发现他们在读书的时候是那样随意、放松、自在，不为压力而阅读，不为功利而阅读，不为阅读而阅读，此时的他们把读书当成了一种休闲的生活方式。读书就应该像呼吸一样自然！

在哈佛校园的草坪上，一群不同肤色的大学生，来到一块儿透着阳光的树影下，站着的、坐着的、弹吉他的、敲打节拍的、低声吟唱的……如果说书籍是人们生存不可缺少的面包，此时的音乐则是他们提升生活品质的下午茶。

在华尔街街头，哈萨克斯坦人在庆祝他们的独立日，路过的市民情不自禁地加入到他们欢乐的队伍中。如果说音乐是一种语言，那么这种语言让不同肤色、不同种族的朋友在这里会合成一个大家庭。这种相通的语言让人们如此快乐，如此融洽，如此包容。时代需要这种语言，音乐让大民族意识在世界蔓延，此时的音乐让我觉得世界是如此博大。

语文的视野，也是生活的视野。在美国的这些日子里，我用一名教育者感性的视角感受着美国人的生存状态，感受着美国的教育现状。他们热爱美、热爱书籍、热爱音乐，他们努力追求着生活的品质。语文的生命与活力，也在于对这种品质的追求。当我们的生活成为语文，当语文成为生活的一部分，一切显得自然、融洽而美好。我想当所有的人都对自己有所要求的时候，我们的语文教育也会随之变得自然、轻松而美好。

考察中，科罗尔·纳尔逊（Corol Nelson）女士（著名教师）、波士顿29综合学区学监（教育局长）韦恩·伍德里奇（Wayne Wooldrige）先生和马尔伯诺学校校长鲁宾·邓肯（Ruben Duncan）先生等专家学者给我们做了讲座。我们在圣保罗、胡佛、马尔伯诺等学校听课、观课，与那里的教师交流了我们的感受和我们的困惑。

为我们做第一场讲座的是美国著名教师Corol Nelson女士。印象最深的是她反复强调的教学主张：爱就是你给学生的一种最好的礼物。她说，爱是教育中唯一不变的一样东西，应该发生在所有教师身上，如果没有爱就没有好的教育。

在美国，我们能够感受到这种爱的教育力量。教育之爱来自他们的宗教文化，来自他们对法国启蒙思想“自由、平等、博爱”的吸纳。在学校的考察中，我们时常会发现那里的校长、教师对于孩子们发自内心的爱。校长叫得出每一个孩子的名字，教师总是用微笑的眼神亲切而温暖地呼唤他们的学生。无论优秀还是平凡，无论积极学习的，还是有学习障碍的学生，教师们总是能够做到心平气和、公平公正地接纳他们。

与中国的课堂教学相比，美国中小学课堂教学的密度小得多。但是，课堂活动往往丰富多彩、生动活泼。在传授知识的过程中，教师更关注学生对知识的感受和内心体验。

在课堂上，我们听到美国教师用得最多的词语是“very good”“good job”“wonderful”等夸赞和鼓励。教师总是在每个细节和环节上鼓励学生，保护学生的好奇心，增强学生的自信心。教师欢迎学生持不同的判断与见解，明确提出培养“善于提问题”的学生，并鼓励学生从多角度、多方面去找寻解决问题的答案，促使学生养成“答案不是唯一的”思维习惯。

在那些美国教师看来，学生的学习方式是有差异的。有的学生是听觉学习者，有些学生是视觉学习者，学生有多元的智能。教师进行差异教学，为不同学习方式占优势的学生提供适宜他的学习条件和机会。他们关注的是如何开拓创造性思维，如何鼓励学生，激发他们学习的兴趣。他们珍惜和接受每个学生的答案，即使学生说错了，教师也不轻易否定，而是提醒学生再好好想一想，启发学生继续思考，或者将错误的答案变成探索的源泉。

美国的教师普遍善于在教学中精心设计各种教学游戏。有的是为了调动学习兴趣，有的是为了集中学生的注意力，有的是为了培养某种品格，有的是为了练习某种技能，有的是为了掌握和巩固某些知识。这些活动或游戏不仅使学生掌握了知识，提高了动手能力，更重要的是培养了学生的学习兴趣，让学习成为一个令人兴奋的、有趣的、充满互动与欢乐的过程。这跟中国教师有些不一样。中国教师总是提醒学生：“上课认真听讲，不做小动作！”

美国中小学课堂教学普遍强调教师对学生学习兴趣的关注和主动学习的激发。后来，我在自己的课堂里强调“兴发”教学，把“兴发”作为自己的首要责任和使命，这既是对中国传统教育思想的延续，也是对美国中小学教学观念的借鉴。

美国小学语言课的设置，并不似我想象的那样，只笼统地设一门“英语”课，而是分为“阅读”“写作”和“拼写”等几门很具体的课程。这几门课程又不是“独门独院”，而是有着千丝万缕的联系，其中阅读最为重要。通过阅读，教师引领学生领略读书的乐趣，激发创作的热情，展示自己的作品。这也体现了先有“模”后有“仿”，从认知到实践的规律。

“阅读”“写作”“拼写”这三门课实际上是同时进行的。教师把学生分成三个小组，各组以不同的顺序进行三门课的学习，就像国内早期的“私塾”，各学各的，互不干扰。我们看到教师先把“拼写”和“写作”的作业告诉全班学生，然后开始上课。教师则坐在班级一隅的地毯上，给“阅读”组上课。“阅读”组上完课后，回到座位做“写作”作业，然后“拼写”组上阅读课，“写作”组则做“拼写”作业。依此类推，直到三个小组全部完成三门课的学习。上述三个小组是以阅读能力来划分的，三个小组实际上就是三个级别。每个孩子都阅读适合自己学习能力的书，这样才不会感到吃力和无趣。这也许就是美国学校教育的最大特点吧——根据孩子不同的能力分班（组）教学，真正做到“因材施教”。

我们还看到教师鼓励孩子们展示自己的作品，有的孩子将图文结合的作品粘贴到教室墙壁的软板上，更多的孩子选择大声诵读自己的作品。这让我想到了我们工作室倡导的“诵读作文”。两者都是通过诵读范本积累素材，习得写法，接着模仿范本写作，再诵读习作，自感自悟。学生充当了自己作品的第一读者，语感、审美等能力潜移默化地得到培养和提高。自读自悟，从中悟得情趣和意境，受到感染和内化，从而获得良好的语文素养。

美国中小学的教师大都可以自行决定其教材和教学方法，课程的原则只有一个：贴近生活，务求实用。除主科外，美国中小学会为孩子们开设园艺、电脑、驾驶、缝纫、烹饪、木工、机械、摄影、绘画、乐器等丰富多彩的实用技术专业课程。这些课程对孩子进行各种基础的技术培训，提高孩子的动手能力，让孩子们了解什么是谋生，什么是生活。这样的课程也比较看重教育与生活、职业的关联，让孩子们知道怎么去谋生，怎么去生活的一般知识。这样的课程也比较看重对孩子的学习兴趣和职业意向的激发，让孩子们对大千世界、对千行百业有必要的了解，同时为自己的职业生涯做好规划。

新罕布什尔州的公立基恩高中（Keene High School）校长得知我们要考察他们的学校，便早早地来到学校门口迎接我们。州政府学监也赶来陪同我们参观了学校具有代表性的设施，比如学校的大会堂、体育馆、音乐厅、各具特色的教室等。在这所学校，我对他们的职业技术教育产生了兴趣。学生买来材料在这里建筑别墅，然后卖给需要的人士，再用这笔钱来建造更有特色的别墅。这个建筑班每年卖一座别墅来增加他们的收入。在这个大工厂我还见到了他们所设计的各种小型别墅模型，很有艺术感。在这里，学生可以自己组装或者制造汽车。他们也可以通过为社会修理汽车来创造财富。学校还有机械设计与制造的小工厂，有电脑组装与修理小工厂，还有学生电视台与编导室。他们与州电视台挂钩，为电视台制作节目和广告。这里的每个学生可以选择自己感兴趣的课程来进行学习。有了这样的教育实践经历，他们毕业后都比较容易就业。

回国后，我在“兴发教学”的改革中特别提出“志业教育”：通过类似“职业生涯规划”的活动，引导学生建立自己的“志业”，兴起和引发学生从小建立“长大之后我想做……”的职业意识和人生志向，并让学生因为自己的志业而激发内在的学习热情。我希望能真实地让学生“生活在自己的梦想中”（职业生涯规划）。我希望我的学生因为“生活在自己的梦想中”而主动学习相关的知识和技能，激发出内在的创造潜能，训练自己的实践能力。

在美国，我们看到了美国孩子的良好修养与素质。他们没有专设的德育课，但品行教育在各类活动中无形渗透着，让孩子自己亲身参与，亲身感悟，在感悟中形成规则。美国中小学长期鼓励学生参加社区志愿服务，这对培养孩子的良好性格、公民意识和社会责任感有着重要的促进作用。他们重视诚信教育和责任教育，让孩子们学会爱与无私。服务生面对用餐或坐船后不给小费的人（小费就是服务生的工资）也笑着与他们说再见。乘坐公共汽车，先上车的人总是坐最后面，即使只有半车人，也是先坐满后排的座位。

美国是一个具有多元文化的国家，信仰多元化自由，各学校必须平等对待不同种族、不同族裔、不同信仰的学生。随着中美关系的日益加强与深化，中美两国的中小学教育的交流也更加广泛和深入。在我们参观的学校中，不少校长和教师都到过中国。不少学校开设了“孔子课堂”或汉语选修课程，并与中国的学校建立了合作关系。学生学习汉语的热情比较高。中国文化受到美国学生的喜爱。美国中小学校长和教师对中国学生给予很高的评价：勤奋、刻苦，有很强的学习能动性。他们说，中国学生学业成绩优秀，堪为美国学生的榜样。美国的教师和校长都希望能与中国多渠道、多方式进行交流，相互学习，迎接教育全球化的挑战。

在美国每一天的学习和参观都让我充满期待，充满好奇和探索的兴奋。在美利坚的土地上，每一次心灵的震撼都是源于责任和使命。我们的教育正处在发展之中，我们应该思考，也要眼观四方，这样才能促进我们教育的发展。

最开心的学习

最幸福的日子，来自我跟我的学生和我的孩子的相互陪伴。最开心的学习，来自孩子们的文字。

简单的就是美丽的

我们的严老师：

六年时光飞一般地逝去。

幸好，我还清楚地记得您教我们三年级的情景。“我姓严，可我并不严厉，但如果你们不听话我会非常严肃哟!”严老师身着一身宽大的白色衣服，柳眉一横，做出了吓人的表情。我们表面上不敢作声，其实心里已经在“叽叽喳喳”了。“哈哈，怎么样，我就说是这个美女老师来教我们吧!”消息灵通的姚筱霖眨着一双大眼睛用得意扬扬的眼神对我说。

我们看着严老师优雅转身飘飘然离开教室，班里便沸腾起来了。“哇，这个老师竟然说话这么简洁。竟然没有啰唆一大堆!”“这个不是最重要的，最最重要的是我们班终于有一个美女了!”某个男生笑嘻嘻地说。

兴许是我们骨子里天生有股叛逆劲，兴许是我们天真调皮。我们班是著名的纪律不好的班级，但自从严老师来了，这情况就少见了。

“我们班的纪律很不好，影响到了别的班，要注意一下。”您边翻书边装作不经意地提醒。奇怪的是，这漫不经心的话语比狠狠批评还要有用。

不知道为什么，每次一听到“你伤害了我，却一笑而过”就会想起您。当然您从未伤害我们，对我们的错误却又总是一笑而过。每一次，不论哪个同学犯了多大的错误，你严厉地批评完后，又会恢复往日的笑容。我记得曾经因为我把一元钱摆在桌上，被一位老师发现后请了家长。这件事要是让严老师处理，肯定不一样。严老师您应该是最不喜欢请学生家长的，您能处理完的事就绝对不会把家长请来。因为我们从未被您要求请家长。我猜，你肯定在想：一个人担心总比多一个人担心好。这让那些屡教不改的同学都不好意思犯错了。

您不会让我们一味地听那些枯燥的东西，而是让我们用最最简单的办法——朗读去领悟语文的奇妙之处。用脑子记的东西也许会忘，但用灵魂去真切悟过的东西是一定不会忘的。

虽然是最简单的诵读，却是最有用的方法。简单的就是美丽的。

您喜欢随意披一件外衣，随意穿一条平淡无奇的裤子。可是在我看来却是那么美丽。仅仅是一套简单的衣物，却比那华丽的衣服美丽许多。我喜欢对朋友说：“你也觉得严老师很美啊!”却不知道我其实是在问一个跟“你也知道太阳从东边升起啊”一样毋庸置疑的问题。

我能在对的时间遇到对的人，我能在幼小时发现简单才是万物的根本，多么幸运!

我不是最有能力的，我也不是最聪明的。但是我知道，我力所能及的事情是什么，那就是感恩。

我想在我年轻时，我会来看看您。我知道您的简单处世会影响我的一生，我想在我成才时、在我成功时，我会给您一个拥抱，一个温暖的拥抱。

您是我见过最独特的老师。没有世间的华丽，只有跟每天早晨要睁眼的事实一样自然。这就是您给我的印象。

谢谢您让我感受到了世界的奇妙。

我的文字没有水晶般的华丽，没有阳光般的热烈，没有水滴般的晶莹。我的文字是淡然的空气，但是我有一颗最虔诚的心。

望穿桑田盼穿海，桃李花林又一载。我一定会永远记得您！

您的学生：谢萌萌

2011 年 5 月 20 日

那天，阳光正好

亲爱的严老师：

您好！

六月将至，分别的日子迫近。手握笔杆却迟迟未能落下，千言万语在心中交织，不知该从何处述说。

在我的心中，一直在默默地思念：严老师——一提到您那熟悉而有分量的称谓，您的笑颜便在我的眼前绽放。严老师，您还记得您是怎样走入我们三（1）班教室的吗？我们是历历在目呢！那天，阳光正好，您在晨光下，带着微笑走入了我们的教室，五十双眼睛齐刷刷地扫向您，早晨美丽的阳光透过窗外的绿叶，洒落在您身上，使您的微笑格外温暖和明亮。

三年级时，我们刚学习写作。每次回家写作，我都需要妈妈指导。有一次春游写的记事文，那是我第一次的作品，结果您就在全班表扬了我，说我真实朴素的文字，彰显了自然的美，还鼓励我去参加作文比赛。那次比赛我得了优秀奖，心中不免有些失落，您看出来了，温柔地对我说："没什么的，尽力了就好。"不觉间，我似乎知道什么叫顺其自然。

还有一次，就要评比黑板报了，可我们班却什么也没有准备。直到中午，我才紧急召集了一些同学赶写黑板报。尽管我们很努力了，但黑板报的内容差强人意，还有许多需要完善的地方。但令我们出乎意料的是，您居然在下午表扬了我们，您毫不做作地惊喜地感叹："这么短的时间能有这样的效果，真是太漂亮了，完美！"

我不由得困惑起来：明明就算不上完美啊，可是，为什么呢？

意想之中，评奖的结果并不理想。在班会课上，您笑着对我们说："黑板报真的很好，我们自己满意就好了，对吧？"语毕，是一个甜甜的淡然的微笑。顿时，我醒悟，世间并没有绝对的完美，完美往往是相对的，所谓完美大概是对自我努力的肯定与欣赏，一个释然的笑在我嘴角浮现。我想，我懂了……

严老师，我不愿离开您的笑容，不愿离开您这样拥有明丽笑容的老师，不愿与您说再见，不愿……但，纵然您不能陪伴在我们身边，但我这样坚信着，您身上的美好一定会与我们如影随形，温柔地牵引着我们踏上逐梦之旅！

最后，请您满足我一个自私的小要求：请您不要忘记这一届的六（1）班与我，好吗，严老师？

祝严老师：身体健康！事业顺利！明丽的笑容永久！记忆超群（这样您才不会将我们忘记嘛）！

您的学生：黄维思

2011 年 5 月 21 日

伴着阳光和我们一起晨读

严老师：

展信佳。

此刻，打字的手正在微微颤抖，想要说的话，写了，删了，踌躇了半天，还是不知道怎样入笔。

到了广州两年，我从用警惕的眼神打探这座城市，到如今早已习惯独自拿着车卡穿梭在各个补习班。慢慢地，我发现比自己优秀的人总有那么多，小学时骄傲的我，早已成为记忆。愚钝的我猛然发现，小时候的我并没有那么优秀，只是您一直用赞美一点点垒砌我的自信，用欣赏的眼光一点点放大我的优点，用委婉的语气，甚至小心翼翼地提醒我的缺点，生怕我会因此垂头丧气……那时候的我总因为小小的挫折而掉眼泪，您总是安慰我，把我护在怀里，把所有该给我的指责挡在背后，用最最柔和的话语帮我擦掉泪水，拿出自己包里的巧克力，用它的甜蜜盖去我自认为所承受的苦涩。

那时候的我比谁都还要积极，生怕别的同学要抢了您去，连毕业后还对学弟学妹小小地嫉妒一下。现在想起来，为当初的想法还忍不住笑弯了眉。

无论对怎样调皮的同学，您总是笑着，笑着，温柔的目光比阳光还令人动容，包容着所有学生的错误。在我印象中，您生气的模样真是找也找不到，连微微蹙眉的神情都难以出现。“几个调皮鬼”听起来是责备，倒是一点儿恼意也听不出来，弯着眼睛，细心地抚平那几个男生的衣领，系好他们的红领巾，平时闹惯了的他们这时表情却严肃极了，仿佛是接受检查的士兵，腰板都挺得笔直。毕业后来看您的次数最多的还是他们，高得摸到黑板顶的他们，甚至小胡须都有了，但在您面前，依旧是学生。

我很惭愧，我曾经毫不犹豫说过我是最喜欢您的学生，现在却已经许久没有见到您了，不过以前伴着阳光和我们一起晨读的您，捧着语文书，站在同学们中间认真朗读的模样，却依旧清晰。我很羡慕，我羡慕隔几个月就能见到您的其他同学们。每一次同学聚会，总不能参加，只能看到你们的照片，欣喜地发现同学们的变化，老师的变化，然后一张不漏地保存下来。

写完这封短短的信，已经晚上十点多了，停笔吧。

那么，严老师，我们约好，一年后见。到时候，我保证，站在您面前的我，是个更加优秀的我。

您的学生：刘帅

2015 年 9 月

陈明语：我这么坏，严老师却对我这么好

我有一个好老师，她温柔、美丽、善解人意。她姓严，大家叫她严老师。

严老师留着长长的头发，上课时她时常会很自然地弄一弄那漂亮的头发，姿势很美，于是我也期望有她那样的长发。她还长着一双与众不同的明亮的大眼睛，这眼睛的神奇在于它可以发现别人的长处和短处。

洪伟志是全校闻名的调皮捣蛋的坏孩子，而严老师不这么认为，她总能找到洪伟志的优点。于是我也试着重新去认识洪伟志，我看到了洪伟志在大扫除时主动帮同学们搬桌椅，我看到了他对老师和长辈很有礼貌，看到了他在课堂上为同学们精彩的回答带头鼓掌……奇怪，为什么以前我一点儿也没发现？

我们都说容蓉什么都好，简直是十全十美。可严老师对我们说容蓉也有她的缺点。我还真的有了发现：容蓉的作文很棒，可老师要读她的作文时，她老是忘了带作业。还有一次，身为大队长的她竟然连扫地也忘记了。

严老师还说完美无缺的人很少，每个人都是一个被上帝咬过的苹果，但是我们可以努力让自己变得完美。

我相信老师的话，我对自己有了更多的信心，但是，在我的眼里，严老师怎么就这么美好呢？

我喜欢听严老师讲课，她总是笑着和我们说话，这让妈妈不在身边的我觉得很

温暖。她朗读课文很动听，在上课时，手还喜欢打比画。有一次，严老师在课堂上，用食指打了一个比画，有趣极了，不记得她是为了表现什么，只记得我在台下嘻嘻地偷笑了老半天。

严老师也爱哭，有一次是给我们念她自己写的文章，念着念着她就哭了，原来是她思念家乡的学生了。有一次她让我们自由地说心里话，同学们都说六年级了舍不得分开，当阿志红着眼睛说道：“我这么坏，严老师却对我这么好……”严老师的眼泪就掉了下来。可是有一次她为了不伤害我们，与一个伯伯争论起来，那个伯伯声音好大，我们都吓哭了，她却没有哭。

严老师还经常告诉我们怎么做人，怎么交朋友……这些道理大人们跟我们讲的时候我们不爱听，可是严老师总能说到我们的心里。

在我的眼里，严老师是可爱的，是温暖的，是坚强的，是……反正她就是最完美的。

胡泽燊：带着魔力的传奇的双手

匆匆离别已经半年，平日虽不愿提起，却知时间并没有带走我的心。因为是那凝结了爱的手指，敲开了……

原来的我，对作文一窍不通，于是我四处拜师求艺，却毫无成效。就这样，老师，您在“危难”之时，挽救了在写作道路上迷惘徘徊的我。每周所写的作文，您要我用电脑写，随后您便在电脑上逐字逐句艰难地批改着。见我极不情愿，还有些抱怨，也是为了保护我的视力，您自己承担了“敲打”的任务。就这样，我和老师开始了“你一言，我一语”的训练模式，先是我写草稿，接着老师再用灵巧的双手在键盘上敲击出来。

您敲过了鸟语花香的春天，敲过了烈日炎炎的夏季，敲过了硕果累累的秋季，敲过了天寒地冻的冬季。日复一日的艰苦训练，带来的是我不断进步。老师的手不知疲倦地为我敲击着，在无数次的敲击下，荣誉的奖状、优异的成绩终于接踵而至。

时光流逝，老师那带着魔力的传奇的双手，为我带来挥笔成章的勇气，让我拥有不断击败对手的自信。一张张光辉灿烂的奖状，饱含着老师无尽的心血，充满着老师无限的爱。在爱的呵护下，在光环的照耀下，我渐渐明白了老师的一片苦心。今天，当我回头再看这足以成册的文字，这用文字留下的珍贵的童年时，我从心底感谢您，感激您，老师，向您致敬！

现在，我无法再聆听到您那清脆的敲击声……那声音让我久久不能忘怀，回想起您那声音，我的心情久久不能平静。我坚定地相信，现在，您的双手正在为越来越多的学生敲击着键盘。相信每一次敲击，会敲开更多沉睡的心灵。

又是一个冬天过去了，老师敲击键盘的声音还留在我的心里，时光的流逝，隔不断我们的情……

李亚赛： 我的公主小姨

每个女孩都爱做梦，我也不例外。在梦里，我有着属于自己的秘密花园。我渴望自己能从一知半解的黄毛丫头成长为优雅知性的美丽少女，就像灰姑娘终于找到了属于自己的水晶鞋与王子一起翩翩起舞，就像独自哭泣的丑小鸭终于明白了自己的使命飞上了天空……而我的小姨就是我梦中想变成的那位公主，我幻想中希望成为的那只白天鹅……

从小到大，在我眼里，我的小姨一直是个温婉美丽的女性。她会穿上飘逸的白色长裙、戴上宽檐的藤编帽、穿着精致的平跟布鞋、围着一条复古的印花围巾，自信优雅地走在大街上。记忆中的她总能吸引着过路人的目光；她会在舞台中央宛如明星一般深情地演唱一首辛晓琪的《味道》，台下的观众便久久地沉醉在她弥漫着韵致的歌声中。她会在课堂上用自己带有磁性的声音缓缓诉说那个关于“丰碑”的故事，感动得在场的所有人红了眼眶……

于是，我迫切地希望自己长大，渴望着有一天，自己也能像小姨一样拥有属于自己的美丽生活。

为了快点儿变成小姨这样的公主，我曾经用她吃完的西瓜皮敷面，原意是美白皮肤，可谁曾想到，我对西瓜水过敏！第二天，我满脸红粒去上学，被同学们取笑了一天。我拉着三岁的弟弟做掩护，偷偷拿着小姨放在桌上的眉笔与口红在我俩脸上涂涂画画。我希望在镜子里看到的是童话故事里的公主与小王子，可是镜子里出现的是马戏团里的两个小丑。有一些陌生的叔叔阿姨们，用夸赞的口气感叹着：“严杏老师不仅人漂亮，课也上得很好啊！”这时我会骄傲地大声说道：“她是我小姨！”仿佛他们都是在称赞着我自己……

长大以后，我才渐渐明白，我的小姨为什么会这样美好。

她的心中有爱，她深爱着自己的家人、朋友和学生。她会不声不响地资助家境贫寒的学生直至研究生毕业。她会用最温柔的方式鼓励和指引那些在常人眼中不值得疼爱的孩子。她会在爷爷重病住院期间通宵达旦地守候在病床前。她会因为在家乡的奶奶想要一双新款的老北京布鞋而跑遍整个珠海。她会为了照顾好家人的身体，在美国学习后带回的全是给家人的保健品……

她深爱着自己的工作，夜以继日地编写教材，到各地讲课，组织名师工作室的老师们开展系列送教活动。繁忙的她还坚持把自己的教育故事写到博客上与大家分享……她似乎一刻也不会停下自己的脚步，不断地学习、提升自己。

她热爱生活，在追逐梦想的同时，也不忘寻求美丽的权利。家里的每个角落都被她布置得漂漂亮亮：入户花园里细心种植的花草、客厅里巧妙设置的照片墙，还有那些随意摆放却很有味道的小装饰品……家里的一切让劳累了一天的家人回来后感受到的只有温馨与美好。

在小姨的心中，永远积蓄着这样一份源源不断的爱。她爱生活、爱工作、爱自己身边的每一个人。这份爱，是流淌在生命原野中的河流，在她润泽的两岸，是一片春天的嫩绿和芳菲，是一切生命的苏醒和伸展。因为这份爱，在我的眼中，平凡的小姨身上更拥有了一份生命的高贵。

今年夏天，当我也为了追随自己的梦想，来到珠海成为一名中学教师，我被小姨为我精心布置的卧房惊住了：杏仁色的墙壁、淡黄色蕾丝的窗帘、墙角上摆着一张精致的梳妆台、大大的落地窗前放置着一套木制的田园系桌椅、床上铺着我最喜欢的森林风的床单、墙上别致的挂钟与整个房间的风格相互呼应……阳光透过窗户照射进来，微风吹动着窗帘轻轻飞舞，我的房间就这样沐浴在傍晚的阳光与微风中。

小姨问我喜不喜欢，我笑着点头，眼睛却湿润了。原来，在小姨的心里，我也是一个公主。

胡逸炜：致母亲

世上最神圣的爱就是母爱。失去了母爱就如鸟儿失去了蓝天，小草失去了阳光，花儿失去了色彩。时光如梭，转眼间妈妈您将我带到这个充满欢乐的世界里已十四年了。一路走来，您给予我的爱是我前行中最澎湃的力量。

是您把我带到了这个精彩的世界，是您精心地哺养我长大，是您教会了我说第一句话，更是您教会了我做人的道理……

您经常跟朋友说您疯狂工作的那几年正好是我的早教期，当年带我的爷爷奶奶连幼儿园也舍不得让我去（怕我感冒），我天天跟着一群宝宝们玩耍，以至后来上学前一个字都不认识的我跟着识字上千的同学们一起坐在了一年级的教室里。您遗憾，您歉意。您的朋友说现在的我已经不错了，可是您说有些知识的功底很难补上来了。

是的，我晚识字，晚阅读，晚算术，可是妈妈，您知道吗：奋斗中的您却教给了我很多其他孩子学不到的东西？

我五岁那年，您一个人来到珠海工作，我和您只能靠视频见面。那天我又来到崔阿姨家和您见面，我突然想看看妈妈的网络摄像头是什么样子的。等我一说出来，周围的叔叔阿姨都笑了。是啊，正在视频的摄像头怎么能看得到呢？我脸都红了。可是妈妈您却不慌不忙地拿过来一面镜子，很快地让我看到了电脑上的摄像头，也让一旁的叔叔阿姨啧啧称赞。

我亲眼见证了您参加一次又一次大赛的艰辛，不懂事的我总是从这边爷爷奶奶的房子里大声喊着“妈妈”。我不明白您为什么好几个月把自己关在我家对面的七楼，后来您告诉我，您去比赛代表的不仅仅是自己，您不管结果怎么样，一定要尽自己最大的努力。

您总是说您的每一个学生都很可爱，即使那是一个有自闭症的学生或者调皮的学生。您对我也是如此，因为我的各门功课基础太差，好多课外兴趣班都不收我，您就索性让我先锻炼身体，然后耐心地陪我一起战胜一个又一个困难。

今天的我也许还不够优秀，但早已不是昨天的我。十四年来，我获取了很多，对您的感激却从未表达过。

也许鸟儿永远报答不了蓝天对它的恩惠，也许小草永远也报答不了春晖的哺育之恩。母亲，也许我用尽一生也报答不了您给予我的深沉而浓郁的爱，但是我会像您一样认真地对待生活，尽可能地让自己的生命充满意义。

最后希望日渐长大的我能给您的生活带来更多的快乐，让我们相依相伴，直到永远！

师友的帮助

满满的绅士风度的杨再隋老师

2001年，在北京参加国家级骨干教师培训班的时候，我第一次见到杨教授。那一天，班主任告诉我们，他们请到了全国著名的教育专家杨再隋教授来讲学。那是我第一次听到杨教授的名字。班里的同学大多是来自全国各地的名师，他们兴奋地为我介绍，杨教授是教育部全国中小学教材审查委员。

杨教授那次讲座中的每一个字我都不敢放过。正巧那天轮到我值日，上去给杨教授倒茶的时候，他问我来自哪里，读了些什么书。至今，我还记忆犹新。

第二次见到杨教授，是在我准备代表湖南教师参加全国小学第四届青年教师阅读教学大赛之前。那时，我所在的小城市很难请到大专家，正巧杨教授来长沙编教材。我们省语文教研员赶紧把杨教授请到学校来听我试教。那次的课我上得很糟糕，教授却不住地鼓励我。在杨教授走后，我们备课组把他留下的十二条建议慢慢消化，一条一条落实，对杨教授的到来，我们感叹了好久。

比赛得奖后，很快就接到杨教授的电话。他邀请我加入他们的教材编写组。编教材对我来说是可望不可即的事情。我不敢接受，杨教授却鼓励我：你就先来看看大家怎么做，这也是一种学习。谁知，这一看，就看了好多年。

这其中也跟着教授去了不少地方上课，得到了他的亲自指点。

有一次，在广州上完课之后，杨教授对我说："现在有一个对话环节。本来是我和于永正两个人，现在我想让你也参加。"

要跟两位小语界顶级大师坐在一起对话，这是我不敢想象的。我一个劲儿地摇头，杨教授一再鼓励："不用怕的，我们就是一起聊聊课堂，聊聊语文教学。你就说自己的亲身感受，就用你喜欢的方式表达。"

眼见三张凳子已经被主办方搬上了舞台，我也只好硬着头皮跟着两位大师坐在了聚光灯下。直到今天，我还能清晰地记得两位德高望重的大师很体贴地为我穿针引线，尽可能让我自在地表达。然后，又巧妙地对我的话题进行提炼和延伸。

那天，对话结束后，杨教授称赞我说："瞧，说得挺好的，就是要敢于展现自己。"

我来到珠海工作之后，杨教授来珠海讲学，他特意参观了我们的学校。当校长跟他详细地讲了我的情况之后，他很开心，悄悄地对我说："我本来想跟他们好好介绍你，见大家都对你这么好，我也就放心了。校长还有意让你当领导。我更愿意你踏踏实实当好一名普通教师。”

杨教授已经迈入古稀之年了，工作那么忙，可他心里总是挂念我们这些徒弟。每次和他一起出去上课，编教材，回来的时候，总是千叮咛万嘱咐。

杨教授告诫我，要以写促读，不断提高自己。反复提醒我，不要熬夜，要注意身体。得知我建了一个“偶然的博客”，他还托人为我捎来一幅字，教授这样写道：

偶然的博客是师生之间、教师之间、教师和家长之间交流的平台。

真挚的感情、清新活泼的语言，透出智慧，显露优雅，表达一位教师的博大情怀。许多语言撞击心扉，拨动情弦，读后不由得让人为之动容。

平实中现出高雅，偶然中包含必然。人生会遇到许多个“偶然”，可能会视而不见，可能会稍纵即逝，我希望偶然能抓住“偶然”，力争把“偶然”变成必然。时不我待，机不可失啊！

看到偶然每天工作到深夜，要珍惜身体！

后来，我尝试做“诵读语文”的教学改革，杨教授专门以《审美的课堂，诗意的人生》为我推介。

如何让语文课成为审美的、诗意的富有魅力的课？全国各地的教师们做了许多有益的探索，其中广东省珠海市的著名特级教师严杏老师经过近二十年的探索，已经显示出结果了。

如果问严老师：语文教学的秘诀是什么？她会爽朗地回答：“诵读。”简简单单两个字，浓缩了她语文教学的精粹；也是这简简单单的两个字，是她二十年来苦心求索、博采众长的结晶。简单而丰富、质朴而优雅、平实而自然，也许是严杏老师语文教学风格的基本特征。

读，是读者和文本最直接最有效的对话，是学生在语文课堂上的主要实践活动。严杏老师的诵读教学，继承了我国语文教学的优良传统，又赋予了新的时代内涵。她的“诵读”不拘章法，因文而异，随心所欲，自然成趣。通过诵读，让学生读出画面，读出理解，读出感悟，读出韵致。用严杏老师自己的话来说，诵读到极致处，就是“说”，自然、平和、质朴、生活化地“说”。这是读书和生活的联结，读书和心灵的交融，是读书的一种新境界。这时，人和书已融为一体，读书变成了心灵的絮语，灵魂的呼喊。正如德国大作家歌德所说：“不是我作诗，是诗在我心中歌唱。”在严杏老师的课堂上，学生不是在奉命读书，而是在主动地感受着书中的形象、情感，是书在阅读学生心灵，学生的情绪活跃如大海波澜，静谧如平静湖水。心中的情感都醇化而升华为生命的节律，组合成音乐的和谐。这就是审美的语文，诗化的语文。

在严杏老师的课堂上，随着教学推进，师生情绪始终是流动的、曼妙的。许多美妙的语言，鲜活的思想，喷涌而出，产生出许多生成性的课程资源。教师因势利导，以导引之巧，点拨之妙，将学生带到美丽的语文星空中，任想象驰骋，让言语飞翔，从而达到心灵的碰撞，组合成语文教学的美的交响。

课如其人。严杏老师善良、灵秀、温婉、聪慧。她酷爱读书，痴迷教学，深爱学生。在她的课堂上，少见激昂慷慨，难有剑拔弩张。如春风化雨，如潺潺清溪，时时温暖着、滋润着孩子们的心灵。这正是我们期待的工具性的人文性的统一，是审美的、诗意的、富有魅力的语文教学。

教授的文字里有浓浓的温暖和期待。

那天下午，我正翻看着杨教授给我做的课堂点评，杨教授的电话来了。他说，他收到了《小学语文教学》杂志社寄给他的杂志。以前是寄一本，这次寄了两本，因为他是作者（请教授帮我做了点评）。他还说，封面照拍得好，是典型的教师形象：庄重、高雅，一切幸福、一切美好都在这笑容中了。

本来，我拿到杂志后就想给杨教授打电话表达感谢。可惜，这段时间常咳嗽，喉咙很哑，怕杨教授听了担心，所以耽搁了下来。没想到，杨教授先来电话了。

和杨教授一起工作好些日子了，好多事情想写下来，但始终没有动笔。

永远的霍懋征老师

“霍懋征老师走了。”

得知这个消息，我一时语塞。

每一名基础教育工作者，对霍老师应该都不会陌生。她是北京师范大学数学系的高才生，却在小学的讲台上一站就是 60 年。她曾先后提出设立教师节、制定“义务教育法”等若干重大建议。周恩来总理曾称她为“国宝老师”，温家宝总理曾夸奖她为“把爱献给教育的人”。

虽然知道她已 88 岁高龄，可我仍然无法接受这个事实。眼前不时浮现着霍老师慈祥而温厚的笑容。

多年前在北京听过霍老师讲座，我们这群学生都喜爱她的演讲。在我们的心目中，霍老师既是高山仰止的教育家，又是一位亲切温和的长者。霍老师讲课的语言非常流畅，她可以不拿任何讲稿，滔滔不绝地讲几个小时，听她的课真是享受，常常会忘了做笔记。

霍老师的讲课让我们体会到她最核心的教育思想就是一个字：爱。

不光有爱的意向，还拥有爱的能力、爱的艺术。从教 60 年，霍老师没有丢掉一个学生。在她看来，没有教不好的学生，霍老师对学生的爱是真诚的、无私的、广博的、一视同仁的。

霍老师认为，爱是一种力量，爱是阳光和春雨。它能把一个人见人烦的孩子变得惹人喜爱。做教师60年，霍老师从没有对学生发过一次火，从没有惩罚过一个学生，从没有向一个学生家长告过状，从没有让一个学生掉队。60年，这4个“从没有”的背后，包含着多少艰辛，付出了多少爱！

霍老师还给我们讲了她自己的故事。“文革”时期，霍老师成了“反动学术权威”，被关了一年零九个月。身为中学数学特级教师的老伴儿也被关了起来，小儿子竟然被学生组织“联动”砸死在家中。15岁的小女儿站在一旁吓傻了。最令她痛心的是，对教师们张口就骂、伸手就打的竟然很多都是自己教过的学生。这使霍老师感到了语文教育的失败。回到教育岗位以后，她由数学改教语文。她认为，语文更有利于育人。她要用“文道统一”的理念，教会学生做人。

她进行了从注音字母到汉语拼音方案教学的过渡实验，总结推广汉语拼音教学法，创立并推广语文讲读法和读讲法的教学模式……几十年来，霍老师的教育改革探索和教育理念不仅形成了自己的特色，也推进了全国小学语文教育的创新和发展。1985年从学校退休后，将近30年的时间里，霍老师奔波于中国的西部农村，“送教上门”的足迹遍布50多个地区。

当年为我们上课时，霍老师已经年过八十，可她坚持站着为我们讲课，一讲就是一上午，对同学们的询问也总是孜孜不倦地予以解答。大家都不禁感叹霍老师带给我们的除了感动，更多的还有精神和力量。

后来见到她已经是2005年了。那次我在南京参加首届全国教师诵读大赛，当时霍老师是组委会特邀嘉宾。远远地看到了她，我就觉得特别亲切，没想到上台领奖时，刚好是霍老师给我颁奖。她微笑着鼓励我要在自己的岗位上创造更多的成绩。我只是一个劲地点头，激动得说不出话来。

更让我惊喜的是，第二天我在机场又遇到了霍老师。在入安检的地方，她一下子认出了我，主动和我拥抱。陪同她的助手告诉我，霍老师特别喜欢我的诵读，尤其是配上“大海啊，故乡”音乐的诵读。道别后，她们匆匆地走了。我原以为还有机会见到她老人家，可是没有想到，那一次见面，竟然成为永诀。

这位优雅的老人轻轻地走了，留下了她对师德师爱的诠释以及朴素而宏大的教育思想。

“老顽童”贾志敏老师

那年新年前夕最高兴的事，就是收到贾志敏老师寄来的礼物——有他亲笔题字的小学语文教师专刊——《贾志敏教学艺术专辑》。

认识贾老师已经很多年了，前些年经常能遇到，贾老师身上有一种让我敬慕的高贵气质，儒雅、睿智而醇厚。

贾老师有一份慈爱的情怀。2007 年，我的一组文章和照片登在某教学杂志上，贾老师第一时间打电话为我祝贺。后来在北京见到他的弟子吴琳，吴老师告诉我，贾老师当时很兴奋，这让我感受到贾老师对青年教师成长的关切。

有一段时间贾老师身体不适，大家都挺着急。这次见到贾老师满面红光、精神抖擞，真是为他高兴。

这次活动由我主持，我在贾老师授课前说了这样一件事：那是两年前我去宜昌参加一个作文教学活动，听组委会的人说，贾志敏老师为了不耽误时间，从另一个会场坐直达汽车赶来。已经是 70 岁的老人，竟在卧铺汽车上待了十多个小时，那天正好下雨，他的被子全是湿漉漉的，上上下下的人也很多，他通宵未睡。早上 6 点多赶到上课的地方，8 点开始上课，整整一个上午，课上得特别精彩，听课的人都很感动。当我向大家讲述这个情节的时候，所有参加活动的人把最热烈的掌声送给了可敬可爱的贾老师。

新年前夕收到的这份特别的礼物实在让我惊喜。在电话里，贾老师说："严杏，我回到上海后到处宣扬你的班啊，我走南闯北，去过无数地方，见过无数孩子，你的孩子是我见到的最优秀的。"我赶紧说："我们班的孩子只是喜欢诵读。"贾老师说："不光诵读好，问题也答得好，特别是他们身上体现出了一种很好的教养，你要总结总结经验。"贾老师总是这样夸奖和鼓励着我们这些晚辈学生。

贾老师寄来他的著作，在电话中他一本正经地说："这本书里有五个错误，你把它找出来。"

看来我真得认认真真地读书了。

爽朗幽默的张光璎老师

前几年的一天，突然接到这样一条莫名的信息：我前几天谈的关于作文实验班一事想请几位老师分单元讲，内容安排另谈。现在问你，除周日下午外还有可选时间吗？

仔细确认，这是来自北京的信息，于是断定是作文大师张光璎无疑。怕她发错对象误了正事，我赶紧回了一条：张老师，您发错了，我是严杏。

很快又来了一条：哈哈，真是发错了！但说明你在我心里的位置啊！

今年已七十多岁的张老师，还是那么爽朗、幽默。

于是我也开心地回上一条：意外的收获！

第一次认识张老师还是在好多年前，我外出旅游时在一家书店发现了一本《张光璎老师教作文》。这本书是张老师连续六年在北京电台做直播作文节目的文字稿。

这本书以对话的形式，深入浅出地讲解了学写作文的基本知识，再现了当时生动活泼的广播教学形式。我如获至宝，赶紧把货架上仅剩的两本都买下了。

第一次见到张老师本人是在北京的“国培班”上。她作为特聘专家参与这次由教育部组织的小学语文骨干教师国家级培训班方案的审定和培训班的讲课、评课等工作。

见到张老师我很开心。她个子小小的，但精力充沛，说起话来铿锵有力。在我们小语班的总结会上，班主任说，全国著名特级教师张光璎看了我们来培训班前交的课堂实录，也许是片子制作的问题，觉得我的那节课有些“做课”的感觉，显得不够真实。而现场的课却真实、真情、精彩，呈现了新课标的理念，完全与学生融为一体，将大家带入了美的境界。

学习结束回到家里，张老师还不断地写信鼓励我。

“我为你骄傲，我为你祝福，深信你还能做出更大的成绩。为了奖励你，再发一个有意思的贺卡给你，打开音箱慢慢欣赏。再有什么新成果就发给我，我一定好好学习……”

“你这份稿子写得不错，对科幻作文的写作很有见地，我很受启发。只是对操作写得不够确定，毕竟面对的是小学生，越具体越好……”

“到新环境好吗？我想你一定能干得很漂亮。昨天我到妹妹家去了，今天才打开电脑，看到你的问候，非常感动！一股暖流涌遍全身。谢谢，谢谢！我对你的祝福，不只是教师节，而是所有所有……”

那次我去北京附近讲课，那个地方挺偏的。可她知道后，一定要赶过来，拉着我吃饭聊天。后来我们一起去承德讲课，我到北京后她知道我不认路，便特意叫上儿子开着车来接我。第二天早上，她怕我误点，清晨五点多，赶到宾馆来叫我起床。

不知是哪一天，我应珠海电视台少儿部的邀请，做一个有关作文的系列讲课。我向张老师求援，她随即给我选购了好多书籍，还将自己在“非典”期间为北京的孩子在电视上讲作文的光盘搜集在一起。正好，区教研室的黄老师和好友罗老师都在北京学习，我便托他们帮我带到珠海。

后来，由于我自己有些胆怯，推掉了这个活动。但张老师提供的资料还是对我们产生了影响。黄老师将张老师的教学光盘《无拘无束写　有章有法练》在全区语文教师聚会上播放，引起了不小的反响。

最近去北京，又见到了张老师。张老师还是那么开朗，风趣。她还说要亲自上我的博客来为我班的学生作文做点评呢！

张老师说我们很有缘，是忘年交，是好朋友。我想说，在心里我已经把她当成了另一个母亲。

我所关注的教学理论

参加广东省名师工作室主持人培训期间，我接受班主任刘良华老师的建议，重点学习了有关“自学辅导”和“兴发教学”的理论。按照刘老师的说法，“兴发教学”的最佳状态就是兴起和引发学生自学的激情。“兴发教学”的最佳境界就是让学生自学，他称之为“自然法”和“自我兴发”。后来我们邀请他来珠海给我们工作室的成员做了有关“自然法”和“兴发教学”的讲座，他特别提供了他的《教育哲学》书稿中有关“自然法”和“兴发教学”的资料。这是我们尝试做有关“兴发教学”和“新三好生培养行动计划”的过程中重点学习的材料。

自然法

从自然法的视角来看，所有生物的生长都遵循三个基本法则：一是自动或主动地生长；二是安静而整体地生长；三是有条件地生长。

第一，自动或主动地生长。所有动植物都会自己生长，不需要人工饲养。人工虽然能够使野畜变成家畜，使野生植物变成农作物，但是，野生的动植物总是比人工培育的动植物拥有更强大的生命力。杂交水稻虽然可能会提高产量，但杂交水稻所生长出来的稻谷很难作为来年春天播种的种子。杂交水稻几乎不具有繁殖性能。若将杂交水稻所生产的稻谷作为种子播种，其产量反而不如自然种子。与之类似，驴与马杂交产生骡子，骡子虽然孔武有力，但骡子不具有繁殖性能。而且，杂交水稻依然需要以自然水稻的基因为前提。若所有自然水稻灭绝而只剩下杂交水稻，则会出现绝种的后果。人工培植并非完全不可，但须尊重其自然天性，“顺木之天，以致其性”。过度干预则适得其反。“爱之太殷，忧之太勤。旦视而暮抚，已去而复顾。甚者，爪其肤以验其生枯，摇其本以观其疏密，而木之性日以离矣。虽曰爱之，其实害之；虽曰忧之，其实仇之。”①

第二，安静而整体地生长。尽管生长的顺序有先后，但所有动植物总是整体地生长，而不是碎片化地生长。园子里的花或迟或早地开放，但每一朵花的花瓣总是整体地向世界呈报它们的颜色和形状。从来没有哪一朵花的花瓣会一瓣一瓣地绽开，也从来没有哪一棵树的树叶会按时间先后顺序一片一片地伸展。动植物不仅整体生长，而且安静地生长。尽管植物会迎风摇动，动物会奔跑跳跃，但动植物总体上倾

① 见唐代柳宗元的《种树郭橐驼传》。

向于安静地生长。树总是安静地扎根，花总是静静地绽放，竹子总是悄无声息地拔节。牛会安静地反刍，老虎会趴在地上打盹，蜜蜂也并不总是忙忙碌碌。对于动物或植物而言，淡泊与宁静乃是常态。所谓“非淡泊无以明志，非宁静无以致远”，实属教育学的仿生学智慧。

第三，有条件地生长。在适宜的条件下，动植物皆有基本的生长本能。如果环境不能满足其基本的需求，动植物就会死亡。如果改变了生长条件，动植物就会出现生长的异样。“橘生淮南则为橘；橘生淮北则为枳。”植物生长的基本条件就是足够的阳光、空气、水分和养料等生命资源。

从自然法的视角来看，有效教学呈现为三个基本法则：一是自学或主体建构，教师的责任在于让儿童自己主动生长，而不是无节制地提高儿童的自然生长的速度。二是整体学习，教师的责任在于让儿童安静地、整体地生长，而不是用细节学习或碎片化学习来破坏儿童的整体生长。三是兴发教学，教师的责任在于为儿童提供赏识和承认的精神资源。儿童生长的最重要的情绪渴望是希望获得他人的认可。因此，教师的主要职责就是以情感教学、志业教育和信仰教育的途径激励、唤醒和鼓舞学生。从“兴于诗、立于礼、成于乐”的中国古典哲学视角来看，教师对学生的激励、唤醒和鼓舞可称为兴发教学。在自学、整体学习和兴发教学三者之中，自学和整体学习是教学的核心，兴发教学是推动学生自学和整体学习的辅助条件。

兴发教学

从自然的人性、自然的物性和自然的学习等自然法的视角来看，课堂教学改革的基本方向是兴发教学。兴发教学包含三个基本方向：一是情感兴发或情意教学；二是知识兴发或整体学习；三是自我兴发或自学自得。教学的终极目标就是兴起和引发学生自学自得的激情。

第一，情感兴发或情意教学。情感兴发主要包括三个途径：一是赏识教育与严厉教育；二是兴趣教育与志业教育；三是信仰教育与意志教育。三者之间，赏识教育与兴趣教育是兴发教学的起始状态。信仰教育及其意志教育是情意教学的终极状态。人一旦过有信仰、有意志的生活，就会实现“先立乎其大者”的大气魄，进入“孔颜乐处”的大气象。

赏识教育并不简单地反对知识学习和技能训练，但是，赏识教育更看重学生的情感需要，尽可能让学生“过有尊严的生活”，尊重学生的“被承认”的渴望。赏识教育也可称为承认教育。就此而言，兴发教学也可以理解为“为承认而教”。学生是否愿意主动学习，可能有多种原因，其中有一个重要的原因是为了在学习过程中获得他人的承认。教师之所以成为教师，首先并不因为他比学生掌握了更多的知识，而是因为他能够给学生带来更多的情感激励。正常的赏识教育往往显示为三种积极的承认：一是关注；二是赏识；三是信任与严厉要求。关注是承认的初级形式。赏识是承认的日常形式。信任与严厉要求是承认的高级境界。高级的赏识是信任学生并由此对学生提出更严厉的要求。

除了关注、赏识和信任，兴发教学还有一个重要途径是兴趣教育与志业教育。学生一旦找到自己感兴趣的主题或对自己的职业生涯规划有了大致的方向，学生就会进入自学和主动学习的“自我兴发”状态。

志业教育也可称为职业生涯规划教育。职业生涯规划教育立足于学生个人兴趣和职业意向。心理学视角的职业生涯规划教育强调“自我认识”。而教育学视角的职业生涯规划教育更重视“职业意向”。志业教育所重视的“职业生涯规划”意味着不仅让学生从小建立“长大之后我想做……”的职业意识和人生志向，而且要兴起和引发学生对自己感兴趣的职业有真实的了解。了解的标准是：能够比较准确地描述某个或某些职业的操作程序、操作技术，能够比较准确地描述该职业的艰难与欢乐。教师可以引导学生研究该职业的特点与历史，阅读相关的传记或“生活史”，也可以推动学生进入职业的现场实地考察或实习体验。除了“了解职业”，亦需要“认识自己”。“认识自己”最好的方式是引导学生建立“多方面兴趣”，尝试加入自己感兴趣的学生社团，从事社区服务或社会实践，在实习、实践的亲身体验中逐步理解自己的生活情趣和职业倾向。如此，学生在面对“高考志愿”或“职业选择”时就不至于茫然无绪、手足无措。

信仰教育与意志教育。在教学领域，向来有所谓知识本位和能力本位之争，前者强调基础知识和基本技能的传授；后者重视学生的创造性思维和实践能力。不过，知识本位和能力本位之争，依然属于知识学习或智力训练的内部分歧，关键问题在于：在知识教学（道问学）与情意教学（或尊德性）之间，究竟哪一个更重要更紧迫？就课堂转型的大方向而言，知识本位和能力本位之争尚属小争议和小是非，真正的大是大非的问题是：在知识学习之外，如何“先立乎其大者”？如何先“尊德性”，然后“道问学”？按照陆九渊的思路，兴发教学的核心精神是：“除了先立乎大者一句，全无伎俩。”兴发教学从堂堂正正地做人开始。“若某则不识一个字，亦须还我堂堂正正地做个人。”① 否则，“疲精神，劳思虑，皓首穷年，以求通经学古，而内无益于身，外无益于人”②。意志教育并非简单地显示为“苦其心志，劳其筋骨，饿其体肤，空乏其身，行拂乱其所为，所以动心忍性，曾益其所不能”。真正的意志教育来自因信仰而内心强大。

第二，知识兴发或整体学习。知识兴发指知识的整体结构和整体意义本身具有

① 见《陆九渊集》卷三十五，《语录下》。
② 见《陆九渊集》卷三十二，《取二三策而已矣》。

兴发的功能。部分学生之所以对知识学习不感兴趣，既可能因为情感需要未被满足，心灰意冷，也可能因为所学的知识仅仅只是一些细节或碎片，找不到知识的整体意义。相反，一旦学生找到知识的整体结构及其整体意义，知识就会产生类似审美游戏的效果。知识的整体意义所具有的知识游戏（或智力游戏）效果将推动学生投身于知识探究之中而“发愤忘食，乐以忘忧”。

知识的整体结构及其整体意义源自整体学习（也可称为体验学习或整体教学）。知识兴发主要包括三类整体学习：一是整体讲授（整体听讲）；二是整体操作；三是整体静观（整体体悟）。

以语文教学为例，传统的语文教育主要呈现为细节教学。教字、词、句固然是细节教学，教语法同样属于细节教学。更常见的细节教学是“划分段落、分析段落大意、归纳中心思想”。与之相反，有效的语文整体学习是“示范—模仿—创作”，可称之为“范本教学”。第一，范本阅读。教师从课本中特别挑选出某些“美文”，将这些“美文”视为可模仿的范本。同时，教师或学生可以寻找相关主题或作者的范本。学生由此可以在某个阶段聚焦某个主题或某个作者，可以体验同类主题或同一作者的写作技巧，使同类文本之间发生“互文本”效应。范本阅读与传统阅读的不同之处在于，传统阅读是独立的，而范本阅读直接指向写作，通过写作来带动阅读。表面上看，“示范—模仿—创作”是先阅读后写作。实际上，“示范—模仿—创作”是“以写带读”。在“范本阅读”的过程中，虽然教师也会讲解阅读理解的技巧、引导学生理解课文以及语法知识、写作修辞等，但是，“范本阅读”更重视陶渊明式的“好读书，不求甚解”的整体阅读。第二，模仿写作。鼓励学生从整体诵读或整体复述开始，然后由“整体诵读”“整体复述”逐步过渡到“简述”，再由“简述”逐步过渡到“仿写”。第三，从模仿写作到自由创作。“示范—模仿—创作”并没有严格的阶段的划分。一般而言，学生的写作始于“示范—模仿”，但有良好的写作基础的学生也可以不受“示范—模仿”的限制而保持“示范—创作”的写作进展。

第三，自我兴发或自学自得。这是兴发教学的终极目标。自学的起始状态是自学辅导教学；自学的日常情态是有主见的自学；自学的高级状态是有使命感的自学。兴发教学的最高境界是引领学生从历史和文学艺术中逐步建立自己的意志与信仰。就兴发教学的最高境界而言，兴发教学就是意志教育和信仰教育。反过来说，意志教育或信仰教育就是兴发教学。教师一旦引领学生建立强大的意志力与信仰，学生将自动进入“孔颜乐处”的自我兴发状态。所谓知识学习和学业成就，不过是学生建立了强大的使命感之后的附带行为及其结果。

总之，兴发教学意味着教师把“兴发”（兴起和引发学生主动学习）作为自己的首要责任和使命。兴发教学对教师的提示是，若教学尚未“兴发”，若学生尚未被唤醒、被激励、被引领、被召唤、被兴奋而厌学、逃学，那么，教师宁可停止教学而不必强硬地“对牛弹琴”。“对牛弹琴”固然有牛的冥顽不化的责任，但首要的过失在于弹琴者的鲁莽和盲目。对牛弹琴式的教学属于不顾对象、不顾时机的强迫教学。面对厌学、逃学的学生，教师不必简单地抱怨学生的怠慢、冷漠或堕落，更不必简单地指责学生“人心不古”“世风日下”。学生的冷漠、观望、厌学、逃学的情态其实是对教师缺乏兴发教学技艺的反应和回馈。如果教师无兴发的技艺，那么，学生就有拒绝学习的权利。若教师的教学能够以不同的形式满足学生“被尊重”“被承认”的情感需要，若教师真实地让学生建立了自己的志业或信仰，那么，学生将会主动学习或自学。自学或主动学习的别名是“自我兴发”。

自学辅导教学

参加名师工作室主持人培训之后，我开始学习了刘良华老师推荐的相关教学改革试验。我重点学习了段力佩老师的“八字教学法”、黎世法老师的“异步教学”和卢仲衡老师的“自学辅导教学”。这三个教学实验的具体做法，在刘良华老师的《有效教学论》中有详细的介绍。

1. 八字教学法

上海育才中学的“八字教学法”实验始于1979年，但相关的教学改革实验却由来已久。早在1960年，育才中学就进行了教学改革试点。1963年育才中学总结出十六字经验，即“紧扣教材、边讲边练、新旧联系、因材施教”。1979年正式提出“八字教学法”。

“八字教学法”的基本精神是让学生成为学习的主人，变被动学习为积极主动学习。它的教学一般是：学生课堂上自己读书，互相议论，逐步了解教材的内容；教师作重点讲解，有意识地引导学生理解教材的重点和难点；然后让学生在课堂上做必要的练习，做到当堂理解、消化和巩固。“读、议、讲、练”之间的关系是：读是基础，议是关键，练是应用，讲贯穿始终。

“读读”是指在课堂教学中，让学生读教科书，培养他们的阅读能力、自学能力。各科教学大纲都强调要培养学生分析问题和解决问题的能力，而阅读能力的培养则是培养学生分析问题和解决问题能力的先决条件。但教科书不是小说，如何引导学生，使他们读得有劲呢？关键在于教师能否对教材加以组织和处理。他们的基本做法是，对于新课内容要求学生上课时阅读，阅读前根据学科内容提出要求，使学生带着问题去读，大大激发他们的求知欲，调动他们学习的主动性和积极性。

“议议”是指在课堂学习时的议论，是这个教学方法的关键。一般是前后左右四个学生为一个讨论小组（编座位时有意地将好生、差生编在一起），对阅读中发现的问题进行讨论。通过议论，使他们各抒己见，相互交流，明辨是非，以求得正确的结论。改变过去课堂上那种严肃死板的教学气氛，使学生学得生动活泼。学生提出的问题，有时可能不是教材要求的或者就学生现有的知识还不能解决的，应及时做出交代，待课后作个别指导，避免浪费时间的空议。

“练练”也称为应用，包括做习题、口头回答、书面练习、开卷小结和实验等。通过练发现的问题回过头可以再读、再议，务必达到熟练和深化。尽量减少课外作业，反对用频繁的书面测验和考分来刺激学生的学习。具体做法是，对考试制度实行改革，取消了期中和期末考试，代之“寓测验于练习之中”“开卷总结”“学生相互批改作业”以及经常性的、有计划的教师与学生的面谈和笔谈，做到及时了解学生的学习情况。按各学科的实际情况，在开学初、期中、期末发动学生在教师的指导启发下评论读过的教材，对教材提意见，这样学生就必须对读过的教材进行回忆、整理、总结。这对学生来说也是一次自我复习，效果很好。

“讲讲”在课堂教学里是贯穿始终的。读时有讲，练时也少不了讲。重要的是教师要根据学生读、议、练中产生的问题作有的放矢、画龙点睛地讲。教师能做到这样，实际上是提高课堂利用率的最好办法，也是教师在课堂教学中起好主导作用，减轻学生课外负担的一种具体表现。

“读读、议议、练练、讲讲”在课堂教学中相互渗透，各学科的性质和特点各不相同，在运用上也有所差别。“读读、议议、练练、讲讲”的次序也不是不可改变的。

2. 异步教学

1979年到1981年，湖北大学（当时的武汉师范学院）黎世法根据对中学生学习方法的调查研究，提出“最优化教学”理论，开始在中学布点实验，称为“六课型单元教学法”实验。1984年，开始在小学布点实验，称为“六因素单元教学法”。“中学和小学的最优化教学论虽然有其区别和特点，但基本理论框架是一致的，都称‘六段教学论’。”1989年前后，黎世法在“最优化教学”实验研究的基础上提出“异步教学论”。在“异步教学”实验研究者看来，人类教学实践历史显示出三个发展阶段，即古代个别教学阶段、近代同步教学阶段和现代异步教学阶段。“异步教学”主要是指学生学习的异步化（个体化）和教师指导的异步化。

在异步教学中，学生的个体化学习是一条主线。整个教学过程就是教师指导学生按照“自学→启发→复习→作业→改错→小结”等阶段进行学习的过程。

第一，自学。自学教学的主要任务是要求学生通过自学基本掌握一个单元的教学内容。首先由教师向学生布置自学参考提纲。自学参考提纲可以通过油印、口授、板书，或者上述三种形式相结合的形式下达给学生，帮助学生提出问题，开通思路，理解课文。自学参考提纲的详细程度可根据学生自学能力的强弱而定。学生自学能力强的班，指导学生学习的自学参考提纲可以简略一点；反之，自学参考提纲就要详细一点，紧扣课文具体引导学生去理解课文。学生开始自学，教师巡回了解学情并有重点地指导学生进行自学与学生研讨学习问题，认真进行微观的异步指导。

第二，启发。当学生通过自学仍无法解决时，就需要教师提供某种"启发"。启发教学的主要任务就是解决一个班的多数学生（或部分学生）在自学教学阶段遇到的难以解决的共性问题，或解决一个学生在自学中遇到的难以解决的个性问题。通过解决学生中存在的困难问题，使学生在头脑中形成比较完整的知识体系。

第三，复习。复习教学阶段是学生在教师的指导下，运用科学的学习方法和思维方法，继续解决在新单元学习中尚未解决的问题，并在此基础上，对所学的新知识进行初步的系统化、概括化，加深和巩固对所学知识的理解和记忆，为将所学的新知识应用于实际，形成新的技能作准备的过程。

第四，作业。作业教学阶段是学生在教师的指导下，独立地将所学的新知识（在与旧知识和技能的联系的基础上）灵活运用于实际，使知识具体化，形成学生新的技能，进一步加深和巩固学生对新知识的理解，促进学生能力和智力的发展，提高学生学习的自觉积极性的过程。学生进行独立作业时，教师巡回了解学情，并点面结合进行作业指导。

第五，改错。改错教学阶段是学生在教师的指导下，发现错误，认真分析作业的错误原因，改正作业错误，掌握正确作业方法的过程。学生在教师的指导下，先进行自改。学生一边自改，教师一边巡回了解学情并有重点地主动指导学生自改。学生在自改中如果发生了困难，可请教同座位的同学，或请教别的同学，或请教老师。每个学生除了有一般的作业本外，还要有一本错误作业的重做本，将自己做错了或改错的题，在自己的重做本上重新做一遍。教师要定期抽查学生的重做本，掌握学生作业改错的情况。

第六，小结。小结教学阶段是学生在教师的指导下，运用科学的学习方法和思维方法，使所学的知识（包括新旧知识）进一步系统化、概括化，使所学的技能（包括新旧技能）进一步综合化、熟练化，获得比较完全的知识，并在此基础上，进一步提高学生的自学能力，发展学生的智力。学生在小结过程中，如果遇到难点或需要加深理解的内容，要反复阅读和深思课文并认真查阅参考资料和工具书，如果经过独立思考，问题还得不到解决，可与座位附近的同学展开小声讨论，或请教教师。

在异步教学过程中，每一教学阶段所占的课堂教学时间，不以一节课计算，要根据学生在六阶段课堂教学过程中，完成每一阶段的教学任务实际需要的时间来确定。如果教学单元较小，学习内容比较容易，一个教学单元的六阶段教学，就可在一节课内完成。如果教学单元很小，学习的内容很容易，就不需一节课时间，甚至一节课的时间可完成几个教学单元的教学任务，即在一节课内可进行几个六阶段的教学。反之，如果一个教学单元比较大，内容也比较难学，则在一节课的时间内只能完成若干阶段的教学任务，甚至只能完成一个教学阶段的教学任务。

3. 自学辅导教学

“自学辅导教学”实验由“程序教学”实验发展而来，设计试行于1965年，当时称“三本教学”实验。后来定名为“自学辅导教学”实验。

“自学辅导教学”的基本过程为“启、读、练、知、结”。每节课开始时，教师可用几分钟时间规定学习进度，出示阅读提纲或由学生自己概括段落大意，对疑难处略作启发性引导。以后就让学生自学，阅读课本，做练习题，对答案。教师巡视课堂，检查学生预习情况。

第一，“启”就是从旧知识引进新问题，激发学生的求知欲望，使他们有迫切需要阅读课本和解决问题的要求。启发和小结，则是由教师在开始上课和即将下课时向全班进行，共占10~15分钟。但要注意的是，启发不是讲课，教师要做到两不代替：不代替学生阅读；不代替学生思考。其目的是促使学生认真阅读课文，弄懂解题的方法和过程，培养独立阅读、独立思考的能力和习惯。

第二，“读”就是阅读课文。自学辅导教学实验，首先要把好阅读关。教师在深入理解教材和了解学生的基础上，须拟定启发自学提纲的小结检查提纲。提纲要详细而浅显，能直接从教材中找到解答，使凡是认真读书的学生都能完满答出，以鼓励学生自学，强化自学兴趣。在学生自学时，中间的30~35分钟不宜打断学生的思维，让他们读、练、知自然进行，交替活动。

第三，“练”就是做练习。练习内容与课本的例题基本相同，一般而言，学生理解了例题，就能够做类似的练习题。

第四，“知”就是当时知道结果，即及时反馈。“读”“练”“知”三者宜交替进行，学生读懂课文就做练习，做完练习就对答案，然后按小结检查提纲提问，训练口语表达，小结巩固收获。继续读课文、做练习、对答案，如此交替持续地学习，直至教师小结。

第五，“结”就是小结。下课前10分钟，教师按提纲提问，集体交替地纠错做小结。促使知识系统化。做好“启”和“结”，要求教师认真钻研教材，把握住教材的重点、难点和关键点，能预测学生自己阅读教材时可能出现的疑难和容易混淆的概念，要求教师有应变能力，随时修改已准备好的启发和小结提纲。在这一环节，只有教师发挥得好，才能扫除学生看书的疑难，达到教学的目的。

“自学辅导教学”实验典型地体现了“自主探究”教学模式的基本特征，即“学生自学，教师辅导”。它明确规定了学生的自学时间，并为学生自学提供了相宜的自学教材（即“三个本子”），较好地体现了以学生为主体、以教师为主导的教学观念。实验以教材为主线，既有利于发挥教师的指导作用，又能够调动学生学习的积极性。实验促进了学生的注意、自学能力结构理论的完善，同时又对教学方法、教学原则与教学模式的更新提供了可能，有利于培养广大中学生的数学记忆、思维等心理品质，并逐步提高自学能力。

“自学辅导教学”有利于调动学生学习的主动性，使教师在课堂上及时进行个别辅导成为可能。

这些教学改革有一些共同的精神：它们都强调引导学生自学。

在接触这些材料之前，我已经开始尝试了“自学探究教学”的改革。学习了这些材料之后，我对推动学生自学，有了更大的自信。我们后来对刘良华老师提倡的“兴发教学”比较感兴趣，也在课堂里努力尝试“兴发教学”。令我感到惊喜的是，当刘老师说，“兴发教学”的最佳境界就是推动学生自学，学生自学就是“自我兴发”时，我立刻感觉到了理论支持着我的实践。

我的诵读教学

诵读教学“三部曲”

语文的美是立体的，是多元的。语文美富有生机，它体现在如同音乐般的语音上，体现在形状各异的文字上，更体现在蕴藏其中的美妙意境上。感受语文之美的方式很多，但诵读是最直接而不可替代的。

《义务教育语文课程标准（2011 年版）》指出，小学各个年级的阅读教学都要重视朗读。要让学生充分地读，在读中整体感知，在读中有所感悟，在读中培养语感，在读中受到情感的熏陶。作为一名语文教师，站在讲台前，用满怀的激情将一段段文字传递给学生，读出来的不仅仅是自己对文字的一份感悟、一份责任，更是滋润学生心灵的一股清泉。有效的诵读教学应该把握好以下“三部曲”，让琅琅书声成为语文课堂的主旋律。

一、提升教师自身诵读素养

教师要善于“解读”。教师站得更高，学生看到的世界才会更远。课前教师应反复诵读文本，自己首先要对文本有深刻的体验，在品读文本的过程中做到人物情、作者情、读者情，三情合一，这样才能在课堂上做到人物心、作者心、教者心、学者心，四心融合。正如托尔斯泰所说，把自己体验到的情感传达给别人，而使别人也被这感情所感染，体验到这些感情。我们潜心研读文本，情不自禁地为作品中的主人公之爱而喜，之恨而怒，之忧而愁，我们对文本理解越透彻，感受越丰富，那么，传递给学生们的情感也就越厚重。

教师要善于“范读”。哲学家黑格尔说过，教师是孩子们心中最完美的偶像。教师范读时的表情、语言、语调都能作为一种信息传递给学生。教师在学生初读前可以范读，以帮助学生正音并初步感知课文；在分析重点词、句、段时可以范读，使学生深入感悟课文内涵；在学生读得不理想时可以范读，使学生在“愤悱”之时及时得到“启发”。总之，教师的范读，能使不同的内容通过完美的语言表达，得到最充分的体现，使学生在潜移默化中生发出学习语文的兴趣。范读出于教师口，进入学生耳，了然于学生心，它的直接性、示范性、感染性、高效性是其他任何形式的训练所不可比拟的。

教师要善于“传情”，语文教学的过程，就是引导学生去体验、去发现、去感悟语言文字之美，作者情感之美，文章意境之美的过程。作为一名语文教师，要着眼于学生语文素养的形成，要能够恰当地运用富有情趣和感染力的语言，传情、达意、授知。引领学生在诵读的过程中把语言符号转化为头脑中一幅幅栩栩如生的画面，一幕幕活灵活现的影像，一股股喷薄而出的情感，从而获得语文带给他们的独特的审美体验。

二、把握诵读教学的基本原则

以“激励”为支点，让学生敢读。面对胆怯腼腆、不敢读书的学生，教师要热情地鼓励，真诚地启发，耐心地等待，像一个燃烧的火把，以深沉的爱温暖着学生，以高尚的人格感化着学生，以诚挚的赞美激励着学生。“水尝无华，相荡乃成涟漪；石本无火，对击始发灵光。”课堂上，教师把学生看作心上的朋友，学生才会将教师视为眼中的亲人。教师爱意绵绵，学生则情深意重。

以“动情”为基点，让学生想读。情感是朗读的“导火索”。“课堂上感染学生的是情，打动学生的是情，震撼学生的也是情。”刘勰说：“夫缀文者，情动而辞发；观文者，披文以入情。”当教师和学生一起深入作品涵泳品味，受到感染的时候，当师生的思想感情与作品的思想内容融为一体，并进而引发新的联想、迸发新的灵感、产生新的感悟的时候，语文课就会成为师生互动的学习过程、师生共度的情感历程、师生共创的人生体验。打开情感的闸门，真情才能在我们的课堂恣意流淌。

以“生趣”为原点，让学生乐读。如果说“情”是朗读的“导火索”，那么“趣”则是朗读的“催化剂”。在学生对课文内容理解不深、朗读基调把握不准时，教师要以亲切的微笑、殷切的期待，给学生以生动而深刻的心理暗示，使学生心领神会，在妙趣横生中产生理解和顿悟，进而领悟朗读的要领，让朗读成为一种乐趣。

以“得法”为重点，让学生会读。达尔文曾说过：“最有价值的知识是有关方法的知识。”怎样让学生在朗读中学会朗读，这是诵读教学的一种境界。在学生朗读的过程中，教师要对学生进行朗读方法的示范和点拨。学生在实践中理解，在理解中实践，逐步把学到的读书方法内化为朗读能力，其乐无穷，受益终身。

三、创设诵读教学的审美境界

意境是诵读的前奏。意境是作者对生活的艺术反映，它是由生活中的景物和作者的思想情感熔铸而成的一种艺术境界。如果说，感受到文章的音乐美，是初闻其声，理解内容是识得其核心，那么感受意境，便是要学生与其产生共鸣。朗读，是激发情感的重要手段。一名优秀的语文教师，应该创设一种与课文相匹配的情境，来帮助学生走进课文，走近作者，让学习的心灵融入课文。

回环是诵读的旋律。从文章的碎片捡拾开始，通过文章重点词句的品读让文中的人物、场景显得鲜活生动。在此基础上，教师带领学生反复地叩击相关的重点段落，一遍遍，层层推进，反复回环……没有对语言文字的生硬肢解，没有对人物情感标签式的粘贴，将情境融入意境，这便是充满旋律的课堂。

情感是诵读的灵魂。情缘境生，要使学生越读越好，越读越美，教师就必须善于以情激情，以境激情，以言激情。这也是由品读升华到美读不可或缺的必要条件。在我们抓住主线层层推进的过程中，溢于言表的是承载在语言文字中的情感。情感遍布于课堂的每一个环节，情感与语言文字，与朗读、回读交织在一起，难分彼此。心中藏着爱意和善意，有着民主和尊重，它一定会自然流露。这种流露，便是一种非常简洁的教学风格，一种令人陶醉的教学艺术。当我们在课堂上用心灵去拨动孩子的心灵时，精神就升华了，人格就提升了，语文教学的美、美的语文教学，在这里共同融会，交织成一首美的交响曲。

音乐是诵读的升华。音乐也是一种语言，它有自己最为独特的魅力。贴切的配乐能为内容层次的起承转合、语言的抑扬顿挫做到恰到好处的铺垫和补充。音乐的情感，有时会深深植根于学生的记忆深处，这种记忆会保持很长时间。音乐也是一种诉说，孩子们静静地倾听，他们似乎能将美妙的音乐化作语言，当学生的情感堆积到一定的高度后，他们的情感会宣泄，在音乐的助推下，学生的情感喷薄而出……

诵读作文：习作教学的美好体验

诵读是我国传统语文教学的宝贵方法，它是综合了多种感官活动的读书方法，是将深厚的情感流入语言文字的表现方法，这种语音中的音韵节奏，是声音对书面文字的再一次激活，增强了语言文字鲜明的形象性和鲜活的生命力。北京大学的王学文教授认为，诵读是调动了人的所有感官乃至心灵对文本的一种全身心的感悟。在诵读时，眼睛要看、耳朵要听、嘴巴要读、心要感悟。这个时候，言语图示留在学生大脑中的痕迹是最深刻的。从心理语言角度来说，诵读就是一个又一个言语模式或者言语图示。这种言语图示是在感官的反复刺激下形成的，刺激得越多，刺激得越深刻，言语图示的连接就越牢固，随之对语言的感悟能力就越强，语文素养也就越高。

学生个人的语言习惯往往与其本人诵读的习惯深刻相关，表现为学生“说”和

“写”的个人风格，同时也包括部分不良的语言习惯。接受美学认为，作品本身如果不经过阅读理解，就没有任何意义，变成没有生命的语言材料。一方面，学生只有通过对典范文本的诵读，在读的过程中主动地挖掘，才能实现文本的感悟意义，建立自己的规范的语言规则和多样的语言风格；另一方面，对于学生自己生成的言语作品，也应当让学生成为自己作品的读者，并从自己的作品中挖掘出深层的意蕴，在反复诵读中锤炼语言，完善作品。

因此，我们提出把诵读教学运用到学生习作教学中，通过诵读作文，形成示范——模仿——创作的基本学习路径，减少教师习作教学技法的过多讲解，引导学生整体学习，积累丰富的语言材料，习得隐秘的语言规则，构建规范的语言表达习惯，形成完善的习作作品。

一、诵读作文概述

民国初年，有小学生作《春郊游记》：“某月某日，校中放假。课余在家，殊无聊赖。闻街外有卖花之声，遂知春日已至。披衣出外，不觉步至山下。牧童三五，坐牛背上，吹笛唱歌。再前行，青山绿水，白鸟红花，杨柳垂绿，桃梅堆锦。仰望白云如絮，俯视碧草如毡。见有茅亭，乃入座。未几，炊烟四起，红轮欲坠，乃步行而回。就灯下而记之。”这篇小学生习作文辞之丰富、优雅、生动，读来不觉令人赧然。文中所言“青山绿水，白鸟红花”“炊烟四起，红轮欲坠”皆是寻常之景，而文辞之美尤胜于景色本身。在语文教学探索、改革和发展多年以后，今天的小学生写作状况比之如何，恐怕未尽如人意，其原因之一，是对于我国传统语文教学重视诵读积累的宝贵经验的轻视。在小学阶段，是儿童语言积累的黄金时期，现在是过于强调了语文分析和理解，而忽视了学生对文章整体的感知把握和大量语言的积累。从而在面对同样的情景时无“言”以对。语言材料的积累与语感的形成和习作能力发展成正相关。通过学生诵读实践，能将课文中的词语、句子、句型立体激活。这则小学生习作让人窥探到作者语言的丰富和敏锐的语感。叶圣陶先生已经指出，熟读名文，就是在不知不觉中追求语言的完美、诵读的功夫，无论对语体、对文言都很重要，仅仅讨究，得到的仅是知识，而诵读能使语言不期然而近于完美。叶圣陶先生的描述，恰如其分地表述了诵读作文的基本特质：学生对“名文”（典范性文本）整体诵读，形成主体对文本语言敏锐的直观感受，潜移默化地（“不期然”）获得对语言形式、语言意义的再加工、再创造的能力，形成习作预备。通过模仿和自由创作，构成学生的习作语言，形成学生自我的诵读作品，并通过再次诵读作品，纠正不良的内部语言，逐步形成规范的语言表达习惯（“养成习惯”），形成“近于完美”的语言。

诵读作文，就是激发学生在口、耳、眼、脑多种感官共同参与的多器官体验活动，感受更深，更能习得写法，模仿范本写作，诵读自己的习作，自感自悟。诵读作文是遵循诵读教学的一个方面，诵读让学生走进文本、对话文本，激活语言，产生遐想，唤醒儿童的愿望。

二、诵读作文的基本原理

刘良华教授提出，“兴发教学”的实施要以整体体验教学，兴起和引发学生主动学习的意向。“教师总是期待学生掌握细节和小步子，就是这些细节和小步子就可以构成整体。但是，语文学习的失败却往往来自细节学习，比如学习字词句、学习语法规则、划分段落、分析段落大意等。与之相反，有效的语文整体学习是示范——模仿——创作。”“美好的语文教学的方法是整体教学。”

第一，诵读作文是基于整体学习的一种教学活动。诵读作文以句子为基本单位，是对言语作品的整体把握的方法之一。一方面，它超越了对文本的条分缕析，保留了语言形式的整体性，有利于学生积累丰富的句型和组织搭配的经验，符合语言学习规律。另一方面，对文章的整体把握超越了划分文章结构、归纳段落大意等对文章的肢解，有利于保留完整的情感体验和作品形象。

第二，诵读作文是一种体验性的教学活动。通过“示范——模仿——创作”的主要教学活动，以“读”带“写”，省略了教师大量的讲解剖析，更注重陶渊明“不求甚解”式的体验阅读，学生对于语言的识记和触发，往往能够产生“悠然见南山”般不期而遇的美好体验，充分兴起和引发学生主动学习的意向。语言学习机制在于，诵读通过视觉、听觉等多渠道反复触摸文章中的典范语言的组织形式，在大脑皮层留下连贯的、系统的语言痕迹，在“模仿”“创作”过程中，在相似的情感情境、语义情境和内容情境下，这些典范的语言组织形式将直觉地呈现在记忆的模块中，形成更迅速、更敏锐、更规范、更完美的语言表达。

第三，诵读作文是一种变研究语言为“做中学”的教学活动。语言首先是一门工具。任何工具的掌握和运用，都必须反复练习，才能得心应手。诵读作文即是让学生置身于语言实践中，反复输入和输出，达到自动化的程度。它借助语言材料对发音器官、听觉器官和大脑语言中枢的反复刺激来培养语感，在模仿和创作中验证和锤炼语感，形成个人不断趋于完美的内部语言。可见诵读作文，一定程度上实现了从烦琐剖析字词句段、语修逻文的研究式语文学习到做中学的转变。

三、诵读作文与儿童语文学习规律

第一，诵读作文有助于积累语言。语言的积累是学生习作的基础。清代教育家崔学古说：“多选多读，若能日诵数千言，而时时记于胸次，何患文辞之不富，而下笔之难就也？”大量词汇和句型的积累是学生习作语言准确、丰富、生动的前提条件，掌握的词汇和句型越丰富，表达能力就越强。特别是在儿童“悟性弱，记性强”的小学阶段，除了必要的语文知识和语文方法的学习，更需要重视语言积累，为儿童语文能力发展奠基。

第二，诵读作文有助于培养学生的语感。语感的形成，不是语文老师教会的，是在学生长期、大量的语言实践中逐步形成的关于语言形式、语言内容、语言意义的直接感受、对语言规则的内在认知和对语言材料的再加工再创造的能力。叶圣陶先生指出：“文学语言的训练，我以为最要紧的是语感训练，就是对语言的敏锐感觉。”诵读作文对促进语感的形成有着无可替代的作用，它首先是对句子和篇章的整体把握，超越了对词汇、语义、语法的细节分析，通过诵读，读出语气、读出情感，反复诵读将典范言语作为一个整体内化为内部语言结构。其次，诵读作文有利于培养学生生成言语作品的能力。语言输出的基本途径，主要表现为说和写，即口头表达和书面表达两条通道。通过学生创作并诵读自己的习作作品，学生能够不断改进优化自己的语言表达，让习作的遣词造句更严谨、更连贯、更多样，在词语的选择、句子的搭配等方面日臻完美。

第三，诵读作文有助于培养学生的审美能力。诵读是一种审美性的语文活动，文本对象承载着文学创作时的情感，学习过程融入了师生文学接受时的情感，审美主体和客体在交流的过程中相互作用，引发共鸣，汇聚成诵读的泉流。学生通过声音反复地寻觅、探求一种适切的语音形态，不断地调整语调、语速，从而最终感知、呈现文本的情愫和韵致，表达心灵细微的颤动。这种美的感受是难以言说的，它并非来自教师的条分缕析，而必须借助对作品的反复诵读品味，唤醒审美自觉才能取得。

四、诵读作文的实施策略

（一）范本诵读

诵读能提高对文本的认识，文章读多了，什么样的写法好，什么样的意蕴好，什么样的语境好，心中自然有判断，坚持下去，日久必能彰显不凡。因此，诵读作文的范本以“取法乎上”为基本原则，以名家名篇为诵读的典范。从经典中获得美的熏陶和滋养。通过诵读名家名作，感受作家语言风格、情感表达，学习作家选材立意、谋篇布局。

纵观中国历史上著名的文学家、教育家，甚至其他领域的“大家”，均发现他们的成功，无不得益于这种少年时期的诵读。现代美学家朱光潜在《从我怎样学国文谈起》中回忆了他诵读古文后的感觉：“头脑里甚至筋骨里都浸润下那一套架子，那一套腔调，和那一套用字造句姿态，等你下笔一摇，那些‘骨力’‘神韵’就自然而然地来了。”巴金先生也曾说：“现在有两百多篇文章储存在我脑子里面了，虽然我对其中的任何一篇都没有好好研究过，但是这么多具体的东西至少可以使我明白所谓‘文章’究竟是怎么一回事。”著名建筑学家陈从周从事建筑学之余，常有诗文见诸报端，他的文字“如晚明小品，清丽有深味”（冯其庸语）。正是由于他们幼时读书勤于记诵，因此积累了一批受用终身的语言财富。古人云：“凡有十年著紧功夫，声光气焰，断然不同。”

更通俗地讲，范本诵读就是培养学生语感。我们都知道，语感是每一个孩子语文水平表现的重要组成部分，培养出语感便能直接、迅速地感悟语言文字的魅力。孩子每一次范本的诵读，其实都包含了对文字的分析、理解、体会及吸收，并且是高度浓缩的。我们实施的范本诵读，是学生习作训练的深层准备，每一次诵读都涉及孩子们的学习经验、生活经验、心理经验、情感经验等的不断积累，也同时促发他们的理解能力、判断能力和联想能力的不断提升。

（二）有声创作

诵读是一种艺术性极强的创造性活动，它是用清晰、响亮的声音结合语言手段来完美地表达作品的思想感情的一种语言艺术形式。它在情感把握和技能运用上，更高于“口语表达”，是学生习作语感培养高层次的训练方式。真正的好语言，在诵读过程中自然而然地有一种类似音乐的美，它可使语句和谐、匀称，读起来抑扬顿挫，韵味悠长，造成一种流畅与回荡的效果。在这种如音乐般的诵读中，文章也就“其义自见”了，从而让作文从学生“无声”地写、教师“无声”地改这种固定模式中解放出来。有声创作就是通过诵读的路径恢复语言文字的声音节奏，通过语言文字的节奏感来帮助儿童找到写作的整体感。

《我学写字》是一节让孩子们聆听经典的声音、感受想象的魅力的课例。面对低年级的孩子，我们设置这样的教学目标，一是企盼学生感受儿童诗的音律美，二是让学生启发想象儿童诗的意境美，三是让学生体验儿童诗的创造美。我们先以听读、猜读、范读、仿读等多种形式的诵读，让学生入课就能反复地感受到这首诗歌的画面丰富、想象奇异、情趣盎然。

师：孩子们，你们听老师读了这一节，你们听到了什么画面？（教师大胆地用“听画面”，一下子将学生的想象空间打开。）

生：我听到了小河流淌的声音。

生：老师，我的小脚丫在凉凉的河水里扑腾。

生：我看见岸边的石头下有小螃蟹。

……

师：我们一起再美美地读一读这一节，让喜欢小河的小朋友和我们一起欢乐吧！

在教师的引领下，学生们全身心地投入到一遍遍诵读中，他们仿佛看到了叮咚流淌的小河、水底五颜六色的鹅卵石、河岸边充满神奇的草丛……把握诗句、延伸意象，一幅幅生动的画面就在他们脑海里浮现出来，带给他们美好的心灵体验，让他们在不知不觉中感受到诗歌的画面美、文字美和意境美。

通过有声的表达，将儿童诗变成一句句自己写作的美的语言。

充分诵读和体验了这首儿童诗的每一节、每一幅画面之后，我们便能深入地引导学生们进入诗的意境，让他们将诗歌和自己的生活体验充分地链接，并逐步唤醒每个孩子内心的诗性，使他们都有了模仿诗歌，即兴创作的冲动——

生：当我写下"棉花糖"这个词语，就觉得天空上的白云都是棉花糖，红色的云是草莓味的，紫色的云是葡萄味的……

生：老师，我和爸爸刚刚爬过山，我写高山这个词的时候，我也有好多好玩的东西冒出来。

师：是啊，你们学写字的时候，一定也有好多好多有趣的事情发生。都来说说看!

……

就这样，孩子们在这样的课堂里、诵读中想象词语描绘的画面，体会词语的内涵，感受诗歌的意境，并且自然地联系了自己的生活，自由想象，尽情表达，完成有声创作。

（三）诵读创作

诵读创作是培养学生对语言文字从"语感"向"意感"推进的过程。意感不是表层的，而是深层的。因为语言所要表达的意思分为两个层面，表层一看就明明白白。但是，深层的语意，言外之意，话中之话要让孩子通过自己的诵读去体会、去比较、去品味，这就是意感。诵读创作同时还能培养学生"意象"的感知与捕捉能力。意象就是要在自己的脑海里面像放电影一样看到立体的鲜明的清晰的一幅幅动人的画面。这时候右脑和左脑同时在发挥功能，语言和图像协同发展，这时，孩子的情感会激发起来，会调动起来，就能进入到语言文字所描绘的那个特定的情境当中去。

诵读创作，"法乎其上"，而又回归生活。经过经典范本诵读与模仿，我们建议学生以真实生活为诵读作文的创作源泉。引导学生关注现实、关注生活、关注同伴、关注自己。在同伴的语言世界里丰富自己的见闻，在自己的生活世界里寻找话题加以表达，关注学生习作的作品情感和真实性。在训练中，我们在指导学生诵读范本时已做了适当的铺垫，此时，我们只需要利用学生扎实的语感去读自己的作品，边读边体味，看词语是否运用得当，修辞是否合理，语句搭配是否对应，句式是否正确，等等，那么语言技能方面的毛病就会露出"狐狸尾巴"，因为语感这个心理习惯会让学生在读到问题处就像有什么东西卡在嗓子眼一样不舒服，然后在心里就会给自己提示，这种习惯会迫使学生不由自主地去改，而在改的同时，也就真正细致入微地体味到了自己的语言词汇。

让学生像面对典范文本一样诵读自己的作品，可以让学生读出自己塑造出来的形象，读出充沛的感情。辩证法告诉我们，事物的发展变化，内因起决定作用，而外因则近似外部环境。在许多同学的腹稿中人物形象是丰满、鲜明、富有个性的，所想表达的感情是丰富、感人的。但写出来的文章语言总是干巴巴，没有水分，没有色彩，索然无味。教师觉得没有好作品，十分懊丧。倘若教师在未批改之前让学生先大胆地去读自己的作文，真正充当自己作品的“读者”，全身心地投入自己在腹稿中所酝酿的形象、情感，在读的过程中想象、比较、归位，并将情与人、与景，人物与环境等之间的关系联系起来，自然就能判断表达是否清楚、通顺。这时，语感的心智技能就会在无意识中起作用，就会有意识地缩小“胸中之文”与“手中之文”之间的距离。

学生对自己的习作进行诵读修改，是一个情动于中——声形于外——情化于内的不断循环上升、深化的过程，这也是锤炼语言、完善语感的最佳通道。

胸藏万汇凭吞吐，笔有千钧任翕张。学生在琅琅的读书声中可以感受辞章之美，同时在不经意间，抑扬顿挫的语音、错落有致的节奏和匠心独具的结构给予诵读者直观的体验。这样，作文教学便能进入到出神入化的境界：“文章读之极熟，则与我为化，不知是人之文，我之文也。”文章的语言就是学生自己的语言，文章的情感就是学生自己的情感。在烦琐的语修逻文分析之外，诵读创作希望能够把孩子们带入语言、情感交融的世界里，带给孩子关于读书和写作的美好体验。

五、诵读作文的“立人”旨归

语文课程的基本理念指出，语文课程要“促进学生和谐发展，使他们提高思想道德修养和审美情趣，逐步形成良好的个性和健全的人格”。诵读作文以贴近儿童的方式，以文化人、以文育人，把健全人格教育贯穿于诵读作文教学全过程，通过范本诵读、模仿习作和诵读创作等环节，在学生掌握基础性写作知识、技能的同时，帮助他们树立起追求真、善、美的世界观、人生观和价值观，逐步培养其平等、关爱、宽容、尊严、责任等高尚人格，逐步实现诵读作文立言、立人的目标。

1. 声如其人：诵读作文表达情感之真。

诵读作文主张习作求真立诚。习作是出于自我表达需要的，自觉、自主的习作，而不是被控制的、迎合的、失去自我的习作，让学生在习作中，真实、真切、真诚、真挚地关注、感受、体察生活，写真话、说真事、传真情，坚守积极向上的价值取向。

言为心声，孩子们笔下流淌的每一个文字都是内心真实情感的流动。他们在诵读作文中，记录日常生活的点点滴滴，所思所想，喜怒哀乐。在每一篇习作中，我们仿佛窥见孩子们最隐秘而细腻的内心。在每一次诵读中，我们产生情感的共鸣。声音的纯粹，来自内心的纯粹，他们怀有对生命的呵护，对自然的好奇，怀有对他人的友善，对未来的渴望。“缀文者，情动而辞发，观文者，披文以入情”，所以，当他们诵读自己作品的时候，他们也在表达内心真实的自我。诵读作文，把习作作为一种情感活动的需要，一种儿童生命存在的方式。

2. 知行合一：诵读作文滋养道德之善。

诵读作文以“真”为基本原则，由“作文”而“诵读”，充实儿童成长的能量。通过习作与诵读，表达学生对自我、对自然、对社会的独特体验，体现学生成长的价值和印记，每一篇真情流露的作品，都具有最鲜活、最贴近孩子们生活的育人价值。

在诵读环节，我们遵循“诵读——解文——知人——察己”的核心步骤，进一步在与自我、与同学们进行反思和交流，针对习作内容开展评议，说一说，议一议，发掘习作中的善良、坚毅、勤劳、节俭、勇敢、博爱等优秀的品质，鼓励学生在交流思辨中发表见解。在诵读过程中，同学们交流着生活、生命、自然、哲学、科学、文化、艺术等的话题；在讨论中潜移默化、自然而然地触动同学们的心灵，不仅有利于形成独立思考和价值判断的能力，而且有利于学生形成道德实践的勇气和毅力，实现诵读作文的知行合一。既为孩子们的习作能力打下底子，也为他们的成长增强了精神的底色。

3. 因声求气：诵读作文传递艺术之美。

古人讲读书要讲求诗文的节奏、韵律和精神，在琅琅书声中感受文字所传递的音韵美、形象美和意境美。学生的习作蕴含了丰富的美感，具有特殊的美育条件。诵读作文，是学生对自己的作品的二次创造，这种对声音、节奏、停顿、轻重的练习和展示，是对书面文字的再次激活。我们感受到，学生通过反复诵读自己的作品，通过声音、语调的轻重缓急、抑扬顿挫的不断调整，形成敏锐的语感，完善句子的表达，形成强烈的作品感。诵读作文呈现着习作中的情愫和韵致，表达着孩子们心灵的颤动，引发着无限的遐想，在诵读中引发着孩子们对于习作语言、修辞、声音、形象和意境的美的共鸣，汇聚成诵读的泉流。

多元评价让诵读更有活力

“能用普通话正确、流利、有感情地朗读课文”是课程标准对朗读教学的明确要求。于是，不少教师对学生的诵读评价习惯围绕这一要求来进行。“你读得很正确，没有错别字！”“你读得非常流利，对课文很熟悉。”“你的朗读太让我们感动了！”……这些评价没有细节点评，没有激励引导，诵读成了一项没有生命活力的呆板的技术性操作。

诵读不仅仅要注重诵读量与诵读技巧，更应从学生的可持续发展和健康向上的心理因素出发，善于用多元化的评价引导学生个性化的诵读感悟。多元诵读教学评价体现在主体多元化、内容多维化和方法多样化方面。

一、教师评价学生

学生作为个性鲜明的生命个体，是带着自己已有的知识、经验和情感来感悟文本的。基于学生的个性，他们对文本的理解和诠释各不相同，可以说学生的每一种朗读处理都是不同的生活经验与个性气质的体现。教师需要给予学生一种以人为本，以促进个性发展为宗旨的综合性动态评价，找到教师自身和文本以及学生心灵共鸣的契合点。

课堂诵读评价要体现指导性，教师要通过评价对前期诵读存在的问题提出改进及完善的意见，让学生不仅知道哪里读得不够好，而且知道应该怎样去读。

“你的朗读，老师感受得还不是很真切。你可以尝试着加上表情和动作来读一读，把小作者捏大虾时的情景再现出来，也许会有惟妙惟肖的感觉哟！”

“其实，在读书时，还要把自己当成课文中的‘我’，这样，你的体会才会更深刻。老师在读这节时，心里也在这样想：咦，怎么我的脚底也痒痒的？（会是什么东西？）低头一看，哦，原来是一只大虾在逗我呢！（这个小淘气，看我怎么收拾你！）它摇摆着两条长须，活像戏台上的一员武将（还威风凛凛的），我轻轻伸过手去，只一捏，这武将就成了我的俘虏，再也神气不起来了。（哼，叫你来逗我，现在轮到我来逗你了！）有意思吧！”

教师让点评融入情境，融入角色，融入心灵的对白，这样评价者和被评价者一起感悟着、享受着、成长着。除了有声语言外，教师还可以适当地运用体态语言。一个饱含欣赏的眼神，一个充满鼓励的微笑，摸摸学生的小脸，拍拍学生的肩膀，都不仅仅表达一份关爱，还表达了一种尊重与信任。

二、学生自我评价

叶圣陶先生说：“学语文主要靠学生自己读书，自己领悟。”诵读实践中，应珍视学生的自主感受、体验和理解，要鼓励学生自己自觉地投入到与文本的对话之中，教师尊重学生在独特的认识背景与文化背景中对人物、事物的主体感受，尊重不同感受产生的不同诵读处理，允许学生用自己喜欢的方式读出自己对课文的个性理解。

“捉螃蟹、捞海鱼、捡贝壳。”姚筱霖笑眯眯地读完了这几个词语。

“你为什么笑着读？”我问她。

“因为赶海中的这些事情太有趣了！所以，我让这些词语也带上了表情。”

“说得真好，其实每个词语背后都藏着一幅画，如果你读的时候能想想课文里出现的情景，一定也能让词语带上生动的表情的。其他同学也来说说自己为什么这样读。”

“我这样读——三三两两。”谢昊坤读的时候声音逐渐变小变慢。

“因为太阳偏西了，赶海的人越来越少，越来越少……我觉得这样读出了词语的意义。”

“我这样读——自由自在，我好像看见很多人在海边玩耍，他们是那样放松，无忧无虑。”罗寅磊读得很享受。

在诵读教学中，让学生说说为什么这样读，可以促进学生对文本的感悟、理解，对文本的理解和感悟又能促进学生诵读水平的提高。引导学生对自己的诵读进行评价，既可以是对文本的重温，也可以是学生对自己的能力和方法的反思。

三、学生评价学生

现代教学论认为“学生是学习的主体，是具有主观能动性的人”。因此，教师应给予学生评价的主动权，让学生开展自我评价和相互评价，把评价的过程当作培养学生对自己的学习行为负责、自我提升的过程，学生在评价中逐渐学会正确对待他人、正确对待自我。

“大家来评评他们的课文读得怎样。”

“胡天杨读得很认真。我建议他读‘咦’和‘哦’时，可以带上吃惊和恍然大悟的表情，这样就能读得更有趣！”

“我有个主意，他读的时候，边读边做摇摆着两条长须的动作，那多有意思呀。”

“我觉得胡沐凡读得有点平淡，有点开心……”唐涵说得有点含糊。

“你是在夸奖他呢，还是在批评他呢？”马上有同学质疑。

“我是夸他的。他该平淡的地方读得平淡，该喜悦的时候读得喜悦。这样很好。”

“是啊，音调的高低和语气的变化能帮助表达情感，我也想这样读一读。”方希蓓很会总结。

互评就是学生与同伴之间的相互评价，同伴是评价主体。同伴互评，有听众，有评价，在这样轻松、自由的、能表现自我、能够与同伴交流的空间里，学生的诵读兴趣就越来越浓厚。

四、学生评价教师

课程标准建议评价应多种形式相结合。所以除了教师指导性评价外，课堂中应增加“学生自评”“学生互评”“学生评老师”等多种评价形式。有了学生的主动参与，评价往往更灵活、更细致、更全面。在相互评价中能加深对文章内容的理解，活跃课堂气氛。

“听了严老师的诵读，谁来评价评价？”

“我觉得严老师好像是去集市赶集。”

“我看到老师读的时候在笑，有个地方还笑出声来了呢！好有趣！”

“是啊！赶海也和赶集一样很热闹，很开心的。我也喜欢老师笑着读。”

“我发现严老师读得前后快，中间慢。”蔡芊唏一本正经地说。

“我觉得这里老师读得很有节奏，注意了停顿。”刘浩然说得有板有眼。

“你们的评价好专业呀！我读的时候特意这样处理，就是想突出赶海的快乐和回忆时的平静，我的心思都被你们读懂了。”

学生是学习的主体，在诵读教学的过程中，学生不仅可以评价学生的读，还可以评价教师的读。这就需要教师创设宽松、民主、愉悦的课堂氛围，把微笑、爱抚、激励、信任带进课堂，使学生在平等、和谐的气氛中，打破评价的束缚，展现自我，敢于挑战偶像和权威，塑造健康人格，增强学习的创新意识。

五、家长评价孩子

诵读的课堂评价受时间、空间的制约，每个孩子被评价的机会是非常有限的。家长是孩子最亲近的人，家长参与评价，有效地扩展了我们的教育资源。

在上完《赶海》之后，我让学生们回家把课文读给家长听，请家长在书上为孩子标出评价等级，写上简短的点评。我还布置了一个奖励性的作业，为这篇课文配上了合适的音乐，诵读之后传到班级微信群，上传者均奖励海螺一个。

课后，我收到了很多作品，有的学生是用“为你读诗”手机软件制作的，有的是用酷狗音乐客户端制作的，孩子们的作品命名更是让人欣喜——主播：张埣墁（浪漫风格）、主播：易添（温柔版）、主播：高艺函（异国情调）、主播：李奕炫（激情篇）、主播：陈佳澜（纯美版）、主播：黄思源（活泼风格）、主播：方希蓓（唯美篇）……在家长的协助下，学生的诵读积极性在课后得到延伸，诵读也因而变得丰富多彩，充满活力。

教师的审美情趣与诵读教学艺术

审美情趣是人在审美活动中表现出来的心理定式，它以喜爱或不喜爱的情感评价方式体现出审美的倾向性和选择性。在语文教学中，审美情趣常以一种直感的方式，迅速对事物做出情感性的选择和评价。审美情趣是教师综合素养的反映，它能

"润物细无声"地直接或间接地影响学生。一名语文教师既是美的鉴赏者，又是带领学生感受美、体验美的先行者。

语文学科蕴含着丰富的美感，具有得天独厚的美育优势，在语文教学中，诵读教学是以整体感知、以读促学等方式在一种声情并茂、轻松愉悦的教学情境中培养学生感受美、鉴赏美、创造美的能力。因此，教师应充分发掘教学中的美育因素，熔阅读与审美、感性与理性、认知与情感于一炉，引导学生全身心地投入，尽情地感知、领略和欣赏美的情愫，从而培养学生健康的审美情趣，提高鉴赏美的能力。

一、读中品，体味美的语言

小学语文的课文，都是文质兼美的语言精品，蕴藏着丰富的知识宝藏。教师要引导学生认真思考、仔细推敲、品味欣赏，这样既能提高学生的语感，又能使学生受到美的熏陶。

（一）推敲传神的词语

一般地说，作家都十分注重用词的传神，它的精妙之处就在于既形象生动，又包含丰富的内容。教学时，教师可透过课文优美的语言，抓住重点词语，启发学生揣摩，引导学生在文字美上寻求突破口，让学生在心灵深处感受美。课文《鸟的天堂》中写道："那么多的绿叶，一簇堆在另一簇上面，不留一点儿缝隙。那翠绿的颜色，明亮地照耀着我们的眼睛，似乎每一片绿叶上都有一个新的生命在颤动。这美丽的南国的树。"这段话写得很美，其中的"堆"字用得特别灵动，它描绘了树一片挨着一片、层层叠叠的情景，"明亮"这一词形象地写出树叶的色彩富有光泽，"颤动"一词则把静态树叶描绘得栩栩如生。这些词语富有丰富的视觉和动觉，教学中教师要善于把握这些美感因素，让学生读出词语蕴含的那种细腻奇特的感觉，领悟其中的美妙。

（二）欣赏优美的句子

散文在小学语文教材中占有一定的比例，每一篇散文都是培养学生审美能力的好素材。生动的语言总是依靠优美的句子来表现的。有的句式对称，讲究工整美；有的句式参差，讲究错落美。如《桂林山水》，作者不仅用词十分传神，而且句式也非常讲究，在写"山、水"这两段中，恰到好处地运用了工整的排比、朗朗上口的词语，把水"静、清、绿"和山"奇、秀、险"的特点描绘得淋漓尽致。教师可以在范读后让学生讨论："刚才听老师读课文，你们都看到什么了？"在感悟每个画面之后再来分析各句之间的联系，让桂林山水的特点成为学生细读品析的抓手，引导学生反复诵读，使学生充分感受其优美韵味，从而实现学生美感体验与教师适度指引的无痕融合。

（三）琢磨富有个性的对话

人物对话是刻画人物形象的一种方法，教师应在引导学生琢磨人物对话时思考，为什么这句话他（她）合适，别人讲就不合适，从而体会出人物性格特点乃至思想品质之美感。《翠鸟》最后一段有这样几句话："我们真想捉一只翠鸟来饲养。老渔翁跟我们说：'孩子们，你们知道翠鸟的家在哪里？沿着小溪上去，在那陡峭的石壁上。洞口很小，里面很深，逮它很不容易呀！'"三年级的小朋友读老渔翁的话当然没有一个不是童声稚气的。一位教师是这么教的："你这么读，我觉得你不是老渔翁，而是个不到十岁的小渔娃。谁能把老渔翁的年纪读出来？"第二个学生读时，声音就立刻变粗了，速度也放慢了。于是第三个，第四个……一个比一个"老"，一个比一个读得有意思。"别读了，别读了，再读你们就都变成八九十岁的老人了，早就该退休了。"在笑声中，让孩子们感到读书是多么有意思！

二、读中悟，丰富美的内涵

诵读教学应该以提高审美情趣为主导，进而激活每一个个体的语言潜能。只有引导学生全身心地诵读品析，才能使其出于口，入于耳，了然于胸，也才能直接迅速地感知作品的形象，感受情感的真挚，领悟作品的意蕴。

（一）品味文意

语文教材中的多姿多彩的艺术形象、生动的语言和优美深邃的意境，这些无不蕴藏着巨大的审美价值。

各种体裁的文章，语言表达都独具特色。诵读语文最重要的是读出文章的味道，而教师的文学品味和语言感悟是诵读教学最有力的支撑。在诵读课堂上，教师要引领学生精读、深读、细读，继而从不同角度不同侧面选点、铺面，进行美读和品析，从字里行间读出文章遣词造句的讲究与精妙，读出文字背后的悠悠意蕴与绵绵情怀。比如教学《触摸春天》时，教师在学生初读和整体感知的基础上，抓住盲童"拢住"蝴蝶和"放飞"蝴蝶两个片段品析揣摩；对"慢慢地伸出"和"极其准确地伸向"进行对照剖析；对"安静分明是个盲童，为什么要去'张望'呢？""她放飞的仅仅是一只蝴蝶吗？"等句子的意蕴作深入的推敲……而这些品味文意的教学活动，都依然融合在学生诵读交流的语言实践中。

（二）感受形象

在对文本的理解中，教师在思想引领和审美鉴赏上应该成为学生的向导。教师要准确地把握课文基调，引领学生把语言文字转化为内心感悟，让形象在学生头脑中鲜活起来，让飘忽朦胧的美变得清晰起来。

《丰碑》叙述了在风雪交加的行军途中，一位负责掌管棉衣等物资的军需处长被严寒冻死的感人故事。作者要表达的意思和情感通篇都没有明说出来，而是蕴含在叙述和描写的语言文字之中。文章的主人公虽然是军需处长，但文章大量的笔墨用于将军的前后情感的变化。将军之前的生气是因为他是军需处长，之后的敬佩更是因为他是军需处长。在诵读“当将军得知冻死的这位战士居然就是军需处长”的这段时，我引导孩子们运用了留白的表现方式。在读到“将军愣住了”这一句之后，语音长时间停顿，整个教室一片肃静。但正是这语断意连的留白，让学生的情感波澜起伏，悲伤、感动、敬佩……学生逐渐领悟到军需处长的伟大就是这样从平凡中走来的。此时，我再让学生将千言万语化作深情的诵读，军需处长丰碑般的形象从而矗立在了学生的心头。

（三）体验情感

教学激情绝不是做作的、浮浅的虚情假意，它依靠于教师整个人格结构、知识结构和审美理想的整合。感情是人类追求真理的原动力，要培养学生的审美情趣，最好的办法莫过于以情感染。“一切景语皆情语。”文学作品中景物、人物、场景、情节都蕴含着作者强烈的思想感情，要使学生受到作品思想感情的熏陶感染，教师就要带着激情去引导学生体会。在理解意义的基础上，让学生产生与作者的共鸣，与主人公的共鸣，走向自己情感与思想融合的境界，让诵读成为一种需要，成为自己抒发情感的最自然、最恰当、最迫切的表达方式。

比如在教学《丑小鸭》时，当历经磨难的丑小鸭终于苦尽甘来，当无人疼爱的悲凉化为众人相拥的惊喜，这种情感似乎只有诵读才能倾诉。自己读、同桌读，配乐读、表演读，各种形式的读都是为了体验这份来之不易的幸福。只有发自内心的诵读，才能将那种无法用言语表达的感受用音韵、用气息、用心灵去表达出来。此时的读是情感的宣泄。

三、读中想，捕捉美的意象

小学语文教材中有许多丰富多彩的艺术形象，它们作为美的信息和载体，既是对自然、社会、人文之美的客观反映，也是作者主观美的一种投射，体现出作者的审美情趣和审美理想。作为语文教师，在教学中除要让学生不断感受、体验这些以教材内容为本的审美内容外，还要遵循学生的认知规律，由浅入深、由表及里、由体验到评判，培养学生的审美能力。这样才能更好地在语文教学中进行美的渗透，从而提高学生的审美意识与审美能力。

在诗词教学中，不能只注重对字、词的解释或表面理解，把完整和谐的诗词艺术品分解得支离破碎，让其中所蕴含的意境美荡然无存。在读中激发学生想象，引导学生入其“境”，才能使学生悟其“神”，会其“意”。在想象中体会文字意象之美。

比如教学辛弃疾的《清平乐·村居》时有这样的片段：

我让学生闭上眼睛，从老师的朗读声中，去感受辛弃疾笔下的江南农家的安宁生活和美丽景色。

师：孩子们，睁开眼睛，刚才你的眼前出现了怎样的情景？

生：我看到了一大片翠色欲滴的青草。

生：我看到了低矮的茅屋上炊烟袅袅，清澈的小溪上有弯弯的小桥，溪边好多五颜六色的碎碎花，溪中还有快乐嬉戏的小鱼呢！

师：好一幅恬静怡人的田园风光。

生：我的眼前出现了有说有笑、卿卿我我的两位很有情趣的老人，他们一边喝酒一边聊天，悠闲自得。

师：两位老人可能在聊些什么呢？

生：老伴儿啊，我们生活在这么美的小村里，孩子们勤劳肯干，一家人相亲相爱，真是幸福啊！

师：这样的生活，这样的情境，怎能不让人陶醉呢？让我们把整首词连起来完整读一读吧！

此时，学生诵读，不再是简单的对词句的理解，而是将景物作为生命的情感的载体，词句在孩子思维中是美妙的、有动感的画。

在想象中诵读文本，在诵读中想象画面，进而渐入词境，体悟到溪草返青是大地复苏的象征，展现了自然的生机；夏日对饮是夫妻恩爱的表现，展现了家庭的生机；孩子劳动是勤劳和谐的象征，体现了生活的生机。

“茅檐”“小溪”“青草”“翁媪”……都是具体可感的形象，也是营造诗情画意的基础材料，在想象与诵读中揣摩意象、感悟意象，从而实现了从文本通达意境。

四、读后用，走向美的实践

在学生感受美、体验美、鉴赏美的基础上，教师应再进一步激发学生去表现美、创造美。美育的本质在于自由创造。每个孩子都有言语表达的潜能，孩子们运用所学知识，经过自己的理解把文字符号变成了有声语言，这就是创造。如果还能结合自己个性特点和审美体验，声情并茂地诵读作品，那就是更高层次的创造，因为诵读本身就是在创造美。

在诵读教学中，学生在教师的范读、讲解和指导下可以形成一定的审美观点，而后能够应用这些不断深化的审美观点去发现美、感受美，进而就可以对自己及别人的诵读进行审美鉴赏，不断积累审美经验，最终按照自己的审美情趣对诗文进行再创造，从而培养自己具有个性的诵读能力。

（一）解读文本，尽情表达诵读感悟

美的诵读不单是使学生获得愉悦感，而是要指导学生借鉴前人的审美经验、美的规律、美的表现方法，形成合乎要求的听说读写能力，“诵读是一种教学过程，

目的是培养学生的理解和写作能力”。在语文课上，缺少的是带着学生体验美、感知美的活动。诵读课堂应该是教师引领学生“美学散步”的最好场所。比如，在《“精彩”极了和“糟糕”透了》的课堂上，我让学生选择自己最喜欢的片段读给大家听，然后说说读后的感悟。

生活的小船，只有在一位名叫“鼓励”和一位名叫“批评”的水手同时掌控下，才能平稳地驶向成功的彼岸。——邓霖

“虚心竹有低头叶，傲骨梅无仰面花。”我们要正确地面对生活，不因表扬而骄傲，不因批评而失落，只有这样，我们才能稳当地向前走去。——蒋家茵

表扬是风，批评是雨。风的抚慰，让树婀娜多姿，雨的磨炼，使树更加坚定。只有风和雨齐头并进，才能培育出一棵苍翠而又挺拔的大树。——容蓉

爱像两种截然不同的旋律：温柔动听的旋律是母亲的鼓励，深沉有力的旋律是父亲的指责。只有这两种旋律一起奏响，才能鸣成一支动人的乐曲。——刘俊铭

在轻松随意中，学生的一份份感受变成了各自的人生格言，作为他们老师的我不得不称赞：孩子们的感受真是精彩极了。

解读文本，是以自己的心灵为触角去触摸另一个心灵世界。学生感悟了课文的语言，就能通过他的朗读表达出来，即“以读求悟”。通过反复吟诵，对文章重点之处、疑难之处、精妙之处达到领悟的程度。就能达到古人所说的：“文章读之极熟，则与我为化，不知是人之文、我之文也。作文时，吾意欲所言，无不随吾所欲，应笔而出，如泉之涌，滔滔不竭。”

（二）学会欣赏，发掘和提升审美能力

美在欣赏中闪光。在对文章进行美读时，引导学生对美欣赏：欣赏文章华美的辞藻、优美的意境、精美的文句，欣赏文中的智慧和灵秀。让学生在理解中欣赏美，在情感中欣赏美，在联想中欣赏美。一面欣赏作品的美，同时也让学生在读的过程中欣赏自己，欣赏自己诵读再造的惟妙惟肖，欣赏自己对文章恰到好处的诵读演绎，欣赏自己诵读时怡然自得的美丽心境，让诵读成为发现美、欣赏美、展示美、创造美的过程，拥有这种能力，学生就会乐在其中。

车尔尼雪夫斯基说过：“美的事物在人心中所唤起的那种感觉，是类似我们当着亲爱的人的面时所洋溢于我们心中的那种愉悦。”诵读教学的艺术就是要善于唤起学生心中的“那种感觉”，并利用“那种感觉”所引起的“那种愉悦”去优化教学情境，逐步实现智能培养和人格教育的目的。

教师的审美情趣直接影响着教师对审美对象的选择和接受，决定着他所能达到的审美境界，并最终通过自我完善来影响和塑造孩子们。当然，审美情趣的形成不是一朝一夕的事，需要教师潜移默化地熏陶引导，诵读教学正是在学生纯净的心田上，撒下一颗颗美的种子，在春风化雨中孕育一片青翠。

我的语文研究

我所理解的行动研究

我感觉这些年来，自己所尝试的教学改革中，一些改革的思绪一直在隐隐地起着作用。最初我尝试“自学探究教学”，然后尝试了“诵读语文”，接下来尝试了“兴发教学”。而兴发教学的最佳境界是学生“自学”“自我兴发”。

一、“自学探究教学”的尝试

也许因为我体质较差的缘故，家里对我特别宽容，没给我什么学习上的压力。初中毕业时妈妈就让我报考师范学校。我的父母、姐姐都是教师，当时，姐姐还经常外出上公开课，想到这，特别胆小的我怎么也不肯当教师。我怕别人听我上课。就在读师范时，我还胆小得连上课站起来朗读课文都紧张不已。

其实，今天的我非常感激妈妈帮我做出的选择，从走上讲台的第一天起我便神清气爽起来。妈妈对我说，当好一名教师应先成为一名优秀的班主任。于是我对孩子们倾注了很多爱心和耐心，我像对待荷叶上的小露珠一样小心翼翼地呵护他们幼小的心灵。我欣喜地发现，其实每一个孩子都可爱。孩子们是最敏感的，他们会细致地去捕捉你的一个眼神、一个微笑、一个动作、一句话语……他们会回报给你最美的感受。我把班主任工作中的一个个小小的故事编织起来，将我感受到的这些淡淡地、美美地说出来。也许是因为快乐而故事变得生动，也许是因为热爱而教学变得美丽，在一次演讲之后，我被选上了节目主持人，一次次穿着白纱裙登上闪烁着霓虹灯的舞台，实现了我小时候那个幻想美丽的梦。

当我连续三年被评为市优秀班主任时，妈妈又对我说，要当一名好教师，你还要能上出好课来。那时的我教起书来通常是照本宣科，我讨厌每课必讲的段落大意、中心思想、词语解释，但我不知道语文课到底应该怎么上。当时学校组织的一次外出学习对我的触动特别大，外校课堂上的学生发言特别活跃自主……回来以后，反思自己的教育教学，我深深地感受到传统教学最大的弊端在于没有激活学生在学习中的主体意识和自觉求知的精神，我试着从学生的角度去感觉语文。我觉得小学阶段是孩子们修炼语文“童子功”的关键时期，教师着眼的不应仅是学生的今天，更应是学生的未来。如果将教学完全拘泥在了课本上和教室里，这样的语文教学还有什么诗意可言？我细细地研读了带回的书，分析这所学校实验中的利弊，开始了我的教改行动。

我的第一次教学改革是在1997年，那时的我年轻、充满激情、富于幻想。我不喜欢索然无味的“满堂灌”的语文课堂，我不想每天都是在讲授生硬的中心思想、段落大意、词语解释，可是要怎么改，该怎么教，我却很茫然。终于记得去株洲的一所学校听了公开课。他们的课堂与众不同，孩子们争先恐后、兴致勃勃地发言。原来这是课前进行了充分自学的结果。虽有些散乱，但孩子激动得涨红了的小脸深深打动了我。这种议论纷纷、充满生机的课堂不正是我一直向往的吗？于是我在自己的班上进行了试验，创立了“自学探究教学”，我把教师的角色定位为一名引导者，教师的作用是领航、调度和评论，学生成为课堂真正的主人。这种教学方法极大地调动了孩子们的学习积极性。当时我们一周一节的公开课大受欢迎，曾经有个外地听课的教师实在找不到位置，居然钻到讲台下面听了我的一节课。到后来，我们的课堂慢慢发展为孩子们自己备课自己上课，很多时候我只是他们中的一名学习者。

现在看来这种学习方法与后来的各种生本教学模式以及现在很提倡的佐藤学的学习共同体都有相似之处，其实就是改变了教与学的关系，实现了以教为主向以学为主的转变，以教为中心的教学走向了以学为中心，在相信学生的同时也培养学生学会学习。我们的录像课《航天飞机》在全国发行，得到了专家们的肯定。“自学探究教学”的成功让我获得了国家级骨干教师的培训机会，那时候“新课标”刚刚颁布，在北京整整三个月的学习之后，我带着满满的信心参加了全国第四届阅读教学大赛。这是小语界最权威的赛事，我因此获得了很多邀请，接下来的几年我去了很多城市上示范课。记得2003年，我在开封上课后，当时我很喜欢的一本杂志《小学青年教师》邀请我做杂志的封面人物并要我撰写包括卷首语在内的第一个单元的文章。刚刚三十出头的我能接到这样一个约稿很是兴奋，但是当我回到家仔细思量之后却无从下笔。当时已经是“自学探究教学”实验的第六年，随着很多类似的自学探究模式的诞生，它已经没有优势了，而我能想到的一些话题人家早就写过了。无奈之下我只好打电话给杂志社，表示无法接受重任，同时感叹机会到来的时候自己却不是一个有准备的人。这个时候我开始反思自己：我的生长点在哪里？我的个性特点在哪里？我应该找到适合自己的某个领域去挖掘去耕耘，去实现某个方面的突破，从而形成自己的专业优势。

经过一段时间的思考，我继续完善“自学探究教学”。在课堂上，我尽量以学生主动探索为主，作为教师，我只是适当点拨、概括和引导。这样，以往由教师主观提问变成了现在的学生自主质疑。课堂上的“一言堂”变成了“群言堂”。

自学虽然是一个简单而平凡的概念，但我感觉在我所接触到的教学观念中，自学是一个关键概念。我最初尝试的“自学探究教学”与自学相关，我后来尝试了“诵读语文”和“兴发教学”，也与自学相关。

二、从“自学探究教学”到“语文诵读教学”

我在“自学探究教学”的基础上，把诗情画意引入课堂教学，创造语文教学中的审美境界。我突破教材的束缚，开创了创造性阅读课，将叶圣陶、朱自清、鲁迅等名家的名篇引入课堂，让学生吟诵经典，与大师对话；我带学生走出课堂，走进自然和生活，让学生去欣赏夕阳的韵致、领略古城小街的风情、采访普通人的人生故事。课本与生活、课内与课外的“链接”，丰富了语文教学的内涵。

后来，我正式开始对“语文诵读教学”的探索。

2004 年，我来到珠海，当时的珠海兴起了一股朗读的热潮。2005 年，我参加了全国首届教师诵读比赛，这场比赛是现在大家熟知的全国教师素养大赛的前身。那次，组委会特意邀请了全国著名表演艺术家张家声老师，当时张老师为我亮出了一个全场最高分，而且在临走的时候要见我一面，只可惜我刚好外出了，错过了这个被大师亲自指点的机会。幸运的是，为我颁奖的是我最敬佩的教育家霍懋征老师，而且我在机场又巧遇了她，尽管匆忙，但是霍老师把一个大大的拥抱送给了我。她的助手告诉我，霍老师非常喜欢我的诵读。两位大师的肯定给了我很大的自信，回到学校之后，我把改革定位在诵读教学，并逐步提出了一系列的教学主张，“书声琅琅，润物无声”成了我的教学风格。2007 年，我又接到《小学教学》（原《小学青年教师》）的邀请，这次我顺利地写下了《享受诵读》《书声琅琅润物无声》《守望圣洁的心灵》等一组文章。

一天，我接到小学语文教育专家杨再隋教授的电话，他说他把我研究的诵读语文作为一种流派提出来，登在一本核心期刊上了。我订了这本期刊，却久久不敢打开，我怎么好意思与那些著名的特级教师相提并论呢？转念一想，既然这位小语界的泰斗觉得这种方法是有价值的，我就应该好好研究下去。于是我开始了第二轮行动研究——诵读语文。

诵读语文有什么特色呢？它的优势又在哪里呢？传统教学强调分散的知识或系统地讲授，而诵读教学看中整体感知、整体结构和整体脉络。诵读语文是一种直觉体悟的教学活动，它是调动了人的所有感官乃至心灵对文本的一种全身心感悟。这个时候语言图示留在学生大脑中的痕迹是最深刻的。诵读语文还是一种变研究语言为学习和运用语言的教学活动。我给诵读语文下了这样一个定义：以诵读作为教学活动的切入点和依托，彻底改变以往教学中肢解文章内容和语言的做法。使学生从节奏上感知文章，从整体上把握文章，以此获得完整的思维形象和情感体验。

教学改革之后，特别是在诵读语文实验研究之后，我很希望别人走进教室欣赏我的学生。作为广东省和珠海市的名师工作室主持人，每年会有不少骨干教师跟岗学习，他们在看到孩子们的表现之后，即使是高年级的课他们也愿意选择在我们这个中年级的班来上，他们说孩子们的语文素养让他们惊喜。著名特级教师贾志敏老师在我们班上过课之后，留下了这样的评价：这是我见到过的最会读书、最有教养的一班孩子。

在进行“诵读语文探究”的同时，我还提出了诵读作文这样一个概念。诵读作文就是通过诵读的路径恢复语言文字的声音节奏，通过语言文字的节奏感来帮助儿童找到写作的整体感。它通过整体诵读的方式把儿童读本还原成为有整体节奏的“儿童声本”。

中国现代语文教学借鉴并大量引进西方语文教学的“儿童绘本”，而忽视了“儿童声本”的中国传统，诵读语文旨在恢复“儿童声本”的中国传统。我们并不反对或否定“儿童绘本”的经验，但是，根据《三字经》《弟子规》《增广贤文》等中国蒙学教材的传统，我们更重视“儿童声本”而不是“儿童绘本”。“儿童声本”虽然是我们在诵读语文的过程中提出的一个个性化的概念，但这个概念扎根于中国语文教学的大传统之中。我们的诵读作文分为三个步骤进行：诵读范本，模仿范本写作，诵读自己的作品。

有一次与《中小学作文教学》主编裴海安先生聊起了“诵读作文”，本来担心他是否感兴趣，想不到裴先生特别感兴趣，并当即决定在他的微信公众号开设一个教师读评栏目，由我来给教师们示范。于是一个名为“评读”的栏目应运而生。我们班孩子在创作之后也会很有兴致地配上自己的诵读。其实读的过程也是一个修改的过程，孩子们读着读着又会有新的灵感。

在研究的过程中我拥有了属于自己的关键词。核心期刊《小学语文教师》《语文教学通讯》都向我发出了邀请。我在《小学语文教师》上写下了《把最美的声音留在孩子心底》，这一直是我作为一名小学语文教师最大的期盼；我在《语文教学通讯》上写下了《教师的审美情趣与诵读教学艺术》，我觉得教师的审美情趣直接影响着教师对审美对象的选择和接受，决定着他所能达到的审美境界，并最终通过自我完善来影响和塑造孩子们。

（一）朗读成了我的爱好

小时候，我特别腼腆，不敢在生人面前说话。小学三年级时，妈妈从单位借来一台录音机，这在当时是很稀有的高档器材。在家人的一再鼓励下，我对着录音机读了一段课文，没想到大家都夸我读得好。那是我对诵读的第一份记忆。

后来，读课文成了我的一大爱好，也成了我学习语文的一种动力。每学习一篇新课文，我都非常投入地读。不知不觉，朗读成了我的一个强项。在老师和同学眼里，我是朗读能手。诵读给我带来了多少快乐和满足啊。

师范毕业，我做了一名小学语文教师。初为人师，对教学还没有什么感觉，对自己的课也缺乏信心。工作不久，学校推荐我参加市电台主办的普通话大奖赛。我竟然过关斩将进入了决赛。比赛那天，全家人都去了，学校也去了很多人。我还清楚地记得，我读的是流沙河的散文《电车上的小姑娘》。我刚刚朗诵完，台下便响起热烈的掌声。在和其他都是专业主持的选手的较量中，尽管那次只获得了三等奖，但这份殊荣让我深受鼓舞。在诵读的舞台上，我找到了自信，也找到了语文教师的感觉。

（二）你读得比我写的还要好

几年前的六一儿童节，在香港现代教育出版社教材展示活动中，我应邀上台诵读儿童文学作家马翠萝的作品《妈妈的微笑》。

配乐响起，我开始一段沉痛的述说——

南亚海啸中，一名母亲用瘦弱的双肩，把女儿托上一处塌了半边的屋顶，为了不给房子再添重压，她毅然随水而去。女儿呜咽着："妈妈，你不要走……"

在背景音乐的渲染下，我的脑海里浮现出汹涌的潮水，浮现出那位母亲离去时惜别的目光，浮现出那张忧伤又寄托着希望的面容，还有那一声声回荡在海水山川之间的呼唤……

一切如同播放着的电影，渐渐地把我席卷，把我充满。我感受到了一位母亲舍生忘死保护孩子的执着，领悟到了那一份痛彻心扉的爱意。在被死亡吞噬前的最后瞬间，这位母亲留下了一份永恒的温暖，谱写了一曲生命的绝唱。

我全然忘记了如何控制音色、音高，只想将自己感悟到的一切用声音表现出来。那一刻我能感觉到，台下一片寂静，无数双眼睛望着我，无数颗心灵跟我一起，在汹涌的潮水中挣扎沉浮。

读完后，一位中年女子径直朝我走来。她就是亲临现场的作者马翠萝。她含着热泪，紧握着我的手说："你读得比我写的还要好。"

我的眼眶也湿润了。此时此刻，作者、听众和我，所有人的心意都融汇在一起。是诵读，传达出作品的巨大魅力，触动了人们心底最柔软的部分。

（三）忘我就是诵读最好的状态

2002 年，我被选拔去参加全国第四届青年教师阅读教学大赛。我执教的课文是《只有一个地球》。我遭遇了课文理性说明与小学生感性认知之间的矛盾。几经斟酌，我决定围绕着"地球是我们唯一可靠的家园"这一教学重点，抓住一个"爱"字来组织教学。这既是课文的思想核心，也是引导学生打通感性与理性壁垒的切入口。

这节课，我首先引导学生初读课文，感受地球的"外表美"，接着通过有感情的朗读，体会地球的"内在美"，进而感受地球面临破碎的"悲剧美"。我抓住描写地球美丽的文字，引导学生进行对照朗读。在琅琅的读书声中，学生入情入境，达到了忘我的境界。

在万众瞩目的赛场上，我和孩子们完全沉浸在语言文字所创设的境界里。当读到“地球，这位人类的母亲，这个生命的摇篮，是那样的美丽壮观，和蔼可亲”时，我们含笑轻叹，传达出儿女对母亲那种崇敬与爱戴。当读到“我们这个地球太可爱了，同时又太容易破碎”时，有的孩子激动地站了起来。我们用虔诚而又略带颤抖的声音，发出了“只有一个地球”的痛心的呐喊。在这样的朗读中，孩子们获得的不再是干巴巴的抽象认识，而是对“地球母亲”发自肺腑的挚爱深情。

课后，许多人说朗读是我这堂课最大的亮点。有位专家这样评价：这堂课将有声的朗读和无声的肢体语言自然而然融合在一起，感情饱满又有节制，将学生带入了一种哀而不伤的境界，达到了由感性认识上升到理性认识的教学目的。

课后有几位教师专门跑来问我：“怎样才能调控好诵读时的情感？”其实，对我而言，哪有什么刻意的设计，忘我就是诵读的最好状态。

（四）诵读就是理解

在广东省的一次大型示范课展示活动中，我上《丰碑》一课。

课文讲述的是在红军长征途中，一位军需处长因衣着单薄而被冻死的故事。在悲壮的气氛中，我动情地问了一个问题：你想对军需处长说什么？

“军需处长，您真伟大！”

“谢谢您，为了我们的幸福生活，您……”

“有一种倒下叫站立……”

我正准备在一片赞歌之后慷慨陈词，突然学生中冒出一个不和谐的声音：“军需处长，您真傻！”

我没有立刻评价这个孩子的发言，而是引导学生反复诵读，结合时代背景理解人物的内心世界，理解作者没有明说出来却蕴含在叙述、描写中的深层意思，感悟作者花费大量笔墨写将军的前后情感变化的真正用意。将军之前的生气是因为这位战士是军需处长，之后的敬佩更是因为这位战士是军需处长。在诵读“当将军得知冻死的这位战士居然就是军需处长”这段时，我采取了留白的方式，在“将军愣住了”一句后留出了一段长长的停顿，整个课堂一片肃静。正是这语断意连的留白，让学生的情感波澜起伏，心灵在悲伤、感动、敬佩中净化提升。

这堂课快结束的时候，我想和先前说军需处长“真傻”的孩子再沟通一下，却见他已经高高地举起手。他告诉大家，在多次诵读课文后，他对这位军需处长的情感已由不解变为理解和崇敬。

（五）诵读中睁开诗的眼睛

有一天，我在孩子们的日记里读到这样一段话：“严老师，您经常夸我们口吐莲花，说出来的句子像诗一样美。我们都很喜欢诗歌，可是教材里的诗歌不是很多，您能不能为我们找一些有趣的诗词，带着我们一起读呢？”

孩子们的话触动了我。我也参与过教材编写，总是感觉教材里的诗歌不太符合孩子的天性，满足不了孩子成长的需求。看到孩子们渴望的眼神，我决定编写一套让孩子们打心底里喜欢的诗文读本，引领孩子们更好地走进诵读。于是诵读教材《睁开诗的眼睛》应运而生。

《睁开诗的眼睛》以全新的审美角度，让诗歌教学走向多元化。它告诉孩子们，美好的生活不仅需要用眼睛去看，用耳朵去听，还要用心灵去感受。我期待这样的诗教课程能在师生平等交流沟通中，在琅琅的诵读声中，以润物细无声的方式，完成对儿童精神世界的丰富和提升。

其中有一课是《湖边》。我先创设情境，引领学生诵读三首情趣盎然的小诗。诗的内容都是发生在秋天湖边的趣事。

这套诵读教材不仅仅渗透在我的语文课堂，也充分体现在语文综合活动中。运用这套诵读教材，结合国学经典活动的开展，我在工作室成立了“音诗剧”课题组，我们编排了以“睁开诗的眼睛”为主题的音乐诗歌剧，整个故事以盲童渴望见到光明的诉说来引发。

我有一对机灵的耳朵，
能听到鸟儿欢快的歌唱。
我有一个灵敏的鼻子，
能闻到百花盛开的芳香。
我有一双灵巧的小手，
能触摸到万物的百态。
我有一双灵动的眼睛，
而我却只能看到一片
漆黑的世界。
……

接着以盲童的心理变化为线索，在友情的陪伴下，在音乐和诗歌的推进中，讲述了一个“童话的眼睛——梦想的眼睛——心灵的眼睛”的动人故事。在珠海市经典诵读展演之后，这个“音诗剧”还获得澳门大学和中央电视台的演出邀请。

我的诵读语文，意在追寻语文教育的灵动，激活孩子们的童心、童真、童趣；意在通过诵读实现阅读吸收与表达倾吐同在，言语活动与想象活动同步，认识事物与学习知识同行；意在用诵读浸润孩子们的心田，把最美的声音留在孩子们的心底。

三、从“语文诵读教学”到“兴发教学”

诵读语文的研究让我找到了自己的教学风格，也让自己在语文教学的广袤原野上开辟出了一方美的园地。渐渐地，我开始寻求一种更为深厚的土壤，让诵读语文的根深深地扎入沃土。

这个时候，我读了刘良华教授的《论“兴发教学”》，其中有这样一句话：教师首先要反思自己的教学是否缺乏足够的“兴发”的魅力和技艺。文章指出“兴发教学”的三个途径分别是情志教学、探究教学、整体体验教学，这似乎是我一直以来实践和研究的最好印证和展望。

“兴发教学”中提出的“探究教学”为我所尝试的“自学探究教学”做出了恰当的理论阐释和学术支撑，“整体教学”又与“诵读语文”提出的“整体识记”和“直觉体悟”有共通之处。而“情志教学”正是我亟待拓展的一片领域。记得有位专家这样说过：任何教学方法都是各种方法的巧妙组合，“兴发教学”从一个新的高度上对我在做的研究开辟了新的视野。于是我们兴致勃勃地开始了第三轮行动研究——兴发教学。

兴发教学有这样一个经典的表述：兴于诗、立于礼、成于乐，它与“诵读语文”特别相通相融。通过诵读，把文字变成有节奏的散文诗就是“兴于诗”；通过诵读让学生不知不觉体验文以载道就是“立于礼”；通过诵读建立语言的音乐感就是“成于乐”。

兴发教学对于“诗、礼、乐”的经典阐释让诵读语文有了回家的感觉，也让我慢慢意识到了行动研究的价值和途径，在自主参与和尝试的过程中有了合作和引领的方向。

工作室以诗、礼、乐作为三大元素举行了一场经典诵读会——诵在春天。因为场地无法满足前来观看的教师们的需求，市教育局又让我们做了第二场。珠海市斗门区的一位教研室主任看了我们的第一场诵读后，要求加入我们的队伍。他的普通话不够标准，也谈不上有什么朗读方法，但那种在诵读时倾情投入的状态引发了全场观众的共鸣，也赢得了最热烈的掌声。有时候自然流露的忘我的诵读可以超越一切技巧。

观众们特别为工作室老师们的真诚投入叫好。我们相信只有内心充满激情和真正热爱教育的老师才能兴起和引发孩子主动学习的激情和志向。我们书写自己的故事，我们也诵读自己的故事，《中国教育报》以《用我们的爱，写我们的故事》为题报道了我们工作室的特色活动。

我带着工作室的老师们做了系列诵读课题的研究，其中《微信公众平台下的小学语文诵读课程的建构与实施研究》是广东省重点规划课题。我们创建了自己的公众平台“青青杏园”。公众平台的图标中用话筒代表诵读者，话筒开关处暗藏的一支笔表达了我们以读促写的理念，“爱诵读”的印章好似一个嘴巴，而外围像玉玦一样嵌着碎花的半圆象征着我们的自由而美好的诵读园。我们希望通过游戏化学习、移动化学习、碎片化学习和融合了多种艺术形式的富有情趣的学习，兴起和引发学生的学习热情。

我们分别是园子里的蓝莓老师、杨桃老师、西瓜老师……我是杏子老师，我们的作品都以微课的形式呈现，同时我主编了配套诵读教材《睁开诗的眼睛》的古诗文卷和现代诗卷，散文卷和蒙学卷也正在出版中。

四、从“兴发教学”到“海洋阅读”

我们在教育改革的行动研究中，确实取得了一些成绩。可是越往前走越感觉孩子们的阅读量是一切改革的基础，只有根基扎实，才能枝繁叶茂。面对教学现状，我们不得不反思：为什么不少孩子的阅读属于无效阅读？主题阅读是不是应该更多地放到课外？我曾用一个学期的时间尝试了一篇课文带多篇的教学方式，但我觉得为了引出多篇，有时候让原本情趣盎然的语文课失去了语文味。

在进行“诵读语文教学”的同时，我一直沿用自己多年前提出的“自学探究教学”，在自学的基础上提出问题，并围绕问题进行探讨，这需要时间，但孩子们喜欢。我一直觉得有效的学习方法就是最能激发学生学习兴趣的方法。这也与我们正在实践的“兴发教学”的理论相辅相成，儿童原本是主动生长的，他像猫一样好奇，像小鸟一样追求自由，像小草一样向阳生长。我们作为老师，应该让学生自己主动学习，好的教师需要激励、唤醒和鼓舞学生，以此满足学生“被承认的欲望”，引发孩子自己爱上阅读，爱上学习。

这时候，北京师范大学珠海校区的软件研发所邀请我去参加他们的座谈，希望我们工作室能加入他们研究的行列。我发现他们做的阅读现状研究调查中所提出的问题，也正是我们感到困惑的地方。比如说：学校对阅读缺少必要的整体规划，学生阅读兴趣有待提高，阅读缺少家庭氛围，学生的阅读缺乏策略和指导，缺乏激励与评价……那么，学校对学生阅读的整体规划和评价体系应该是什么？如何整合课内阅读和课外阅读？如何及时反馈阅读效果？学生的阅读兴趣该如何培养？亲子阅读、全民阅读又该如何开展呢？经过商议之后，大家想到了用游戏来推动，阅读大数据提供支持，家校共育阅读素养。于是“小青牛”阅读海洋就此诞生了。

称它为“海洋”似乎和我们身在珠海这样一座浪漫的海滨城市有点儿关联，当然更多的是因为浩瀚的书海才是我们心中向往和追寻的汪洋大海。在这片海洋里，一开始孩子们拥有的只是空空如也的几根海草、一艘小船，随着他们阅读量的增加，逐渐地，他拥有的海洋生物的数量和种类也在递增。最后，孩子们会惊喜地发现，自己居然拥有了一个梦幻迷人的海洋世界。

我们工作室的老师为平台推荐了相关的阅读书目，撰写微课脚本，制作名师导读微课，以及提出了阅读策略的修改意见。比如我们推出的阅读规划，就根据学生的心理发展特点，划分为阅读萌芽期、阅读发展期和阅读成熟期，在阅读海洋里，学生不仅可以根据自己的喜好，甚至可以跨年级自主选择阅读书目。在这里，每个孩子都有一份属于自己的阅读成长档案。

“海洋阅读”给孩子们提供了一个很好的阅读学习的展示平台。孩子喜欢选择“朗读、背诵、和家人共读”的方式来递交自己的作品。他们需要成就感，而“海洋阅读”这个平台，可以通过展示自己的作品，和大家交流学习，同时还能得到大家的点赞，从而获得成就感带来的自信与满足。

孩子在阅读中学习，在提交作品、相互求疑解惑中学习，学生更是在游戏中学习。在我们的海洋里，学生每获得一种“海洋生物”，不仅能丰富他自己的“海洋世界”，还可以了解到这种“海洋生物”的习性特点，不知不觉中，孩子便积累了大量的语文素材。同时，他们还会获得各种荣誉称号，从最初的水手到最高位的船长。孩子们在读中学，在做中学，也是在玩中学。

另外，家长可以通过与孩子线下共读，更好地建立亲子关系，让培养孩子的过程充满快乐和创造性。家长可对孩子的学习习惯进行多角度的评价、激励，比如是否坐姿端正、不折书角，是否能专心致志、聚精会神，这些评价在不知不觉中促进了孩子良好学习习惯的养成。同时家长也可以与孩子进行亲子诵读，共创绘本，一起完成一些创造性学习活动并上传作业，一起打造这片海洋，凝聚成一个以家庭为阵地的亲子阅读共同体。

“海洋阅读”，最受益的还是语文教师群体。教师通过这个平台，不仅可以实时发布阅读任务，阅读评点，点评点赞学生的作品，了解学生的阅读面，也可以借此在平台上发布一文带多篇的相关阅读书目，进行阅读拓展，将课内外阅读紧密结合起来，在课堂上有的放矢地指导。主题阅读和海量阅读在此得到了最好的融合。

五、从“海洋阅读”到“新三好生”

一路走来，我幸运地得到了师傅的指点，专家的引领，幸运地拥有一群结伴同行的工作室伙伴们。我还有一位懂教育的母亲，在我参加工作的那一天她就告诉我教书和育人从来就密不可分，在我期待着我们团队的教师们能在育人方面有新的突破之时，工作室的顾问刘良华教授又推出了“新三好学生培养的行动研究”。我希望团队能在刘教授的指导下扎扎实实地探究新三好学生培养的有效途径，让更多的孩子受益。于是我们开始第四轮行动研究。

现在，我们每天都在共写成长日记。学生记，家长记，我们也在记。它已经成我们的一种乐趣和享受。

《我被投诉了》是我曾经写下的一篇教育故事，文中主人公是一个漂亮的小姑娘，名叫方希蓓。那天我给孩子们上《静夜思》时感动了这些孩子，结果她跑到大队部去投诉，说严老师把她弄哭了。这个孩子聪明可爱，但是多愁善感，有次在学校听一个孝敬父母的演讲居然哭出了中耳炎，好些天不能来上课。开展“新三好行动研究”之后，我和家长约定在保有孩子天性的同时，让孩子加强体育锻炼，培养孩子坚强的性格。

学期初发生了这样一件事。方希蓓在日记中写道：

我“破相”了

今天真是糟糕透了，早上起床就发现我的脸被湿疹侵扰，严重破相了……

到了学校，我低着头沿着走廊的墙脚边走，生怕有人认出我，可是刚到教室，我就听到了几乎可以让我崩溃的消息：要拍一年一度的集体照。

……

“走吧，照集体照去！”我鼓起勇气走出教室。

用“破相”来形容一点儿都不过分，当时的她已经不是她，简直就是电影里才会看到的怪人。然而，在伤心、纠结之后她最终做出了让我们欣慰的决定。

这是妈妈的日记的节选：

面对是一种成长

早上在班级微信群里看到照集体照的通知，我这当妈妈的却不敢转告给她，看着“丑陋”的她半遮半掩走进校门，我真担心视美如命的她会在拍摄集体照时哭“晕”过去。

……

为你骄傲，我的宝贝！

以前的方希蓓老是感冒，不仅仅是缺乏锻炼，还有她太爱美了，一到学校，第一件事就是脱掉臃肿的大衣。所以，妈妈会为她做出的决定发出由衷的赞叹，妈妈说得真好，面对是一种成长。

几天之后我这样写道：

今天一大早我就拿着照相机走进教室，同学们都好奇地询问我要记录什么。我笑着说：“祝贺我们的中队长恢复美貌呀！”

顿时，教室里一片欢呼！

……

当然，真正要庆贺的是方希蓓面对“破相”后的那份坦然，一份值得欣慰的成长。

现在，让我们欣喜的不仅仅是我们工作室老师的班级，我们所在的学校，甚至附近的中学都加入到了“新三好”的行列。

从自学探究教学、诵读语文的实践和探索，到个人教学风格的形成，以及“兴发教学”理论的印证和深化的改革历程，我和工作室的教师们对于教学形态、学习方式的转变做出了新的探索，逐步形成了家长、学生、教师、高校等聚合的学习共同体，形成了较强的区域影响力。

以前觉得研究对我们一线教师来说是一件遥不可及的事情，现在我们知道这个不断反思、不断改进的过程就是做研究，这就是我们的教育改革，就是我们的教育实验，就是我们的行动研究。行动研究的四个精神是参与、改进、系统、公开。它是教师自己的研究，它能改进我们的工作，我们做到了；有一点点系统的思考，能讲述我们自己的故事，我们也做到了。在这个过程中我们有过彷徨和迷茫，但是在勇敢的尝试之后，我们看到了山那边不一样的风景。

现在的我们已经拥有了“自学探究”“诵读语文”“兴发教学”“阅读海洋”“新三好生”这些关键词，相信在未来的日子里，我们还会拥有更多属于我们自己的关键词，拥有更多属于我们自己的“名片”。

做一个讲好故事的老师

“严老师和往常一样，手捧好看的图画书走进教室，我们都把小脸仰得高高的，就像一群小鸟在等待着鸟妈妈送来的食物。

“我们悄悄地把窗帘拉上，让太阳公公的光芒朦胧地洒在教室里，洒在我们的脸蛋上，也洒在严老师手中的《祝你生日快乐》的封面上。”

——胡泽燊

我喜欢讲故事，同时伴随悠扬的乐曲，让温暖舒适的感觉在教室里弥漫。我相信故事的熏陶会在不知不觉中催生优雅的心境。孩子们都喜欢故事，教师就应该带领学生进入故事的世界里。

一、把自己放进故事里

语文课本里有很多有意义的小故事，它们有着触动心灵的魅力。作为小学语文教师，我不喜欢烦琐地分析，却很享受用故事来传递教育的意义。

学习《在大海中永生》这篇课文的时候，刚好教学光盘里的课文脚本是我写的，当孩子们想更多地了解邓小平爷爷的时候，我就跟学生们讲起了当时编写脚本的故事。

为了编写脚本，我查阅了大量资料，获得了此前连我自己都不曾了解的邓小平爷爷的信息。经过梳理，我把脚本内容取名为“春天的故事”，并依次划分成“丰功伟绩”“音容笑貌”“海中永生”三个板块。在“音容笑貌”板块，我写下了这样的导语：“邓小平爷爷，让我再看看您的面容，让我再听听您的声音，因为我要把您牢牢地铭刻在心里。”我在资料里收入了邓小平爷爷各个时期的照片，以及在大型会议上的讲话内容和音频。“海中永生”板块伴随着悲怆的音乐声，以碧波荡漾的大海为背景，屏幕上滚动出现“主席悼词”“民众送别”“海中永生”三段录像中的一些镜头，单击便可观赏到整段录像。在课后作业板块——我为邓爷爷设计建造一个纪念堂，孩子们可以选择我为他们准备的 20 种鲜花献给邓爷爷，并送上自己最想说的话。

听完我讲述的脚本编写故事，孩子们纷纷为邓爷爷献花留言。“读了《在大海中永生》，我就想：邓爷爷您为什么要离开我们，您离开我们以后，您的家人会多么伤心。我祝您在大海中再一次回到祖国家人的怀抱……特献海棠花，希望您一路走好。”“我觉得要给爷爷献花的话，秋菊是最合适不过的了。您一生饱经沧桑，带领人民赢得自信，走向富强。我们永远怀念您——小平爷爷！”“小平爷爷，您好！今天，严老师在课堂上跟我们说起了您，得此机会我才更加了解您，敬佩您，爱戴您！我知道您的骨灰撒向了大海，希望它变成一只只天堂鸟，永远把爱撒向人间！”“爷爷，我们也深情地爱着您……”

看着孩子们的表现，我感到欣慰。他们对这篇课文内容的悉心领悟和表达出的真情实意，就是对老师莫大的肯定和鼓励。

12 月底，我们恰好要学习那个学期语文课本的最后一篇——《同一个名字》，课文讲述了这样一个故事：沃尔特·詹森到美国来打工已 40 年，他一直在工厂做领班，大家很爱戴他。当地有一项被称作“回乡之旅”的传统活动，即每年 12 月，本教区的 2000 个外来家庭总要聚会一次，每家拿出 5 美元，放到一个罐子里，再用一张纸条写上自家的姓名。然后，选出一个人蒙上眼睛来抽签，被抽中的家庭就可以用这笔钱回乡探亲。聚会当天的下午 3 点，钱凑齐了。在抽出幸运家庭之前，主持人叫着沃尔特的名字，当众送给他一块匾，表彰他在当地的辛勤工作，感谢他多年来给予大家的关爱。接着沃尔特·詹森幸运地中奖了，欢呼声震耳欲聋。其实，每张纸条上虽然笔迹不同，但是都写着同一个名字——沃尔特·詹森。

学习完课文，学生们对这个故事展开了讨论，有的说应该向沃尔特·詹森学习，只要你心中想着别人，别人也会想着你，尊敬你；有的说这些移民很有爱心，非常了不起……有个孩子却站起来说：“我觉得如果沃尔特知道了真相，他是不会接受的。”这句话引起了大家的热烈争论，最后，争论不休的孩子们把这个问题抛给了我。

看着孩子们期待的眼神，我说：“如果我是沃尔特，我会接受的，因为这是所有人共同的心愿。就像今天早上你们给我送来贺卡一样，我前几天已经说过不要买贺卡了，如果大家都这样送，那该让地球妈妈失去多少衣裳呀！可是今天早上，我还是收到了不少贺卡，如果我不接受而退给你们，你们一定会很不开心，所以我收下了。我把贺卡贴在教室后面的墙报上，用来装点我们的教室，欣然满足大家共同的美好愿望，这样的做法岂不是更好？”

我看到学生们的眼睛都亮晶晶的，他们不仅为沃尔特数十年默默奉献所赢得的尊敬和回报而欣喜和叹服，而且也从讨论中认识到顺应大家共同的期待和心愿即是一种更好的回馈和满足。

感悟：

语文课堂和教学充满了故事，当你在认真讲述一个个故事时，一种潜移默化的教育便弥漫于孩子们美好的心田，这种润物无声的力量会孕育出纯洁的心境和善良的言行。我们讲述故事，却也不自觉地走进故事里，我们自己也更接近真实，将最真挚的情感传递给孩子，这就更加接近了语文教育的本质，其结果往往带给我们更多的惊喜。

二、在故事里捕捉教育契机

有时候，教育需要等待，要等待适当的时机，把握教育的时机，就能事半功倍。在语文课堂和教学中，我们要学会在语文课发生的故事中把握教育的契机，入情入理地引导孩子。

学习《田园诗情》这篇课文时，在理解词语的教学环节，有个孩子提问“彪悍”这个词语的含义，班上马上有同学解释说这个词有动物强壮勇猛的意思。

文吉同学突然站起来，满腹怨气地说：“李辉说我很彪悍！”他满脸的不开心，看得出来是很不满意这个词被用在了自己身上，想趁此告上一状。

“这样说也未尝不可，‘彪悍’既可以用来形容动物，也可以用来形容人，何况你看上去的确身体强壮敏捷，我想李辉同学对你并没有恶意。”听我这么一说，同学们都笑了。

文吉刚转学来的时候何止是“彪悍”，简直还有点儿“野蛮”。他三天两头找人打架，上课的时候，经常不经意地把脚搭在课桌上，对任课老师也很不友好。有一回，同学们检举他说老师坏话，他却不肯认错，结果全班同学罚他念了三遍孟子的教导：“爱人者人恒爱之，敬人者人恒敬之。”从课堂上的这种情况看，文吉已经不再喜欢被人贴上强壮勇猛的标签了，这也是件好事，我一定不能错过这个教育的好机会。

我继续抓住这个话题：“老师看得出你不喜欢别人将这个词用在你身上。那么，大家来说说看这个词会给人一种什么感觉。”

“力大无比。”

“很强壮，很健壮。”

“可是，感觉有点粗鲁。”

“有点蛮力。”

孩子们一个个争先恐后地回答。

“这样说还真是不大合适，更何况我们文吉现在已经有了很大进步。那么，同学们通常喜欢别人用什么词来形容自己呢？”

“儒雅。”

“优雅。”

“文静。”

……

“是呀，如果别人乐意用这些美好的词语来形容你，那你一定是个有修养、有学识的人。”孩子们总是会追求感觉上很美好的东西。

我望着文吉很认真地说：“我希望文吉身上能散发出儒雅的气息。”

“多读书就会。”同学们马上给出了建议。

“要讲文明、识礼仪。”

“我看过柏杨写的《我们要活得有尊严》，里面讲到文明人低声细语，野蛮人又叫又嚎。我希望文吉的语言能更文明。”石琳说话的语气特别诚恳。

“我希望他自己不开心的时候不要让别人也不开心。”

“要学会换位思考。”

“要懂得宽容别人。”

看到同学们议论得这么热烈，我赶快趁此时机表达了自己的看法：彪悍是表现男子汉的强壮威猛，阳刚之气。假如我是文吉，我会很愿意别人用这个词来形容我，因为那是在赞美一个男孩子的豪放粗犷。当然，豪放不是野蛮，粗犷不是粗野。假如我是文吉，我也愿意接受同学们的建议，“腹有诗书气自华”，让自己在“动”中展现出彪悍，在“静”中散发出儒雅的气质。

下课后，文吉找到我的办公室来了，他很认真地告诉我：他不再抗拒和排斥“彪悍”这个词，同时更乐意努力养成儒雅的气质，他认识到做一个儒雅的人不仅要讲文明，有正义感，还要有学识。我告诉他还应该注重培养自己的修养和礼仪，因为儒雅是出自内心的一种气质。文吉很用力地点了点头，我看到了他的决心和诚意。

感悟：

语文教学不仅要如实地传递知识，更要重视精神和气质的化育。作为语文教师，要敏锐地捕捉发生在语文课堂中的每一次思维灵感的闪现、每一次稍纵即逝的教育契机，并加以引导、点拨、鼓励，或引发一次争辩，或挑起一场探讨，或促成一次反思，其蕴含的教育功能和目的必定会有恰如其分的反馈。

三、和孩子们一起演绎故事

作为语文教师，我们不仅在课堂上讲述别人的故事，有时候也和学生们一起演绎自己的故事。这些故事不仅是一次次美好的回忆，而且那些点滴间的真情和感动，也在提升我们的人生境界和认识。

有一年的教师节，我一大早就在学校门口看到几名手捧鲜花的学生进入校园，远远地都能闻到我最喜欢的百合花散发出来的清香。以前每年教师节前，我都会告诉学生不要花钱买礼物，偏偏那次忘了这个例行的叮嘱，不免暗自埋怨自己。

教室里已经来了不少孩子，未进教室门，我就透过窗户向他们望去，看到他们手上没有鲜花和礼物，我不禁松了口气。孩子们没有像平日那样朗声读书，而是小声议论着什么，见我进门却立即停了，还略带神秘地朝我笑。不过他们很快恢复了晨读，琅琅的读书声清脆悦耳，我也满意地走回了办公室。

第一节本来是何老师的数学课，却有学生跑来邀请我到教室里去。走进教室，我才发现一朵朵小花从课桌的抽屉里探出头来，孩子们极力想用身体掩住它们，脸上带着止不住的笑意。

我还未缓过神来，乐曲声缓缓响起，孩子们齐声唱起《每当我走过老师窗前》这首歌，清澈透亮的童声顿时响彻教室。我是多么喜欢这首歌啊！小时候，我就时常唱起这首歌，憧憬着有朝一日也能成为一名让人敬爱的好老师，没想到在那个教师节，孩子们把这首老歌送给了我。聆听着这世界上最纯美的声音，我的眼泪不自觉地流了下来。小机灵张焕宇悄悄地把一张面巾纸递到我面前，就在我擦眼睛的那一刻，无数双小手高高举起，一支支可爱的鲜花、一张张亲手制作的贺卡拥到了我的面前……当歌声暂歇，孩子们全体起立，齐刷刷地行了一个队礼。我眼前又一次模糊了，我闻到了百合花散发出来的淡雅的香气，那么清醇，沁人心脾……

在当天交上来的日记里，孩子们记录下了他们当时的心情。“我捧着三束鲜花来到教室。严老师还没来，赶快，把花藏起来。哎呀！严老师来了，呼！还好，没发现我的花。啊！黄馨萍，你胆子好大啊！当着老师的面把鲜花拿进教室，我们的‘A’计划呀！什么？没看到？好吧！下不为例！这可不能穿帮呀！嘿嘿，还好我们还有一半计划……”“我们唱起了歌：‘静静的深夜群星在闪耀，老师的房间彻夜明亮……’在歌声中，我们带着微笑，把鲜花和礼物献给了老师，我发现老师的眼睛湿润了，我觉得自己已经长大了！”“我们把一束束鲜花，一张张贺卡，放在老师温暖的手中，此时，鲜花代表我们的千言万语，贺卡代表我们衷心的祝愿。老师用温柔的眼神看着一张张充满童真的脸，我想：爱就是这样的吧！”“看着老师们被鲜花包围，我心中涌起了深深的敬意，我们一起向老师敬礼，这个礼，一定是我们师生之间最深刻、最美好、最感动的回忆。”

孩子们说的没错，他们真的长大了，他们对老师真挚而深情的爱确实是我们师生之间最深刻、最美好、最感动的回忆！是他们让我经历了一次精神的洗礼，我和孩子们共同的故事，不仅见证了他们的成长，也升华了我自己。

感悟：

语文课堂充满了故事，讲述着别人的故事，讲述者也不自觉地进入了故事。课堂上，我给孩子们送上故事，课堂外，孩子们又把我带进了故事，我用故事引导他们成长，他们用故事丰满我的人生经历。

教育，有着春风化雨的滋养；故事，有着润泽心灵的魔力。语文教育，就是师生间最温暖的故事。

让习题展示美丽的"微笑"

从某种意义上说，练习是富有色彩、充满情趣的引导，是学生前进的阶梯，是学生多方位、多角度提高语文素养的助推器。近年来，我在语文作业的设计上，充分发挥语言文字的"亲和"功能，让语文作业题展示出真挚、美丽而迷人的微笑，让学生爱上练习题，爱上语文。

一、人性化、情感化的表达方式

1. 请你用"____"画出文章中最能打动你的句子，并说说为什么。

2. 有位同学在摘抄词句的过程中，由于一时马虎出现了一些错别字，你能帮他找出来再改改吗?

3. 我有一些问题想提出来和大家讨论："焦急"与"耐心"是一组反义词，可课文中的老奶奶为什么能"焦急而又耐心地等待着"呢?

这类题目有很强的亲和力。它采用商讨式、征询式的语气，蕴含着调动学生主动参与的情感因素，把人文修养寓于语文能力的培养之中。它关注的是"你怎么理解的""说说你的理由""请你来参与""谈谈你的看法"等，在这种"话语"情境中，因为"目中有人"，学生作为"你"而突显出来，他们乐意按要求去尽情抒发个人的想法、意见，对问题给出不同的解读。学生在练习过程中有"自我感"和"亲历感"。学生的生活体验、独特感受在练习中受到了充分的尊重，有了"合理合法"的地位，从而也更好地实现学生与文本对话的目的。

二、生活化、情境化的语言积累

1. 朋友即将远行，从你学过的诗词中找一句合适的送给他：________________________________。

2. 老师请你用名言警句或者诗词佳句布置教室的墙壁，你会选：________________________________。

3. 请你仿照例句，根据情景填写你平时积累的优美诗句。

例：欢度春节（千门万户曈曈日，总把新桃换旧符）

孝敬父母（　　　　　　　　　　　　　　　　）

勤奋学习（　　　　　　　　　　　　　）

春色宜人（　　　　　　　　　　　　　）

这类题目有利于学生重视积累语言，拓展学生的阅读视野，丰富学生的语文内涵，促进学生的语言运用与表达水平的提高。练习时，学生有很多的选择机会，他们完全可以在自己积累的众多语言素材中，挑选自己认为最佳、最感兴趣的写下来。练习的过程实质上也是不断激活生活体验的过程，同时，丰富的生活体验也能激发学生的学习热情。

三、多元化、立体化的思维训练

1. 你能选出自己认为最合适的词语，并说出选择的理由吗？

旺　浓　闹

红杏枝头春意（　　）。

起　动　翻　皱　拂

风乍起，吹（　　）一池春水。

2. 读下面的句子，将联想到的词写下来。然后用你最喜欢的表达方式接着写下去。

月亮，她软步走下云的梯子……

春来了……

大海一片宁静……

3. 你可以用这些词语连成一首小诗吗？

	小鸟	捧出了花
	蝴蝶	唱出了歌
春天来了	柳树	跳起了舞
	小溪流	捉起了迷藏
	小朋友	笑呀笑哈哈

这类练习既在课文之中，又在课文之外，既是语文的，又是人文的，给了学生极大的思维空间。学生完全可以凭个人的兴趣和爱好去完成，只要是合情合理的都应该算是正确的。这样的设计不在多而在于精，只要新鲜而有趣，就可以引发学生无穷无尽的想象，拓展学生的思维，激起学生强烈的求知愿望，点燃他们心中创新的火花。如上面的第2题，学生既可以从现实的角度回答，也可以以童话的心理作答，还可能设想出许多老师都不可能想到的答案来。学有结果固然重要，但是，在学习过程中形成的学习态度、探究精神、思维方法和学习方式往往比学习结果更有价值。

四、自主性、合作性的阅读要求

1. 读了短文之后，请你试着和同学们一起设计几项阅读要求：

· 查找一些有关作者冰心的资料。

· 好好品味文章中的精彩句子。

· ____________________

· ____________________

2. 写读书笔记，不仅能使我们深入理解、牢固掌握所学知识，而且有助于我们积累语言，丰富学习资料，我们一起来交流交流读书的好方法吧！

· 我想把一些佳词妙语摘录在本子上。

· 我想把最有意义、体会最深的部分写成心得笔记。

· 我的方法是：____________________

以上练习尊重了学生阅读的个性化行为，珍视学生独特的感受、体验和理解，注重探究内容的开放和整合，强调过程的合作和实践，为学生达到学习目的提供了问题情境和活动方式，促使学生在轻松愉悦、合作交流的过程中增强语文素养，塑造健全人格。

不是为了重复和指责，而是为了促进和提升；不是为了比较和否定，而是为了沟通和赞许。你能学，你能评，你能悟……这也许就是我们所要的开放而有活力的个性化练习。

在研究中学习研究

一、开展古诗文研读活动的实践及反思

语文的综合性学习是形成“自主、探究、合作”学习方式的重要途径。它重在学科内外的联系，重在学习过程，注重激发学生的创造潜能，能较好地整合知识和能力，尤其有利于在实践中培养学生的观察感受能力、综合表达能力、人际交往能力、搜集信息能力、组织策划能力、互助合作和团队精神等。在语文综合性学习中，开展小课题研究，它是一种在教师引导下，学生自主进行的一种研究性、反思性、批判性的实践活动。这种活动，强调学生在教师指导下，从自然、社会和生活中选择和确定语文专题进行研究，并在研究过程中主动地获取知识、应用知识和解决问题。

古诗文以其语言精练、内涵丰富的特点，成为我国优秀传统文化中的瑰宝。在诵读古诗文的活动中，我们倡导研究性学习，通过组织学生参与小课题研究，既培养了学生的合作能力、自主探究能力，也提高了学生的理解、赏析和评价的能力。

我们确定古诗文小课题研究的目标，就是要让学生在研读古诗文中“学会研究”。从选择课题，到搜集资料、选择资料、提出独到见解，再到最后展示研究成果，都坚持让学生自主选择和主动探究，为学生个性充分发展创造空间。我们重视帮助学生带着问题去学习，重视学生探究兴趣的激发，重视实践过程中的体验，让他们在实践中，学会探究，学会创新。

（一）我们有新发现：研读古诗《相思》

“红豆生南国，春来发几枝。愿君多采撷，此物最相思。”王维的《相思》脍炙人口。在这次古诗研读活动中，我们学习小组的几个同学决定一起研究这首古诗。

研究什么呢？

蒋山秀吉说：“我想研究人们为什么要将红豆称为相思豆。”

宋俊池说：“我喜欢诵读。我想研究怎么才能把这首诗歌朗诵好。”

容蓉说：“我特别喜欢看书。我要再去找其他写红豆的文章读一读。”

其余的同学说：“哎呀，好题目全被你们选了。我们回去再仔细研究研究，一定要想一个好题目！”

我们约定一个星期后，交流我们的研究“论文”。

那几天，大家都忙起来了。我们找了很多资料，有的同学还一起研究。每个人都笑眯眯的，看来收获都很大。

到了交流论文的时候，蒋山秀吉和蒋山睿祥抢先一起登台。一人宣读研究报告，一人在电脑上展示图片。蒋山秀吉说：“现在我们终于知道了人们为什么要将红豆称为相思豆了。红豆是一种生在岭南地区的植物，果实如豌豆，色彩鲜红。相传，古时有位男子出征，其妻朝夕倚于高山上的大树下祈望，以泪洗面。泪水流干后，流出来的是粒粒鲜红的血滴。血滴化为红豆，红豆生根发芽，长成大树，结满了一树红豆，人们称之为相思豆。”蒋山睿祥赶紧补充：“这样说来，还有什么比红豆更好地寄托相思的果实呢？”

宋俊池说：“我在联系诵读这首诗歌的时候，发现这首诗含有四种语气：‘红豆生南国’是陈述的语气，只是简单地告诉；‘春来发几枝’用了疑问的语气，在此显得亲切自然；‘愿君多采撷’用了祈使的语气，要求中寄托着深情；‘此物最相思’，是感叹的语气，将相思的寓意揭示了出来。一首诗里集中四种语气，真是太妙了！你们听我朗诵这首诗吧。”

宋俊池的朗诵赢得了大家热烈的掌声。

容蓉自信地说：“请先给我一点掌声，我一定会给大家一个惊喜！”大家一边鼓掌，一边急切地等待着她继续往下讲。

容蓉不急不慢地说：“我在网上不仅找到了许多写红豆的文章，还惊奇地发现，很多厂家都用‘红豆’做商标名称。例如：红豆衬衣、红豆饰品、红豆南国鞋，甚至还有红豆沙馅……因此，我有一个想法：我要去注册一个红豆商标，作为一种手机的名字。我相信红豆牌手机一定会走向世界、风靡全球！”

“哈哈……”

【评析】

古诗《相思》学完了，而同学们的思考并未结束。循着一个个新奇的问题，小读者们去阅读，去探寻，一个个新的发现多么精彩！特别是容蓉同学，本来想要研读关于“红豆”的文章，却搜集到许多以红豆命名的商标，又突发奇想，自己注册商标。真是“没有预约的精彩”！学习就应该这样，思考不止，发现不止！

（二）为什么只写“一枝”：研读《游园不值》的用字艺术

学习宋代诗人叶绍翁的《游园不值》时，薛竹铭同学提出一个问题：既然是“春色满园”，为什么出来的红杏只有“一枝”呢？对呀，好多同学也有同样的疑问：用“数枝”或者“千枝”岂不更好？老师没有回答我们的问题，笑着要我们自己在课外去探究，寻找答案。

下课以后，我们几个同学组成了一个研究小组，薛竹铭做组长。我们分头去找资料。有的到图书馆借书，有的到网上查资料。薛竹铭还专门请教了做大学教授的外公。不到一个星期，我们都搜集到了很丰富的资料，每个人的收获都很大。大家对这个问题有了许多新的认识。

这天，我们决定向全班同学介绍我们的研究成果，并邀请语文老师做指导。薛竹铭主持会议，我们争先恐后地发言。

李舒扬说：“我认为‘一枝’好。我从一些资料上了解到，作者所描写的是初春，尽管是春色满园，但是，能够探出墙头的也只有‘一枝’。”

罗秋蔚说：“一枝反而更加能激发诗人要进得园去探春的欲望，更能引起读者的联想。这就是古人说的一叶知秋，管中窥豹。”

被称为小博士的刘天一引经据典地说：“老子曾经讲：道生一，一生二，二生三，三生万物。一乃无穷尽。没有这个‘一’字，就难以想象那个‘满’字。‘一’和‘满’是相互衬托的。所以，一枝红杏不是单调的，从这一枝便让我们感受到了那满园繁花似锦的春色。”

组长薛竹铭说：“叶绍翁虽然没有描写园里数也数不清的红杏，而只写了一枝。其实这一枝就是满园春色的代表，通过这一枝，我们就能感受到那园里的浓浓春意。”

欧芷君却有不同意见，他说：“我认为还是‘数枝’更好点。‘一枝’还是太单调了。”

这时，大家很想听听老师的意见。老师也发表了自己的见解：“这个‘一’字，展现在读者面前的并不是一枝孤单的红杏，而是满园绚丽多彩的春景的缩影，所以‘一’字起到了画龙点睛的作用。恰恰也是因为‘一’字，才使得这句名诗流传千古，万人敬仰。”

老师还表扬了我们主动探索的学习态度。

交流会就要结束时，刘天一同学又提出一个新的问题：“我认为‘满园春色’比‘春色满园’更好。”

一石激起千层浪，大家又进行了热烈的讨论。

这次学习活动，我们的收获很多。最主要的是，我们认识到学习不仅要会思考，还要积极探究，自己去寻找问题的答案。在这个过程中，同学之间相互交流，就能有更多的收获。我们以后还要多进行这样的学习。

小读者们抓住了诗句中的“一枝”和“满园”的关系开展研究性阅读，品诗味，感悟古诗用词的精妙。从“一枝红杏出墙”炫耀春天的美丽，感悟到诗人叶绍翁的心灵已经被满园春色占满了的情感。最可贵的是，他们不仅探究原有问题的答案，还在研读的过程中产生新的问题。

（三）活动经验分享

语文综合性学习作为一种全新的课型，它在教学理念、教学方式、评价方式等诸多方面为我国的语文教育开辟了一个新的教学领域，为学生个性化的全面发展创设了一个良好的环境空间。在开展小课题研究活动中，我们坚持让学生自主选择和主动探究，从课题的产生，到研究方法的选择，再到研究成果的展示，无不体现这一原则。

在小课题研究中，我们确定的学习目标是：获得亲身参与研究探索的体验；培养发现问题和解决问题的能力；培养搜集、分析和利用信息的能力；学会分享与合作；培养科学态度和创新的精神。小课题研究的重点应该在“学习研究”上。

重视实践过程中的体验，提高学生对问题探究的兴趣是第一位的，比研究结果（在活动中获得的作品）更重要。让学生带着问题去学习，做到在实践中学会探究，学会创新，促进能力的发展和人格的健全。

二、美景、美文、美的心灵：品读赵丽宏的《山雨》

我喜欢读赵丽宏的《山雨》。伴随着作者独特的感受和神奇的想象，山雨，迈着轻盈的脚步向我走来。于是，山林中一曲带着梦幻色彩的交响曲，便神奇地从四面八方飘然而起，一幅融化在水淋淋的嫩绿之中的山林雨景图，在雨雾中流动，流进了我的眼睛，流进了我的心胸。

初读，好似饮甘泉，清新凉爽，沁人心脾；再读，犹如品香茗，口舌生津，余香满口。

（一）景美

古往今来，雨，在文人的笔下是多姿多彩的。韩愈笔下的雨是细腻的，“天街小雨润如酥，草色遥看近却无”（《早春呈水部张十八员外》），小雨如酥酒之初熟，甘滑、润泽。苏东坡笔下的雨是急促的，“天外黑风吹海立，浙东飞雨过江来”（《有美堂暴雨》），雷声轰鸣，乌云密布，黑风从天外刮来，大海为之竖立，足见其凶猛。朱自清笔下的雨是纤细的，带着江南春天的朦胧情趣，“像牛毛，像花针，像细丝，密密地斜织着，人家屋顶上全笼着一层薄烟”。而赵丽宏笔下的山雨却别有一番独特的意蕴。

山中的雨，来得突然，跟着山风，跟着云雾，飘洒俊逸，悄悄地来了。

山中的雨，未见其形，先闻其声。雨声，从很远的山林里传来，从很高的山坡传来。雨声变化多端，由远及近，由轻细而响亮，神奇地从四面八方飘然而起，像是有千百双手参与的器乐合奏，大弦嘈嘈，小弦切切，“嘈嘈切切错杂弹，大珠小珠落玉盘”，在最激昂的旋律处，戛然而止，只留下几声清脆的余响，“叮——咚——叮——咚”，让人回味无穷。

山中的雨带着独具个性的色彩——水淋淋的绿。这绿色只能观赏，不能复制，只能意会，不能言传。山中的各种色彩，山中的所有景物，都融化在这水淋淋的嫩绿中。于是，这清新的绿色之中，便有了无数鲜活的生命在跃动。

山雨之美，有形，有声，有色，美得清新别致。

（二）文美

像雨中美景一样清新别致，包括文章的语言。

赵丽宏的散文，在语言追求上是独特的，有一种精致的美。有人称赵丽宏的散文为“美文”。

《山雨》的语言有着美妙的节奏和韵律。起承转合，轻重缓急，峰回路转，高潮迭起，戛然而止，余音袅袅。文中对雨声的描摹，更是出神入化。

“沙啦啦，沙啦啦……”这是山雨刚来时的窃窃私语，节奏轻而缓，仿佛还带着一丝羞涩。

“像一曲无字的歌谣，神奇地从四面八方飘然而起，逐渐清晰起来，响亮起来，由远而近，由远而近……”这是山雨逐渐下大的奇妙情形，像是有一双无形的手在指挥，渐强，渐强，直到乐曲的高潮。

“凝聚在树叶上的雨珠继续往下滴着，滴落在路旁的小水洼中，发出异常清脆的音响：叮——咚——叮——咚……”这是山雨戛然而止后的余响，余音袅袅，情思悠长。

朗读《山雨》，你的情绪会不由自主地随着文章的节奏而起伏，百读不厌，每读一遍都会有新的感悟。

《山雨》灵动精致的表现艺术还在于意象的运用。诗歌总是用意象来说话的。《山雨》是用意象说话的散文诗。山雨本来是无形的，然而在作者的笔下，“飘飘洒洒的雨丝是无数轻捷柔软的手指”，雨声“像一曲无字的歌谣”。山雨本来是无色的，然而在作者的笔下，这“水淋淋的嫩绿”，只要见过，便很难忘却。山雨本来是无情的，然而在作者的笔下，清脆的“叮咚”声，是一场山雨的余韵，连不知名的鸟儿啼啭，仿佛也是在倾吐着浴后的欢悦。

意象的运用，表达了作者独特的感受和想象，使文章有一种空灵之美。

（三）心灵之美

赵丽宏曾经把好散文归结为三个因素：情、知、文。情，即感情、真情；知，即知识、学养；文，就是独特的文学个性和与别人不一样的表达方式。赵丽宏认为，散文是非虚构的文体，文字最动人之处在于真诚，“真就是美”。

《山雨》之所以写得这样灵动、精致，不仅是作者的妙笔生花，而且所有空灵的想象，所有独特的感悟，所有精妙的语言，全来自作者真诚的心底。记得一位哲人曾经说过：一个热爱大自然的人，一定是一个热爱生活的人！正因为有作者对自然的热爱，对生活的热爱，那情思，那妙想，才会从他的心底汩汩流出。

因此，我们读《山雨》，首先要成为一个热爱生活，热爱自然的人。爱之愈深，感悟才会愈多。

三、情境交融，情文相生：《台湾的蝴蝶谷》一课的情境创设

《台湾的蝴蝶谷》是一篇描写自然风光的优美文章，作者以细腻的笔触向我们展现了台湾的蝴蝶谷每年春季瑰丽而壮观的景色。本文的教学旨在让学生从文字的表面意义去探究字词的韵味，品味语言的情趣，形成对语言文字灵敏的嗅觉，从而由语境生发情境，创设那“草色遥看近却无”的境界。

案例一

师：美丽的蝴蝶谷是怎么形成的？

（随机出示句子：每年春季，一群群色彩斑斓的蝴蝶飞过花丛，穿过树林，越过小溪，赶到山谷里来聚会。）

师：这句话老师还想这样说：一群群色彩斑斓的蝴蝶飞过花丛，飞过树林，飞过小溪，赶到山谷里来聚会。你们看可以吗？

生：课文里的句子好，我觉得“飞、穿、越、赶”这几个词很有变化。

师：那老师也变化用词，把“穿”和“越”交换，你们读读看，行不行？

生：我觉得还是课文里的句子好，树林很大很大，小小的蝴蝶越过树林，会很累很累的。

生：蝴蝶不会游泳，从小溪中穿过，翅膀会被淋湿，就不能赶到蝴蝶谷去了。

生：如果蝴蝶从溪水中穿过，会淹死的，我们不忍心让蝴蝶淹死，所以我们不同意把两个词交换。

……

师：看来我们写文章不仅要注意用词变化，还要做到用词准确。老师再读一遍这句话，看看你们还能听出些什么。

（师读出蝴蝶赶到山谷时喜悦、急切的心情。）

生：我听出来了，它们是迫不及待地要来参加蝴蝶的聚会。

生：我听出了它们心中的快乐。

生：我好羡慕它们，我也想变成一只蝴蝶。

生：蝴蝶的聚会一定很美。

师：你们透过"飞过、穿过、越过、赶到、聚会"这一系列动作，体会到了蝴蝶赶往山谷的急切心情。群蝶飞舞，色彩斑斓，这赶路的过程本身就是美丽的，所以这些山谷也有了一个美丽的名字——

生：蝴蝶谷。

案例二

师：孩子们，你们愿意用读的方式带着老师到蝴蝶谷中走一走吗？

（播放优美的轻音乐，学生读课文。老师请一个女生朗读，她读得很有感情。）

师：谢谢你带我们来到了迷人的蝴蝶谷，你为什么读得这么好，能告诉大家吗？

生：我读的时候眼前全是黄色的蝴蝶，好像到了一个金色的世界。

（出示多媒体画面，展示黄蝴蝶飞舞的情景。）

师：孩子们，你们惊叹什么？

生：哇，黄灿灿的一片，多么耀眼。

生：我的眼前像出现了一片油菜花地，金黄金黄的。

生：我觉得好像看到了金黄色的大海在翻滚。

师：是啊，在树木花草间，山石溪水畔，黄蝴蝶一只挨着一只，一片连着一片，浩浩荡荡，金光灿灿，多么壮观啊！

师：还有谁想读读这句话？

（学生入情入境地朗读。）

师：听到如此动听的朗读声，看到如此美丽的景色，此时此刻，你们有什么样的感受？

（有几个学生很想表达。）

师：不着急，请你带着这样的感受，把你喜欢的其他地方，再美美地读一读。

（学生读得很动情。）

师：在你们读的时候，我也在想象。我想象着我就是山谷里的一只美丽的大蝴蝶，我在岩石上，树叶上，绿草上，花朵上——歌唱着，舞蹈着……孩子们，闭上眼睛，让我们一起来幻想吧！

（配乐范读。）

师：睁开眼睛，告诉我：蝴蝶，你是什么样子的？

生：我是一只活泼可爱的小粉蝶。

师：你呢？

生：我是爱跳舞的紫蝴蝶。

生：我是蓝色的，我身上还有漂亮的花纹呢！

……

师：怪不得人们用五彩缤纷来形容我们，还把我们比喻成五颜六色、飘飘悠悠的花瓣呢！咦，小蝴蝶们，你们来山谷做什么呢？

生：我要和这里的花儿比美。

生：我喜欢在这仙境一般的山谷里舞蹈。

生：我喜欢这里新鲜的空气，喜欢随风飘来又随风飘去的感觉。

师：太美了，我觉得你们已经陶醉了。小蝴蝶们，我们一起再美美地读一读课文，让更多热爱自然的人们和我们一道在这迷人的蝴蝶谷里轻舞飞扬吧！

儿童是最富有情感的生命体，真实、鲜活的情境能丰富学生头脑中的表象，激发学生的想象力。我们看到学生在老师的引导下品词析句，揣摩赏析文章描写的恬静的美感；想象画面，对被感知的画面形成立体的形象；配乐朗读，将无声的文字转化为更能表情达意的有声语言，我们看到文章的内在情趣和学生自身的体验相得益彰，从而使学习过程如行云流水，自然、清新、灵动，充满了活力和魅力。

四、带着童心走近学生：《我不是最弱小的》教学漫记

《我不是最弱小的》这篇课文，讲的是萨沙一家人去野外郊游，突遇一场暴雨，他们只带了一件雨衣，妈妈把雨衣递给了哥哥，哥哥又把雨衣递给了萨沙。萨沙问妈妈为什么要把雨衣让给他，妈妈对他说："我们应该保护比自己弱小的。"善良、聪明的萨沙又把雨衣轻轻地盖在了花儿的身上。

多么可爱的萨沙，多么天真的孩子，童心像清泉般纯净。

令我欣喜的是，在我的课堂里，我看到了一群像萨沙一样天真可爱的孩子。

（一）说说你的发现

按照平时上课的惯例，在学生自学字词、读顺课文之后，便进入了他们最喜欢的课堂环节：说说你的发现。

第一个发言的是小精灵韦珂，她像发现新大陆一样兴奋地说："我觉得萨沙很聪明，妈妈说他是最弱小的，可他脑筋一转，却发现了比自己更弱小的小花妹妹。"

"妈妈说他是最弱小的，是拿他和谁比呀？"我问道。

"妈妈拿他跟家里人比。"

“为什么说他是最弱小的？”我追问。

孩子们七嘴八舌地回答：

“因为他年龄最小。”

“因为他力气最小。”

“因为他个子长得最矮。”

……

我又问：“萨沙为什么说他不是最弱小的呢？”

“因为他觉得花儿比他更弱小。”

“小草也比他弱小。”

“大自然中还有很多可爱的植物、很多小动物都比他弱小。所以，他要关心它们。”

看着孩子们一双双发亮的眼睛，我分明感觉到课堂中弥漫着一种温馨的气氛，如同轻轻拂面的和风，如同似有若无的天籁，给人一种缓缓流淌的惬意。我总是期待着在和谐、温馨、纯洁的氛围里孩子们能“深深卷入”。在这童心与童心彼此的接纳中，在这思想与思想的相互碰撞中，我沉醉其中。于是，我轻轻地告诉孩子们：“是的，萨沙很聪明。不过我觉得我的孩子们比萨沙更聪明，因为你们发现了他的聪明。”

（二）一个问题引发的“智慧大碰撞”

小调皮朱迪豪紧接着提出了一个引发“智慧大碰撞”的问题：“为什么这一家人出去玩，却只写了萨沙和妈妈的对话？”

“你读得真仔细！我都没有注意到这一点！”我赞叹道，“其他孩子发现这个问题了吗？你们是怎么看的？”

“我知道，因为萨沙和妈妈的对话是课文的主要内容。”

“是重点。”

“课题就是萨沙说的话。”

“这样写是紧扣课题。”

“我觉得妈妈和萨沙的对话，是作者最想写的、最想告诉大家的，所以也是最重要的。”小伟总结性地说道。

我兴奋地说：“对！作者最想告诉大家的内容就是最重要的。你说得很有道理。如果什么都花很多笔墨来写的话，这篇文章就会——”

“杂！”

“散！”

“没有重点。”

朱迪豪恍然大悟地说：“谢谢大家的提醒，我明白了，如果文章没有突出萨沙和妈妈的对话，那就会像一场没有主角的电视剧，你们说那多没意思呀！这篇课文里萨沙和妈妈就是主角。”真没想到刚刚提出问题的朱迪豪自己做出了一个如此圆满的解释。

我不得不惊叹孩子们有着巨大的学习潜能和丰富的想象力！也许，只有把孩子们引入百花丛中，让他们像蝴蝶一样，自由自在地采撷，像小鸟一样，尽情地歌唱，才能拨动孩子们智慧的心弦，激发起孩子们自由的、活泼泼的思想，让他们的话语如涓涓细水，潺潺而流；心门似春天百花园的柴扉，轻轻洞开。

（三）钻牛角尖“钻”出的精彩

大概是受到朱迪豪的激励，孩子们的问题一个比一个精彩。“小博士”廖坤健也不甘落后，站起来“咄咄逼人”地问我：“您说‘君子动口不动手’这句话说得对还是不对？”

这小家伙看书多，知识面宽，思维跳跃性很强，突然问这个问题，不知他葫芦里卖的是什么药。

“‘君子动口不动手’这可是一句广为流传的老话哟，有什么不对吗？”我还是“悠”着点好。

“如果我们都说要保护最弱小的，却又都‘君子动口不动手’，那怎么办？”

他是由萨沙“动口又动手”地关心弱小的小花，想到了“君子动口不动手”的古训，并且忽然质疑起它的正确性。哈哈，你看他思维跳得多远啊，这不是存心在钻牛角尖吗？可看他一本正经的样子，又让人觉得真有那么一份难能可贵的“忧患意识”，我可不能因为自己的疏忽而“扼杀”了它。

“你提的这个问题很有思考价值。”我没有立即回答他的问题，而是指了指每天课前五分钟让学生背诵的“名言警句”。正巧，今天学的是一句孔子的“三思而后行”。

我学着他的样子反问道：“你说这句话对还是不对？”

“您不是说这是经典名句吗？当然是对的啦。”

“可是，如果一个小妹妹摔倒在我们身边，需要我们的帮助，我们是不是要反复地思考再做出去扶她一把的决定呢？”

“不需要三思而后行，应该立即帮助小妹妹。”

“两个同学之间有矛盾时，应该心平气和地讲道理，而不能动手打架。这叫——”

“君子动口不动手。”

“帮助弱小的，不仅是在嘴上说说，更要像萨沙那样立即行动。这叫——”

“君子动口又动手。”

“我知道了，理解一句话，要根据具体的情况做出判断。”廖坤健若有所思地说道。哇，真不愧为我们班的“小博士”。

“对。这就是老师跟我们说过的结合语言环境来理解词句。”孩子们好像都“悟”过来了。

“真聪明，不过廖坤健的担心也不无道理，‘要帮助比自己更弱小的’，你们可不能光嘴上说说哟！”我觉得很有必要保护他的热情。

“老师，您放心！”

（四）您就是课文里的妈妈

快下课的时候，一名学生站起来迫不及待地告诉我：“老师，我觉得您就是课文里的妈妈。”

“老师，我也觉得您长得好像图上的妈妈。”教室里顿时热闹起来。

“发型也很像。”

“说话的语气特别像。”

“你平时就是像她这样和我们说话的。”

“……”

看着孩子们一脸的认真，我不由得心神摇曳。“水尝无华，相荡乃成涟漪；石本无火，对击始发灵光。”课堂上，老师把学生看作心上的朋友，学生将视教师为眼中的亲人。理，摆透了；情，交融了。哪有心灵不能点燃？哪有心花不能绽放？就是这些孩子，每天都能让我这么满足。

这一课堂，没有做过多的“精心的设计”，课似乎教得很散漫，很随意。但正是这种散漫和随意，才没有给学生过多的束缚，才使学生的心灵和思维如活泼的鸟儿，在课堂上自由地飞翔。在这轻松的氛围中，教师带着和孩子一样纯真的童心，和他们平等地对话、真诚地交流、由衷地欣赏与信赖。心灵的碰撞，产生了绚丽的智慧火花，师生在心与心的交流中共同拥有了这无比珍贵的生命时光！

五、奇异的漫游：在科幻的世界

从小到大，千奇百怪的故事一直伴随大家成长，其中，科幻故事因具有神奇的想象力吸引了众多的读者，你愿意读，我愿意读，大家都愿意读。那么，你是否也有过这样或那样的幻想：到广阔的太空，去发现宇宙的奥秘；到神秘的海底，去探测丰富的宝藏；到未来的世界，去感受科技的进步……

想象和幻想常常稍纵即逝，如果你不把它们留住，它们就会像一阵风一样从你心里飘走，再也不会回来。让我们拿起笔来试着写一写想象中的科幻世界，自己也来创作出一篇神奇的科幻故事与大家共享吧！

《语文课程标准》提出：“在发展语言能力的同时，发展思维能力，激发想象力和创造潜能。”可见，想象力的激发是作文教学的重要任务。要让学生的作文充满鲜活的原生状态，就必须引导学生进行想象，让他们敢于思别人所未思，想别人所不敢想。让学生尝试写科幻故事，我们做教师的首先要为学生提供想象的天地，让他们尽情地展开自己想象力和创造力的双翼，构想异体形象，把抽象的概念具体化、形象化，由此及彼、由表及里，使文章的内容丰富多彩、富有情趣，让超越时空的想象创造出动人的意境。

其一，我们知道，科幻故事最显著的特点就是具有丰富的想象和鲜明的科学性。它往往是通过幻想的手法，把未来的事情当作现实来描写。这种幻想建立在现代化科学的基础上，反映当前少年儿童对未来科学技术发展的科学想象力，因此它又必须凭着小作者对科学知识的了解及其发展规律加以大胆的想象，构思出故事情节。可以是异想天开，但是，不能脱离客观现实，不能违反科学常识，必须以遵循客观规律为前提；反之，掌握不好，想象就成了空想和妄想。所以要写好科幻故事，就要引导学生多阅读、多观察，通过阅读积累、生活感悟，把大量的知识、表象和感悟储存在大脑中，为想象提供素材，“积学以储宝”，“积之愈厚，发之愈佳”。

其二，要善于引导学生整理和利用材料。积蓄了大量材料之后，如果没有经过认真、系统的梳理，而是让它们零零碎碎疏散于书本中，或储藏于头脑中，没有得到充分利用、发挥，想象也很容易架空。科幻世界在儿童的想象中总是充满着奇异的色彩，他们可以天马行空，神游万里，可以全然不理会几个想象之间的联系，不在乎思维的严密性，所以教师就必须引导学生根据所掌握的科学常识进行合理推测，想象科学发展的前景，帮助他们“飞向蓝天，潜入大海，跨过崇山峻岭，越过历史的长河……”，灵活地组合不同时空中的表象，创造新的艺术形象，让他们在科幻的辽阔天空抵达一切所向往的目标。

科幻故事，简单地说，就是具有科学幻想的习作。其主要特征是“科学+幻想”。

写科幻故事并不难，首先，新奇大胆的幻想很重要。幻想不是写实，幻想要从愿望出发。我们从小就有很多美好的愿望，有人希望成为一只鸟，能在天空自由飞翔；有人希望借到哈利波特的火箭弩，骑着它到火箭上去探险；有人希望不用上课，吃了某种巧克力，就会得到老师渊博的知识……只要发现现实中的东西不理想，就可以张开想象的翅膀，任它自由飞翔。不怕将来做不到，就怕现在想不到。其次，要有一定的科学知识。科幻故事除了从愿望出发之外，还需要有丰富的知识。没有知识，就不可能产生这些想象了，有了知识，才能有无穷的想象！如果知道氢气比空气轻，我们就可以做一个巨大的氢气球，去月球探秘了；如果知道蚂蚁在下雨前总要上树，就可以把它们想象成气象台的台长了；如果了解一些克隆的知识，我们就可以在想象中克隆一些自己喜欢的恐龙与它们一起玩耍了。你看，知识对于想象是不是很重要呢？

科学的幻想要有科学知识作基础，可它的源头还是来自我们的生活，为了使我们的发明设想在未来世界具有一定的社会市场，而且具有超前性和科学性，大家还要做一些准备活动。首先，对你所确定的科学设想领域现有的情况做一番调查了解，包括现在达到了什么程度，具备了什么水平，人们对它有什么期望，等等。其次，可通过课外书籍或图书馆，或相关网站来搜集有关的信息资料，为自己再充充电，加加油。我们还可以根据要求，开展调查、阅读活动。（活动量较大的，可放在双休日进行，相同意向的学生可组成小组共同进行，资源共享。）

制作美味的“异想天开”科幻故事大餐的时候，别忘了给自己一个提醒：(1)防止无根据的“漫天空想”。“想象”往往是现实生活中难以实现的愿望，并非是毫无意义的无中生有、胡编乱造。我们的科幻故事的内容要植根于生活，要有一定的科学依据，符合科学规律，千万不要胡思乱想，吹牛皮说大话。(2)防止写成纯粹的科学故事。科学故事是通过故事的形式普及科学知识，科幻故事不同于科学故事。科幻故事是饱蘸幻想的墨汁，描绘未来的美好前景。它首先要具备故事的特点，要有头有尾，情节完整；同时，故事情节要生动，多设悬念，充满趣味。

六、生活中的新发现：四年级下册“习作三”的教学纪实

“仔细回忆一下，最近你在哪里观察过什么，怎么观察的？观察的时候你发现了哪些新奇的事情？你有什么感受和收获？让我们一起来交流……”

在指导四年级学生准备这篇习作时，我力求创设一种互动生成、充满活力的课堂情境，把学生引进广阔而充满遐想的生活空间，产生情绪体验，情感共鸣，体验习作的快乐，自由表达感情。

（一）发现，从身边开始

习作的要求：生活中总会有一些新的发现，你发现了哪些感兴趣的问题？是用什么方法找到答案的？写一件自己在生活中新发现的事。要用心观察生活，体验生活，发现自己感兴趣的问题，并在实践中找到答案，记事要有顺序，有重点，写具体。

这次习作的训练目标是：①培养学生的发现意识和创新的意识，以及积极关注生活的态度；②引导学生通过观察或回忆选择习作素材；③训练学生按顺序，有重点地表达的能力。

生活中有很多奥秘，对于孩子们来说，他们并不缺乏生活，缺少的是发现。因此，引导学生留心观察，用心思考，在此基础上做到有所发现，有所感悟，这是这篇习作指导的重点。

一周前，我就对学生说：生活是多姿的，只要我们留心观察，就一定会有许多新的发现。这个发现既可以是日常生活中的发现，也可以是学习中的发现，甚至是玩中的发现……你也许会发现小蚂蚁的奥秘，你也许会发现提高记忆力的好方法，你也许会发现风筝飞得高的原理，甚至你会发现老师、同学的一个小秘密……用心观察身边的人、事、物，看看有什么新的发现；或者用心回忆自己脑海里储存的材料，想想曾有过什么样的新发现。

有些学生由于平时没有观察事物的习惯，观察能力不强，有的甚至不知怎样观察。我首先请会观察的学生介绍经验，然后让他们把自己的体会写下来，抄在班级的黑板报上，题目：观察，让我教你一招。学生的水平还真不错。请看：

要有一颗好奇的心、一双好奇的眼睛，去了解周围的世界。平时要处处留心，注意观察周围的事物的变化。(容蓉)

观察时要特别注意那些细微的变化，往往从这些细微的变化中，我们就可以有了新发现、新材料。(晓明)

养成随时记录的好习惯。可以设计一张表格，每天把看到的记下来，把新发现随时写下来。(康佩铨)

观察不仅是看，还包括问、摸、做、实验等。(李悦)

观察不仅要用眼睛去看，更要动脑筋思考。(柯城)

……

(二) 交流，擦出智慧的火花

在那一周里，每一个同学都睁大了好奇的双眼观察身边的一切。一周以后，我们组织了一次交流会，主题是：我的新发现。

“同学们，我们的世界丰富多彩。之前，老师要大家观察、调查，相信你们一定有所发现，有所收获。现在让我们畅所欲言，与大家一起分享发现的快乐吧！”我做了一个开场白。

任瑞琪第一个走上台，她说：“我在生活中是一个不爱说话的女孩子，我不爱说话并不代表我不爱思考，我有一个很丰富的世界，可是我不说谁能知道呢？家人都说我太文静了。有时，我也在思考：要不要去努力改变自己的性格呢？我有点儿困惑。就在今天整理自己绘画作品的时候，我有了一个美美的发现，我发现我的画笔在代替我说话，它说了我所有想说的话，原来我喜欢用这样的方式说话。原来我的画笔会说话！”

电脑迷邓斌说：“问我发现了什么？那还用说吗？一定跟电脑相关，我发现电脑是有呼吸的。”同学们一听，都睁大了眼睛问：“电脑怎么有呼吸?!”

邓斌得意地接着说：“是的，电脑会呼吸。事情是这样的……”

一向多愁善感的梁佳琳兴奋地说：“原来我以为只有女孩子才爱哭鼻子，没想到有一种树也会流泪。前天，因为我的调皮和无知让一棵珍贵的胡杨树流泪了，这件事太让我惭愧了。今天，我把它讲出来，也是想让大家知道后不再犯我这样的错误……”

学生们争先恐后地介绍他们的新发现。他们在自由、和谐的氛围中，敞开心扉，尽情畅谈，使其充分展示自己的语言风采，真实展现其对一些现象独特的认识与新的发现。

我让学生把自己的新发现写下来，要按照顺序写，特别要把发现的过程写清楚，当时是怎么想的、怎么做的，碰到什么问题，以及怎么在探究中解决的。

（三）评品，分享成功的喜悦

第二天批阅学生的习作，我欣喜地发现，这次学生的文章格外生动，我选择几篇优秀习作，跟大家分享。

我的画笔会说话

任瑞琪

大家都说我是个很文静、很可爱的女孩，唯一的缺点就是太不爱玩，太不爱说话了，还说我的心里一定很寂寞。

每天放了学，我总是拒绝同学们的邀请，急急忙忙地赶回家，拿起我心爱的画笔，在我的画纸上画了一张又一张画，我感觉自己像个小画家，可妈妈说这只能叫“涂鸦”。

为了争取画画的时间，我做作业的速度在不断提高，我还别出心裁地为自己的日记都加上了自配画，没想到老师很欣赏我的“涂鸦”，我还因此当上了班上的宣传委员呢！

昨天，妈妈给我下了“最后通牒”，说如果再不收拾好我的“涂鸦”，她就没收我的画笔。于是今天一放学回家，我就老老实实地整理我那“满天飞”的作品。我一张一张仔细地看，一边整理一边回忆我和画笔一起走过的日子——

瞧，那些引人发笑的脸谱、成串的音符、长了翅膀的小精灵，还有草原上奔腾的骏马，肯定是我最快乐的时候画的；这本什么都没有记载的书和这张没有人坐的椅子一定是我感觉孤独的时候画的；这群天空中自由飞翔的小鸟、在海里游荡的小鱼和这些把同学吓得尖叫的小鬼，不用说绝对是妈妈说我想入非非的时候画的。还有这飘落的雨丝、哭泣的蝴蝶……

我突然有了一个重大的发现，我发现我的画笔会说话，我发现它悄悄地透露了我的心思、透露了我的世界。

有画笔为伴，我不寂寞。

电脑也要呼吸

邓斌

被妈妈称为“捣蛋鬼”的我又有了一个重大的消息要通知大家。别紧张，这次我可没有搞破坏，而是正儿八经的发现哟！告诉你吧，我发现电脑跟人一样是要呼吸的。什么，问我是怎样发现的？别急，待我慢慢说来。

今天是星期六，我因为作业做得好，获得了妈妈的特批——玩电脑。我真是喜出望外。要知道，我可是无药可救的电脑迷呀！我疯狂地玩了好几个钟头的电游，直到妈妈勒令我赶快离开电脑，否则——当我无可奈何地退出游戏，恋恋不舍地摸了摸电脑，准备和它说再见时，却意外地摸到了一个长方形的会发热的东西，我把脸凑过去，咦，这怪东西还会发出“呼呼”的声音。呀！原来电脑是要呼吸的，一定是我刚才玩得太久，让它太累了，所以现在的呼吸才这么粗。于是我赶紧小心翼翼地把电脑关上。

我只听老师说过，动物、植物和人类一样是有生命的，难道电脑也是有生命的？这个问题我可要好好弄明白。我搬出了家里的电脑书，可看得我一头雾水，我四处问朋友，可他们都说是我在逗乐。我突然想起我认识的一个叔叔是个电脑专家，于是我拨通了他的电话。叔叔告诉我，我摸到的发热的东西叫 CPU，是电脑的一个主要零件，我听到的呼吸声是它边上的电风扇怕它烧坏了，在帮它降温呢！叔叔还说我的说法在他看来很有意思，在他眼里，电脑就是有生命的。

谢过了叔叔，我再去看我的电脑，我发现这个 CPU 的边上写着“请不要挡住通风口”。原来，电脑呼吸是为了自己能有更好的身体为主人工作。电脑会呼吸之谜总算水落石出了。

妈妈说我这次的发现不是捣蛋，她居然还认同了我的说法。

鱼是睁着眼睛睡觉的

康佩铨

昨天下午，爸爸不知从哪儿弄回了几条十分可爱的小热带鱼，乐得我什么也不想做了，搬了条凳子坐在鱼缸面前，眼睛一眨不眨地望着它们。

这些鱼真是有意思，它们的眼睛也一眨不眨地望着我，好像要和我比赛谁的眼睛睁得久。比赛的结果居然是我输了，天哪，难道这些小鱼永远也不用眨眼和睡觉吗？莫非我将有一个前所未有的重大发现！想到这里我不禁有点激动。不过，科学的问题马虎不得，于是我盯紧了这几条鱼。

晚上，我被爸爸妈妈拖到了床上，等他们睡着后我又悄悄地爬起来，拿着台灯溜到客厅，哼，今天晚上我不睡觉，我就是要看看鱼儿怎么睡觉。我瞪大眼睛望着他们，一条一条地仔细观察，直到我哈欠一个接着一个也没见它们眨一下眼。它们的眼睛全都是睁着的，可我记得老师跟我们说过，所有的脊椎动物都是需要睡眠的，以使疲劳的身体得以恢复。为了探个究竟，我抓起一条沉在鱼缸底下一动不动的鱼，仔细观察起它的眼睛来。我吃惊地发现鱼的眼睛没有上眼皮，怪不得它的眼睛完全睁着而不能闭合。

今天一大早，我就迫不及待地拉着好朋友容蓉来到了海洋馆，这里的管理员告诉我们，鱼的确是睁着眼睛睡觉的。有些鱼在白天睡，有些鱼在晚上睡。他带我们看了白天睡觉的鱼，还告诉我们，在夜间，可以看到鱼睡觉的姿势也是不同的。像平时爱动的绿鳍鱼、鲨鱼是趴伏在池底静止不动进入梦乡，而平时爱静伏水底的比目鱼，睡眠时反而漂浮在水面上。通过请教我还知道，昨天晚上我轻而易举抓到的那条鱼，就是处在睡眠当中的。

虽然鱼睁着眼睛睡觉的秘密并不是被我揭开的，但是经过这一天一夜的观察，我也收获不小哟！现在我最想做的一件事就是躺在床上闭上眼睛好好地睡一觉。

读了这些优秀作文后，同学们发表了以下见解：

肖凌：我觉得这几篇作文有一个共同的特点，情节很生动、很吸引人，读了以后就觉得仿佛看到了当时的那一幕。在《我的画笔会说话》里我看到了任瑞琪的一幅幅会说话的画，在《鱼是睁着眼睛睡觉的》这篇文章中我又好像看到康佩铨睁着一双发红的眼睛一眨不眨地观察鱼的样子。

苏进杰：这几篇作文也有不同的地方。不同就在于它们的视角不同。你没发现吗？他们的选材很有特色，没有拘泥于我们通常的那种小发明、小发现，而是——我有点说不上来了，反正就是很特别。

万一尘：是的，像这篇《电脑也要呼吸》就让我很有感触，我也爱电脑，像这样的现象我也见到过，看过邓斌的这篇文章后我就在问自己，我为什么没有想到文章可以这样写，所以我也觉得这些文章开阔了我们的选材视野。

童文：说到选材，我觉得最特别的应该是任瑞琪的这篇《我的画笔会说话》。开始我感觉好像有点不符合题目要求，细细思考，这难道不是她观察后的发现吗？这样的发现还与众不同呢！我还发现这篇文章都前后照应了她提到的“寂寞”，而且结尾简洁、有味道，我喜欢。

邓洼：我还从这些文章里看到一个过程，看到了他们发现问题，解决问题的过程。

陈观慧：我最欣赏他们对自己心理活动的描写，读他们的文章的时候，我就跟着一起紧张、一起开心。

章晨：我记得上个星期天，我去找康佩铨玩的时候，发现她的眼睛红红的，问了她才知道是为了观察鱼睡觉的秘密造成的。我好佩服她的这种探究的精神，我要好好向她学习。

……

听了学生的发言，我也发表自己的观点：“生活中充满了奥秘，如果你不去探究，奥秘就永远是奥秘，你就会永远处在‘不明白’之中，获得不了新的知识。想写好作文，首先要对生活充满热爱，其次是要细心观察，睁大‘探索’的眼睛。写作技巧固然重要，但它不是写好作文的根本基础。因为，再美丽的高楼大厦也不能在沙漠上建立起来。饱满的生活热情、认真探索的双眼，深切的出自个人的思考和感悟，会让你发现生活中别人忽略了的美，你写出来的还会和别人一样吗？

“从这组文章中我们可以看到小作者们的眼里充满了写作的素材，他们的习作完全是出自于一种需要，一种与人交流的需要。他们是在迫不及待地把自己心里的想法吐出来，把自己观察中的新发现告诉别人，他们需要表达，他们需要听众。

“正因为把写作当成了心灵的展台，所以他们的笔能够无拘无束，任意挥洒。”

最后，我提醒我们班的小作者们要在细心观察、大胆探索的同时注重观察的深度、注重知识的积累，也期待“小荷才露尖尖角”的他们能用生花妙笔记录下更多大自然的奥秘，描绘出更丰富多彩的生活。

《写给云》教学实录

课程简介：《写给云》是一节经典诵读课。通过吟诵有关云的诗文，使学生感受到云的美丽、快乐、自由自在，从而培养学生热爱生活、热爱大自然的美好情操，进一步激发学生的想象能力和创造能力。

课程目标：通过对儿童诗的朗读吟诵，使学生充分感受云这一意象蕴涵的情感，领悟不同的人面对云所产生的不同情绪，并学会用不同的方式来诵读表达，培养学生的感受力与表达力。

课程重难点：调动学生情绪，让学生用心体会诗中饱含的感情，并学会表达。

一、绘本阅读，了解内容

师：小朋友，早上好！

生：早上好！

师：现在可以上课了吗？

生：可以了！

师：（伴随着轻柔的音乐，教师用充满想象的引语为学生创设情境。）老师现在请小朋友闭上眼睛，张开想象的翅膀，身体随着轻风飘浮起来。现在的你就是一朵小小的云了。睁开眼睛，看！（课件展示云的绘本图片，教师诵读。）

你就是一朵小小的云。你自由自在地飘浮在蓝天上。

你想变小，就变小，

小得像一朵小花。

你想变大，就变大，

大得能盖住天下。

你想变什么就变什么，

小鹿、大象、小鸟、青蛙……

即使变成又笨又顽皮的小狗熊，

也不用担心挨骂。

师：小朋友，你喜欢这样变的云吗？

生：喜欢！

师：为什么呢？

生：它可以随心所欲地变。

生：因为它想变什么就变什么，神通广大。

师：是啊，有这样的本领多好啊！我们继续看图。你就是这朵自由自在的云，你想做什么你就能做什么。“你想成为雨就成为雨，去亲吻小草小花；你想成为雪就成为雪，像白蝴蝶飞落千家万家。”然后，变成透明的水汽，飞呀，飞呀，飞回天上的家。多有意思啊！小朋友，你们高兴做这样的云吗？

生：高兴！

师：为什么呢？

生：因为它自由自在地做自己想做的事情，没有人能管住它。

生：它想帮谁就帮谁。

师：老师给小朋友准备的这首诗写的就是让小朋友喜欢的云。来，自己读读吧。

二、诵读课文，体会情感

（一）自读课文，朗读词语

师：大家读得很起劲，先检查一下，小朋友能不能把课文里面的词读好了。谁愿意来读？

小鹿　　大象　　小鸟　　青蛙

顽皮的小狗熊　　快乐的白蝴蝶

“聪明”的傻瓜　　规规矩矩的机器娃娃

生：小鹿、大象、小鸟、青蛙、顽皮的小狗熊……

师：谁能读得让这只“小狗熊”顽皮起来，可爱起来？

生：（调皮地）顽皮的小狗熊。

师：这样读好可爱，是个小调皮。

生：（生动地）顽皮的小狗熊。

师：哈哈，这样读特别活泼有趣。来，我们接着往下读。

生：快乐的白蝴蝶。

师：怎样读能让这只白蝴蝶幸福快乐起来呢？

生：（美美地）快乐的白蝴蝶。

师：哟！真聪明！我看着她是微笑着读的。这样啊，让我感觉这只白蝴蝶又快乐又美丽。谁再来读一读？

（指名读。）

师：我都看见这只蝴蝶在翩翩起舞了。来，接下来。

生：聪明的傻瓜、规规矩矩的机器娃娃……

师：规规矩矩的机器娃娃，那可有点闷闷的。谁能学学它的样子？

生：（一板一眼地）规规矩矩的机器娃娃。

师：读到这里，老师有一个问题。我想问一问，这样的云宝宝，你愿意做吗？

生：不想做。因为太死板了。

生：这样会很不开心的。

生：被人管住，就不能自由自在地。

生：谁都不喜欢变成机器娃娃。

（二）理解、诵读课文

师：哦，你们不愿意，这首诗的作者他也不喜欢。他喜欢什么样的云宝宝呢？他喜欢的云宝宝有什么样的本领呢？

生：他喜欢的云宝宝是无忧无虑的，是可以随心所欲的。

师：他是怎么告诉你的？

生：你想变小就变小，
　　你想变大就变大。
　　小得像朵小花，
　　大得能盖住天下。
　　你想变什么就变什么，
　　小鹿、大象、小鸟、青蛙……
　　你愿意做什么，
　　就去做什么。
　　你想成为雨就成为雨，
　　去亲吻小草小花；
　　你想成为雪就成为雪，
　　像白蝴蝶飞落千家万家。

师：自由地读读这些句子，让我们来体会这样的云宝宝的心情。

生：（自由朗读后）很快乐！兴奋！

生：活泼，开心。

生：很自由。

师：对啊，这样的云宝宝是自由的，是快乐的。

师：你能通过朗读把云宝宝的这种心情表达出来吗？

生：你想变小就变小，你想变大就变大……

师：读得真好听！老师觉得如果你能用声音的大小表现出云宝宝的变化，一定会更形象！你愿不愿意这样试一试？

（生再次朗读，突出“小”与“大”的变化。）

师：真棒！来！我们把掌声送给她！

师：老师想这样读下面这一句。你们听好了。

你想变什么就变什么，

小鹿、大象、小鸟、青蛙……

师：你们猜我眼前看见什么了？

生：看到小鹿了。

生：看到了大象、小鸟、青蛙了。

师：真聪明！老师在诵读的时候，眼前就出现了一幅一幅的画面。这些小鹿啊，大象啊，小鸟啊，青蛙啊，还有好多好多的动物，它们排着队，在我的眼前跳过去，蹦过去，飞过去，有意思吧？我读书的秘诀一下子就让小朋友给发现了，你们想不想也用这样子的方法来读一读？

（生摇头晃脑地读。）

师：真好！谁来读下面这一句？

生：你愿意做什么，

就去做什么。

你想成为雨就成为雨，

去亲吻小草小花……

师：读出了自由自在的感觉。除了这种自由的感觉，云宝宝心里还会有一种——

生：快乐的感觉。

师：它为什么快乐呢？

生：因为它愿意做什么就去做什么。

师：除了自由自在带来的快乐，还有什么会带给它快乐呢？

生：做自己喜欢的事情，它想飞到哪儿就飞到哪儿，像白蝴蝶飞落千家万家。

生：做有意义的事情，比如变成雨去亲吻小草小花。

师：去关爱别人，去装扮我们的世界，多好啊！再想问问你们，亲吻有什么感觉？比如妈妈的吻。

生：温暖。

生：幸福的感觉。

师：小朋友，你亲吻过谁啊？

生：我亲吻过奶奶，还有妈妈。

生：还有爸爸和爷爷。

师：是啊，我们亲吻过身边的亲人，也许我们还亲吻过大自然的——

生：花儿，草儿……

师：还有呢？

生：小露珠，小动物……

师：也许我们还亲吻过自己小房间的——

生：布娃娃、米老鼠……

师：那是我们心爱的小玩具，对吧？亲吻，它能表达出我们对家人、对花儿、草儿，对我们小宝贝的那种——

生：爱。

师：好，就让我们读出云儿的自由自在，读出心中的爱。

（生读第二段。）

师：太美了！小朋友你们想拥有这样的自由快乐吗？

生：想！

师：让我们一起读——

生：啊，让我也变成一朵自由快乐的云吧！

师：谁愿意一个人来读，表达你自己的感受？

（三）转换角色诵读

师：假如你就是这朵自由自在的云，你会怎么来读这两段呢？只要一个小小的变化，就会有神奇的效果。你想怎么把它变一变呢？

生：我想把云变成一个小女孩。

师：你的想象非常丰富。老师想再问一问，我们改变哪一个字，它就会有神奇的效果，让你就是这个小女孩？

生：把“你”改成“我”。

师：我们把掌声送给他。

（PPT 出示：“你”改成了“我”。）

师：这一次读的感觉就不一样了。你会怎么读？

生：（自信地）我想变小就变小，我想变大就变大……

师：你们听出来了吗？我听出了他心里的自豪！我们也为你骄傲！

生：（动情地）我想变小就变小，我想变大就变大……

师：真美！这位小朋友还是笑着读的，我觉得她是一朵美丽又快乐的云。还有谁想来读一读？

生：（神秘地）我想变小就变小，我想变大就变大……

师：我觉得他的脸上有一种魔术师的表情。的确啊，这是一朵充满了神奇魔力的云。还有很多小朋友想读，是吧？我们同桌对读，你读给我听，我读给你听。

师：又有小朋友把手举得高高的，想读给大家听是吧？这样吧，严老师想了一个办法，想做一朵自由快乐的云的小朋友都站起来，来，加上我们的动作，我们一起读。

（生配合动作齐读。）

师：多么美丽可爱，聪明又调皮的云啊！云宝宝们，请坐下。我要告诉你们一个小秘密。严老师小时候啊，也像你们一样，有点儿调皮，喜欢跟着大人说话，他说一句，我就学一句。你们想不想跟着老师来读读这首诗啊？

生：想啊！

师：那就试试看！听清楚了，你们现在的身份是云宝宝。

（师引读全文。生跟读，把“你”改成“我”来读，最后一句注意变化。）

师：啊，让我也变成一朵自由快乐的云吧！

生：啊，那你也变成一朵自由快乐的云吧！

师：谢谢你们的邀请，那我就加入你们的队伍啦！

三、激发想象，补充诗句

现在我也是一朵自由快乐的云。我想变成什么，就可以变成什么。我想做什么就可以做什么——

我想变成小鸟，
在晴朗的蓝天，
悠悠地歇息。

我想变成小鱼，
在清澈的水底，
悠然地闲逛。

我想飘落在妈妈的脸上，
亲亲她，
然后就快乐地融化。

我想做一个画家，
在天空中，
画出一幅又一幅的图画。

师：云宝宝，你们想变什么，做什么？不着急，我们先说给身边的小朋友听，好吗？

（同桌互相想象说话。）

师：有云宝宝迫不及待地想告诉大家了。来，你告诉大家。

生：我想变成一道彩虹，把我们的世界变得更美。

生：我想变成一只展翅欲飞的雄鹰，在天空中自由地飞翔。

师：来，我们把“勇敢的雄鹰”请上讲台。你呢？

生：我想变成一个绿色的太阳，夏天的时候给人们带来凉爽。

师：好，绿色的太阳！爱心的太阳！来！

生：我想变成一只白鹭，在天空上自由自在地飞翔。

师：自由自在、快乐生活。

生：我想变成一朵小花，大家看见我一定喜欢。

师：因为你给大家带来了芬芳。

生：我想变成一艘潜水观光艇，在海洋里观看各种各样的生物。

师：能不能带上我们啊？

生：非常愿意。

生：我想变成一匹骏马，在天空中玩耍……

师：还可以奔跑、跳跃。

生：我想变成一所学校，让所有的小朋友都能上学。

师：都能像我们小朋友一样坐在明亮的教室里。

生：我想变成一头狮子，在森林里称王称霸。

师：称王可以，但是不许欺负小动物。

生：我想成为一只小鸟，在树枝上叽叽喳喳地唱歌。

师：那肯定是一首动听的歌。

生：我想变成一把伞，为人们遮风挡雨。

师：我们多么喜欢你啊！来，请你上来。老师和你们一起创作一首诗送给大家。我们向云借用一下它的音乐。

师生合作：

师：我是一朵自由快乐的云，我想变什么就变什么，我想做什么就做什么。

生 1：我想变成一把伞，为人们遮风挡雨。

生 2：我想变成小鸟，在树枝上叽叽喳喳地唱起歌来。

生 3：我想变成一个绿色的太阳，夏天的时候可以给人们带来凉爽。

生 4：我想变成一只展翅欲飞的雄鹰，在天空上自由地飞翔。

师：啊，那你们也变成一朵自由快乐的云吧！

（生鼓掌。）

四、拓展阅读，启发想象

师：多么美好的想象啊！不过，小诗人们，天空啊，它不会只挂着白云朝我们微笑，云宝宝呢，也不可能永远只穿着一身洁净的白衣裳，它又会有什么变化呢？

（课件出示三种云图。）

师：看到了这些云宝宝，你又想到了什么呢？它们为什么会有不同的表情，不同的色彩呢？

生：那一朵黑色的云宝宝肯定很伤心。

生：粉红色的云宝宝是特别快乐，特别兴奋的！

师：为什么它的脸红红的呢？

生：因为它很害羞！

生：它化了妆！

生：它家里有喜事。

生：喝醉了酒。

师：大家多会想象啊！有个小朋友，也和你们一样，看着它们脸上不同的表情啊，他有了这样的想象。自己读一读。

云

云开心的时候，
脸色白白的，
我们也很开心。

云生气的时候，
脸色黑黑的，雷雨交加，
我们也很不快乐。

云有喜事的时候，
脸色红红的，
我们也特别欢喜。

师：我发现这个班的同学啊，特别爱朗读。读过后我们才知道，原来云也是有表情，也是有心情的，原来云的心情还会影响到我们的心情啊。来，让我们通过朗读来表达这种心情好不好？

（生绘声绘色朗读。）

师：读得多好啊！还有一个小朋友，看到了云脸上不同的颜色，他写了这样一首诗。自己读读。

云宝宝

白云，是穿干净衣服的云宝宝，
在天空中自由自在，
这里走走，那里逛逛。

黑云，是穿脏衣服的云宝宝，
在天空中调皮、捣蛋、打架，
鬼哭狼嚎，吵得大家不安宁。

彩云，是穿最漂亮衣服的云宝宝，
在天空中喜笑颜开，
翩翩起舞，纵情歌唱。

师：好多小朋友都情不自禁地加上了动作。迫不及待了吧！来，跟着老师一起来读。

（师引读，学生表情动作很丰富。读完后，一名学生手举得很高。）

师：你想说什么？

生：黑云有可能是掉进水沟里面了。你们说为什么会下雨呢？它怕脏，它在洗澡，所以天空就下雨了。

师：瞧，我们的小朋友啊，就是天生的小诗人。因为时间的关系，这节课呢，我们就不作诗了。老师把这个作业布置给你们回家去完成。看到了红彤彤的云、白云、乌云，你能想到什么呢？我们把想到的，写成一首诗，然后诵读出来送给云，好不好？

生：（喜悦）好！

（课件再次响起轻快的音乐，展示飘浮的云朵。）

师：谢谢小朋友！让我们一起和云宝宝说再见吧！

生：云宝宝再见！老师再见！

《观潮》教学实录

师：大家都知道，大江大海不仅有风平浪静的时候，也有波涛汹涌的时候。由于月亮和太阳的吸引力的作用，水面还会发生定时涨落的现象，你们知道这种现象叫作什么吗？

生：潮。

师：对，叫作“潮”。

（板书“潮”。）

师：“春江潮水连海平，海上明月共潮生。”潮汐涨落激荡着无数文人墨客的情怀。今天我们就一起去钱塘江观潮。

（板书“观”。）

师：为什么是观潮而不是看潮，“观”好还是“看”好？

生：“观”好，它有一种心情在里面。

师：是啊，目之所及为“看”，而“观”更多了一份欣赏、一种心情，“观”不仅用眼，更要用心。

师：（课件出示篆体的“观”）你们看，自古这“观”就告诉我们要睁大眼睛去看。观，谛视也。谛视就是带着一种崇敬的心情认真地、仔细地、专注地看。今天，就让我们用明亮的眼睛去观看，用虔诚的心去感受被称为“天下奇观”的钱塘江大潮究竟有什么奇特之处。

师：先检查一下同学们的字词掌握情况。

①这是本课的一些多音字，大家读一读它们在词语中的发音。你觉得哪个读音还掌握得不大好，就多读几遍。

薄（bó）雾　　涨（zhǎng）潮　　闷（mèn）雷滚动

颤（chàn）动　　横（héng）卧　　风号（háo）浪吼

②这篇课文里面有很多值得积累的词语，试试看，同学们对这些词语有没有一些了解。听老师说词语的意思，老师语音一落，看谁能很快地站起来，说出哪个词语表达了这个意思。记住，直接地大声地把词语说出来。

师：形容聚集的人极多——

生：人山人海。

师：形容人的说话声，喊叫声，欢呼声，如锅中之水，一片沸腾——

生：人声鼎沸。

师：没有风浪，水面很平静——

生：风平浪静。

师：形容水面辽阔，远处和天似乎连接在一起——

生：水天相接。

师：形容同时出发，同时前进——

生：齐头并进。

师：山上的岩石和土壤塌下来，地也裂开来，形容声音很响很响——

生：山崩地裂。

师：形容气势广阔而浩大——

生：浩浩荡荡。

师：老师要特别表扬刚才所有开动脑筋回答问题的同学，你们有两个优点：第一，你们的字词预习得很好，掌握得不错；第二，你们勇于表现自己。接下来，在我们的课堂上还有很多发言的机会，希望更多的同学积极地参与进来。

师：刚才顺着老师的意思猜词语很容易，反着来猜就难了，你们敢挑战吗？那就试一试吧！

师：一目了然——

生：若隐若现。

师：鸦雀无声——

生：人声鼎沸。

师：惊涛骇浪——

生：风平浪静。

师：三三两两——

生：齐头并进。

师：人迹罕至——

生：人山人海。

师：岿然不动——

生：山崩地裂。

师：真厉害！课文中有很多描写人和景的词语，老师把它们摘录下来了，谁来读一读？

（PPT 出示。）

风平浪静　人山人海　昂首东望

闷雷滚动　人声鼎沸　白浪翻滚

齐头并进　浩浩荡荡　山崩地裂

漫天卷地　风号浪吼　恢复平静

师：读词语，正确是第一位的，这十二个词语你读得完全正确。读正确之后，你能不能读出一种感觉来呢？

（再指名读。）

师：老师知道同学们已经初读了课文，那么这三组词语出现在你眼前的时候，你发现了什么？

生：分别描写的是潮来前、潮来时、潮退后的情景。

师：一起读一读，读出它们的不同。

（生齐读。）

师：你们看这风平浪静，它应该是静静的，没有喧闹，没有嘈杂。一起读一读。

（生齐读。）

师：再慢一点，再悠然一点。

（生齐读。）

师：其实每个词语都是有色彩的、有表情的、有温度的，词语的后面藏着生动的画面，在你的头脑中想象一下潮来前、潮来时，还有潮退之后的情景，带着你的理解我们再读。

（生再读。）

师：对，不同的时段，不同的景象，不同的心跳，不同的感觉。潮来之前，风平浪静的海塘大堤上早已人山人海，人们满怀期待，昂首东望。谁来读出那种情景，那种心情。

生：江潮还没有来，海塘大堤上早已人山人海。大家昂首东望，等着，盼着。

师：一起来，就读出那份期盼，读出那份迫不及待。

（生齐读。）

师：江潮会是怎样引人入胜才会让人们如此期待呀！想亲眼看看吗？

生：想！

（播放录像）

师：看完这个短片，你想用哪些词语来描述这一壮观景象或者你此刻的心情？

生：我的心情很激动。

生：我眼前的景象雄伟壮观。

……

师：课文是怎样把钱塘江这壮观的一幕展示在我们面前的呢？只有走进课文，细细品读，才能体会出来。自己读读三、四自然段，你觉得哪些描写潮水的语句是你特别喜欢的，就努力地把它读得精彩些，待会儿读给大家听。

（学生读各自喜欢的句子。）

生：那条白线很快地向我们移来，逐渐拉长，变粗，横贯江面。

师：白线“拉长，变粗，横贯江面”，气势越来越大，你的心情越来越……

生：激动。

师：读出这种感觉来。

（生再读。）

生：再近些，只见白浪翻滚，形成一道六七米高的白色城墙。

师：六七米高，也就是说足足有两三层楼那么高。它也不是几米宽，宽度有的地方达一百公里，窄的地方也有好几公里。此时，钱塘江的颜色、形状，还有那浪涛急速翻滚的声音，那么真实地出现在我们的眼前，你们能读出壮观的感觉吗？

生：浪潮越来越近，犹如千万匹白色战马齐头并进，浩浩荡荡地飞奔而来；那声音如同山崩地裂，好像大地都被震得颤动起来。

师：喜欢这一句的举手。（许多学生举起了小手）多么形象的比喻呀，难怪那么多同学喜欢。我也和你一样特别喜欢这一句。我也想用朗读来表达我的感受，可以吗？

生：欢迎！

（师读后学生鼓掌。）

师：谢谢！告诉你们我读书的秘诀吧，读这句话的时候，我的眼前像放电影一样。你们猜我看到了什么？

生：战马？

师：是啊，我好像看到了千万匹战马，马不停蹄地在奔腾、在跳跃、在并肩前进。我好像看到了那后浪推着前浪，前浪牵引着后浪，铺天盖地地奔涌而来，当这些景象一一出现在我眼前的时候，我就能把课文读好了，这种读书的方法就叫作历历在目。

师：你们也可以试着用一用这种方法。谁来？

（指名读。）

师：从你的眼神和表情可以看出你被这天下奇观深深地震撼了。这是一种奔腾的力量，这是一种势不可当的无法遏制的力量！

生（选读）：午后一点左右，从远处传来隆隆的响声，好像闷雷滚动。

师：这个句子把潮水的声音比作什么？

生：闷雷。

师：明代诗人王在晋这样写道：“海阔天空浪若雷，钱塘潮涌自天来。”范仲淹也有一句著名的诗：“海面雷霆聚，江心瀑布横。”课文告诉我们雷声从哪儿来？

生：远处。

师：孟浩然曾这样告诉我们：未见江潮，先闻其声。潮声巨大，犹如雷震，并且震动百里。使人感到在江潮的巨大声势下，弦声喑哑了。这就是——

生：百里闻雷震，鸣弦暂辍弹。

师：那闪雷滚动的声音是什么样的？谁来学学这沉闷的雷声。

生：轰隆隆隆……

师：这轰隆隆的雷声如急促的鼓点打破了钱塘江往日的平静，点燃了我们心中蕴藏已久的激情。让我们一起读。

（齐读。）

生（选读）：顿时人声鼎沸，有人告诉我们说：潮来了！

师：等啊，盼呀，终于听到——

生：潮来了！潮来了！

师：你想读出什么样的心情？

生：高兴！

师：你想读出什么样的心情？

生：激动！

师：你呢，想读出什么样的心情？

生：兴奋！

师：这么多情感都汇集在一个小小的感叹号上！谁再来读读这三个字。这一组同学依次往下读。

师：高兴！

生：潮来了！

师：激动！

生：潮来了！

师：兴奋！

生：潮来了！

师：迫不及待！

生：潮来了！

师：兴致勃勃！

生：潮来了！

师：欢欣鼓舞！

生：潮来了！

师：人们兴奋地传递这个消息，交谈声、议论声，像炸开了锅一样，让我们就像这群兴奋的观潮人一样用自己的方式把这个期盼已久的喜讯告诉大家。一起来——

生："快看——潮来了！"

师：所有的人跳着，叫着，挥舞着手，呼喊着，这就叫——

生：人声鼎沸！

生（选读）：过了一会儿，响声越来越大，只见东边水天相接的地方出现了一条白线，人群又沸腾起来。

师：人群又沸腾起来。潮水在变化，人们观潮的情感也在变化。从兴奋到沸腾，来，让我们把这感受送到文字中去吧！

（生齐读。）

师：这些语句写得多精彩！有声有色，使人如临其境。刚才大家很有感情地朗读了这些描写潮水的语句。不过，把“观潮”的顺序给打乱了。其实，作者写得可有顺序了。作者是用哪些词语把潮来时的情景连接起来的？跟着老师读，我们边读边发现。

师（引读）：午后一点左右，未见其形，先闻其声。听——

生：从远处传来隆隆的响声，好像闷雷滚动。顿时人声鼎沸，有人告诉我们说：潮来了！我们踮着脚往东望去，江面还是风平浪静，看不出有什么变化。潮终于来了！

师：过了一会儿——

生：响声越来越大，看到了！看到了！只见东边水天相接的地方出现了一条白线，人群又沸腾起来。

师：再近些——

生：只见白浪翻滚，形成一道两丈多高的白色城墙。

师：浪潮越来越近——

生：犹如千万匹白色战马齐头并进，浩浩荡荡地飞奔而来；那声音如同山崩地裂，好像大地都被震得颤动起来。

师：发现没有，作者是按什么顺序来描写潮水的？

生：按时间的变化来写的。

生：先写远处的潮水，再写近处的潮水。

师：是啊！作者由远及近地观察，随着时间的变化来描写潮水的变化。

师：随着时间的推进，这惊天动地的浪潮以气壮山河的气势朝我们奔涌而来，一切都还历历在目，一切又都在变化。隐约中我们自己也变成了潮水，一浪一浪奔腾向前。让我们融入这自然奇观之中，用我们的力量、气势和对大自然由衷的热爱将浪潮向前推进！老师走过的时候同学们依次站起来，让我们的声音越来越响亮！让我们的热情越来越高涨！

（生齐读。）

师：真是大有排山倒海之势。同学们，潮水就是这样齐头并进、飞奔而来、水势迅速扩大、形成了一种广阔而浩大的气势，这就叫——

生：浩浩荡荡！

师：来，老师给大家配上音乐，让我们带着自己对钱塘江大潮的赞美、喜爱之情来诵读这些描写潮水的精彩语句。读得熟练的同学可以尝试着背一背。

（生或读或背。）

师：看到这汹涌澎湃、气势磅礴的钱塘江大潮，我们的心情难以平静，让我们把这种心潮汇成一句话，为大潮题词，就写在课题边上。

（生动笔。）

师：同学们，看到如此雄伟壮观的钱塘江大潮，千言万语化成一句话，你想说——

生：八月十八钱江潮，壮观天下谁不晓！

师：你想说——

生：钱塘江大潮真不愧是天下奇观！

师：你可能还想说——

生：钱塘江大潮，让心潮和浪潮一同起伏！

……

师：难怪自古以来钱塘江大潮就被称为天下奇观！

师：带着我们对祖国自然奇观、壮丽山河的热爱，一起读——

生：天下奇观！

师：带着我们在心底深处油然而生的那份豪迈之情，一起读——

生：天下奇观！

师：带着我们心潮与浪潮共同起伏的激情与力量，一起读——

生：天下奇观！

师：这气壮山河的天下奇观，让我们流连忘返。可是刹那间，潮头奔腾西去，余波还在漫天卷地地涌来，江面依旧风号浪吼。过了很久，钱塘江才恢复了平静。看看堤下，江水已经涨了六七米了。此时，我们又看到了波澜不惊的钱塘江。

（再次出现一组词语）

风平浪静　人山人海　昂首东望

闷雷滚动　人声鼎沸　白浪翻滚

齐头并进　浩浩荡荡　山崩地裂

漫天卷地　风号浪吼　恢复平静

师：当我们再见到这一组词语的时候，呈现在我们眼前的也许不再是一个个简单的汉字了，你是否看到了在它们背后是一幅一幅奇特壮丽的画面，是一曲一曲激动人心的乐章，是一浪一浪波澜起伏的情感？它冲击着我们的视线，更击撞着我们的心潮。是呀，伴随着钱江潮的来去，我们的心情也在不知不觉中变化。从翘首期盼到激动、兴奋、震惊，直到心有余悸最后归于平静。来，让我们伴随着自己的心潮再次朗读——

（生读出了词语的变化和味道。）

师：和江水一同渐渐平静下来的，还有此时我们的——心情。浪声消失了，潮水远去了，可是它似乎又为我们留下了什么！好像我们还不能准确地诠释它。老师只是希望，在你今后漫长的人生道路上，在你怯弱退缩的某一个时刻，它会突然奔涌而出，成为支撑你前行的一份勇气和力量！

《丰碑》教学实录

师：在我们的生活中，有很多事情随着时间的远去逐渐被我们淡忘了。但是，有些事情会让我们永远地铭刻在心。今天我们要学习的这篇课文《丰碑》，讲述的就是这样一个让我们难以忘怀的故事。让我们把思绪再一次拉回到那艰苦的战争岁月。

（课件出示：剪辑长征片段。）

师：（解说）这是一个寒冷的冬天，狂风呼啸，大雪纷飞，一支红军队伍艰难地行进在白雪皑皑的云中山，恶劣的自然环境使这支队伍步履艰难。将军不由得思索：这支队伍能不能经受住这样严峻的考验？

师：这支队伍面临着怎样的考验？不忙回答，请同学们快速阅读课文一、二自然段。待会儿请你结合刚才看到的画面说一说。

（生快速浏览课文一、二自然段。）

师：谁来说一说？

生：我从画面上看到——当时的天气十分寒冷，大雪纷飞。

生：我补充他的，当时到处是冰天雪地，狂风呼啸。

师：你还发现了什么？

生：我感觉当时军队的装备很差。

生：这支红军队伍遇到了很大的困难。

师：可能遇到什么困难？

生：可能会因为缺少粮食而饿死。

生：可能会被埋在暴风雪中。

生：可能会冻死。

生：可能……

师：同学们，这支队伍遇到如此寒冷的天气，遇到了很多常人难以想象的困难，更何况还要完成开辟道路的任务，真是难上加难！等待他们的是什么？跟着老师读：等待他们的是——

生：恶劣的环境和残酷的战斗。

师：我们的部队和战士可能——

生：缺少吃的。

师：可能——

生：缺少穿的。

师：可能——

生：会疲劳会生病。

师：可能——

生：遇到敌人的偷袭。

师：可能出现的种种后果将军都设想到了，但他万万没有想到的是他的眼前居然出现了这样一幅画面。

（课件出示：风雪声中出现军需处长的画面特写。）

师：他是谁？

生：军需处长。

师：是的，他是军需处长。

师：军需处长是干什么的？

生：发东西的。

师：一位管理物资，发放棉衣的军需处长居然——

生：冻死了。

师：这到底是一位怎样的军需处长呀？

师：请同学们找出描写军需处长的段落，用心读读这段文章，待会儿把你最深的感受告诉大家。

一个冻僵的老战士，倚着光秃秃的树干坐着。他一动不动，好似一尊塑像，身上落满了雪，无法辨认他的面目，但可以看出，他的神态十分镇定，十分安详：右手的中指和食指间还夹着半截纸卷的旱烟，火已被雪打灭；左手微微向前伸着，好像在向战友借火。单薄破旧的衣服紧紧地贴在他的身上。

师：（巡回指导）我发现同学们很会读书，有的同学读得特别投入，有的同学边读边做上了一些记号，有的还写上了一两句批注。对，可以标记让你深受感动的地方，你读过以后让你特别难忘，甚至让你心灵震撼的地方，把它标记出来，一个字也行。

师：我发现你们的表情都在告诉我，你们有很多话想说。我想，肯定是对军需处长的这段肖像描写勾起了你严肃的思考，来，把你们最深的感受说出来。

生：我感受最深的是这一句话：单薄破旧的衣服紧紧地贴在他的身上。他自己是一个军需处长，可他自己却冻死了。

师：能抓住课文中的语段谈感受，很好。如果能再抓住其中的关键词来说说那就更好了。能具体说说吗？比如说某一个词。

生：我认为从这个句子中“紧紧地”可以看出他的衣服穿得少，“贴”可以看出他的衣服不仅穿得少，而且不知被雪水还是雨水浸湿了。

师：对，抓住词语来了解人物，这个方法好！（到学生面前）你们看这件衣服能不能说贴在他的身上，那要在什么情况下我们能说这件衣服是贴在他的身上？

生：薄、小、紧。

师：在这严寒的冬天，就只有这样一件还不知是被雨水还是雪水浸湿了的衣服，多冷啊！他的衣服可能到哪去了？

生：送给一个小红军。

生：受伤的小红军。

生：让给一位生病的老红军。

师：就请你带着你体会到的情感，读读这句话。

（课件出示：单薄破旧的衣服紧紧地贴在他的身上。）

（生读句子。）

师：声音很低沉，似乎都有一些哽咽了。谁再来通过朗读告诉大家你此刻的感受？

（指名读句子。）

师：大家来点评一下。

生：我觉得他眼中的军需处长很伟大。

生：我觉得前一个同学表现出来的军需处长很可怜。

生：我也想读一读，读出我的理解。

（生读。）

师：他们的朗读有什么不同？

生：他们有的把句子读得很轻，有的读得很重，很想突出什么。

师：刚才同学们读得有的轻，有的重，有的浓，有的淡，但表达出的都是同学们内心的体会。轻的读出了心底柔柔的心痛，重的读出了军需处长与严寒搏斗时的那种刚毅。

师：刚才我看见很多同学把自己读书的感受写在了书上，现在我发现好多同学把感受写在了自己的脸上，来，就像刚才这些同学这样，把你心中的滋味说出来，把你心中的滋味读出来。

生：他一动不动，好似一尊塑像，身上落满了雪，无法辨认他的面目，但可以看出，他的神态十分镇定，十分安详：右手的中指和食指间还夹着半截纸卷的旱烟，火已被雪打灭；左手微微向前伸着，好像在向战友借火。

师：什么滋味？从哪儿体会出来的？

师：是一种怎样的镇定和安详，谁来读读？

生：右手的中指和食指间还夹着半截纸卷的旱烟，火已被雪打灭；左手微微向前伸着，好像在向战友借火。

师：告诉大家，你为什么读得这么深沉。

生：因为……因为……

师：（摸摸学生的脑袋）就觉得应该这样读，说不上什么理由，对吗？的确，有时候，我们领悟的东西只能意会，不能言传。谁愿意把自己读书的感受与大家分享？

生：每个人对死都有恐惧感，而军需处长却那么镇定，那么安详，我想他的内心一定十分坚强，我觉得他很了不起。可他冻死了，我又很难过。

生：我好像看到了冰天雪地的云中山，这位发棉衣的军需处长为了别人能穿上棉衣，自己却被活活冻死，他太伟大了，我很感动，也很心痛。

师：他不懂人的生命只有一次？

生：不是。

师：他不知道在这冰天雪地拥有棉衣就是拥有生命？

生：知道。

师：他不想等到胜利的那一天？和家人团聚的那一天？

生：想！

师：真想知道在他牺牲的前一刻，在他坐下来的那一刻心里是怎么想的。让我们拿起手中的笔，根据我们看到的一些情况反复揣摩，展开联想，把你想到的写下来。可以自主选择，一会儿请你朗诵给大家听。

（给学生发作业纸。）

作业纸上的内容：

唉，年纪大了，实在走不动了，我还是____。

总算把大家的棉衣都发放好了，____。

瞧瞧我们的队伍，________________________。

我多么希望____。

（生写话。）

……

师：很多同学都写好了。谁第一个来说一说？

生：我实在走不动了，歇口气，抽根烟吧！

师：可穿着单衣的他无力抵御寒风的侵袭，不知不觉被冻僵了。

生：总算把战士们的棉衣都发放好了，这我也就放心了。

师：谁不珍爱自己的生命，他明明知道拥有棉衣就是拥有生命，可他更清楚自己的职责。

生：瞧瞧我们的队伍，多么雄壮，胜利是属于我们的。

师：所以他的手指向前方，似乎在对战士们说：你们要勇敢地向前、向前。

生：这个小伙子，打起精神来，你看胜利就在前方。

师：他知道自己坚持不住了，但是他仍在尽最后的力量鼓励年轻的小伙子战胜困难，走出雪山。

师：在他看来，用自己的生命换取更年轻的生命，值得！谁不渴望温暖幸福的生活，可是，他愿意用自己的幸福换取他人的幸福，还那么心甘情愿！这就是我们的军需处长。你觉得他这样做寄托着他对未来、对胜利的期望，是吗？

生：是！

师：对！他可能在憧憬着什么，可能在那一刻他还在欣慰地笑呢！也许就是带着一份美好的憧憬，带着一丝欣慰的笑容，更带着一丝深深的眷念，他安然地、平静地，也是悄悄地走了。我觉得你们刚才已经不知不觉地走进了军需处长的内心，不但看到了军需处长的形象，更看到了他的思想，他的精神。

师：还有什么地方让你感动？

生："冻僵"这个词语让我看了很心痛，只想哭。

师：读读这个词。

（生读。）

师：什么是冻僵？联系你们的生活体验来谈谈你面对军需处长的感受。

生：就是非常冷，冷得都动弹不得了。我看过刚出生的小猫被冻僵了的情形，它一开始直发抖，后来就整个身体僵硬了。我感觉它肯定特别难受！因为我当时看到了好害怕，想哭！

师：所以，你又觉得这位军需处长如何？

生：他好可怜！

师：是啊，在文中，就是这样一个老人，居然不给自己留一件棉衣，活活冻死了呀！

师：这句话带给你怎样的感受你就怎样读。

（生动情地读句子。）

师：还有哪些词句让你印象特别深刻？

生：我觉得"塑像"这个词语让我看了心里很难受。

师：平时我们看到的塑像是用什么做的？

生：泥巴的。

生：金属的。

师：今天呢？

生：是一个活活被冻死的军需处长做成的。

师：是的，这是一尊用血肉之躯筑成的塑像呀！

师：学到这里，大家能不能用一个词语来概括你心目中的军需处长？

生：伟大。

生：善良。

生：可爱。

生：忠于革命。

……

师：对军需处长，同学们都有自己的理解。伟大、善良、舍己为人、忠于革命、勇于献身等。这就是我们心目中的军需处长。同学们，让我们带着自己对军需处长的崇敬和理解朗读第七段。

（生读。）

师：（引读）看到自己的战友因衣着单薄被严寒吞噬，将军的脸色顿时严峻起来，嘴角边的肌肉抽动着。忽然他转过脸向身边人吼道——

生："把军需处长给我叫来！为什么不给他发棉衣？"

师：就这样读，再来一次！

（师生合作再读。）

师：呼啸的狂风淹没了将军的话音。没有人回答他，也没有人走开。他红着眼睛，像一头发怒的豹子，样子十分可怕。谁能表达出将军此刻的情感？

生："听见没有，警卫员？叫军需处长跑步过来！"

师：好！从你的朗读中我们感受到了将军的愤怒和内疚。男同学一起来试一试。

（男生读。）

师：全班同学一起读！

（全班读。）

师：同学们，将军的话战士们是不是没听见？

生：不是。

师：他们不认识冻死的人？

生：不是。

师：此时此刻战士们沉浸在巨大的悲痛之中，他们心里难受呀！请你小声地告诉将军，他是谁。

生：他就是军需处长！

师：你说。

生：他就是军需处长！

师：你也说。

生：他就是军需处长！

师：全班同学一起说。

生：他就是军需处长！

（课件出示：第十二自然段，配乐。）

将军愣住了，久久地站在雪地里。他的眼睛湿润了。他深深吸了一口气，缓缓地举起右手，举到齐眉处，向那位跟云中山化为一体的军需处长敬了一个军礼。

师：同学们也来读一读吧！也许你有更深的感受，也许你有不明白的问题。自己读一读，好吗？

（生自由读。）

师：有不明白的地方吗？

生：将军为什么愣住了？

生：为什么要缓缓地举起右手，为什么要举到齐眉处？

生：为什么将军久久地回不过神来？

生：此刻的将军在想些什么？

生：我想知道将军的眼睛为什么湿润了。

师：你们很善于提问，问的问题很有价值。

生：为什么说军需处长和云中山化为一体了？

师：你的问题使我想起了这样一句话："与高山同在，与日月同辉。"不知道我这样回答能不能让你满意，但我相信随着学习的不断深入，你会理解得更深。

（生点头。）

师：这么多问题怎么解决呢？这样吧，我为你们综合一下。我看主要集中为这样两个问题：第一，将军为什么愣住了？他久久地回不过神来，究竟在想什么呢？第二，敬礼本来是件容易的事，将军为什么要深深地吸一口气，然后再缓缓地举起手？这些问题提得好，同学们可以通过合作集中智慧试着解决这些问题。

（小组讨论交流。）

师：谁愿意代表本组把意见告诉大家？

生：我们知道将军为什么"愣住了"。

师：有心的同学一定发现了在第六段也出现了一个"愣"字，这两处"愣"有什么不同？

生：听说有人冻死了，将军觉得很突然，所以"愣了一下"，接着查问原因，当得知冻死的人就是负责发棉衣的军需处长时，太出乎意料了。

生：这时将军心潮起伏，情感复杂，因此，久久地"愣住了"。

师：也就是说第二个"愣"程度更深一些，还可以把第二个"愣"换成什么词？

生：震惊、惭愧。

师：能够区分同一个词语在不同语境的不同含义，非常好。

生：我们组通过读书知道了将军为什么久久地站在雪地里，“久久地”说明他站在雪地里的时间很长。因为将军实在没有想到冻僵的居然是军需处长。他会想：我太失职了，我真对不起他呀！

师：你想得对，可仅仅如此吗？谁还有更深的体会？

生：他会想：我为有这样的战士感到骄傲！

生：他还会想：如果我早点了解情况，把自己的大衣给他，他就不会冻死呀！

师：将军的心灵受到了极大的震撼，我也相信将军一定会这么做的。

生：我们知道将军为什么要深深地吸一口气，然后再缓缓地举起了手。“深深”是因为他在极力地抑制自己的痛苦，“缓缓”是因为他的心情十分沉重，十分复杂。他为失去了一位这么好的战士而痛心，为自己误解了军需处长而懊悔，为自己没有尽到责任而自责，为有这样的好同志而激动。

师：此时此刻，面对军需处长，要说的任何语言都是苍白的，任何语言都无法表达将军此刻极度复杂的心情，唯有这一个军礼。这个军礼还饱含着什么？

生：这个军礼表达了将军对这位可歌可泣的老战士那无法言表的哀悼之情。

生：我想他的眼睛湿润了是因为他太伤心了。他深深地为军需处长一心为革命、舍己为人的精神所感动。

师：就把这千言万语通过你的朗读表达出来，好吗？

（生读。）

师：还有同学想说是吗？可惜一节课的时间有限，这样吧，没有来得及发言的同学自由地站起来，让我们通过朗读来表达自己的情感。

（生读。）

师：深沉的语调，缓慢的节奏，从你们的朗读中，我仿佛看到了将军满怀的敬意和歉意。我都被你们感动了，来，我为大家配上音乐，能背的同学可以试着背一背，一起来，好吗？

（学生背诵。）

师：此时的将军有多少话要对军需处长诉说：他想说——

生：你真傻呀！你怎么可以就这样走了呢？

师：他想说——

生：你怎么不给自己留一件棉衣呢？

师：他想说——

生：我没有保护好你，是我的失职。

师：他可能还想说——

生：你真是一位了不起的战士。

师：可是他什么也没有说，将军将千言万语化作了一个庄严的军礼。

（课件：音乐起。字幕出示这句话：风更狂了，雪更大了。大雪很快地覆盖了军需处长的身体，他成了一座晶莹的丰碑。）

师：一起读。

（生读。）

师：我们已经知道“丰碑”字面上的意思就是——

生：高大的纪念碑。

师：通过今天的学习，你是不是对它有了更深的理解？

生：丰碑就是高大的纪念碑。因为大雪覆盖了军需处长的身躯，天太冷了，军需处长身上的雪很快变成了冰，而且与云中山化为一体，看起来真像一座高大晶莹的纪念碑！

生：更重要的是军需处长的精神永远刻在我们的心中。

师：丰碑仅仅是指军需处长吗？

生：我觉得丰碑不只是指军需处长一个人。

生：是很多很多像军需处长一样的人。

师：对！这是一组英雄群像。军需处长他们高大的形象就像一座丰碑矗立在云中山，矗立在天地间，矗立在我们的心中。

师：我发现很多同学眼里闪烁着激情，想说点什么是吗？向英勇顽强的红军战士，向可亲可敬的军需处长，向所有为我们的幸福平安付出了鲜血和生命的人们……这样吧，让我们把千言万语化作一句话，就把它写在课文的课题上，写在“丰碑”上。

（生写。）

师：来，自由地站起来，说出你的心里话。

生：有些东西能穿越时空，长久存在于人的心灵。

生：人最宝贵的是生命，生命对每个人来说只有一次，但有一种比生命更伟大的东西，她的名字叫——爱。

生：读懂了军需处长我们才知道，有一种倒下叫站立，有一种离去叫永生。

生：……

师：同学们，一位军需处长永远地离去了，但更多的战士迈着坚定的脚步走来了。看！

（课件出示：长征片段。）

师：看，这支红军队伍如汹涌的潮水，浩浩荡荡；如钢铁的洪流，滚滚向前。他们手挽手，肩并肩，走过千山万水，走过艰难险阻，怀着希望、怀着信念、怀着理想，走来了！走来了！

师：同学们，这支队伍能不能经受住严峻的考验？

生：能！

师：对！战士们沉重而坚定的脚步声已经告诉我们——

生：如果胜利不属于这样的队伍，还会属于谁呢？

师：让我们用最骄傲、最高亢、最坚定的声音告诉大家——

生：如果胜利不属于这样的队伍，还会属于谁呢？

（课件两次出示此句，字体一次比一次大。）

《只有一个地球》教学实录

一、导入

（课件同步。）

师：在浩瀚无边的宇宙，有一个美丽的星球。它是人类的家园，它是太阳和月亮的朋友。

同学们，看到了吗？它就是——

生：地球。

师：地球，你还想管它叫什么？

生：花园。

师：一切美丽的生命都是地球上的花朵。

生：家。

师：对，地球村就是我们的家。

生：摇篮。

师：你一定是个非常热爱生命的孩子。

生：母亲。

生：妈妈。

师：多亲切的称呼。看来你对地球也充满了感激。今天我们要一起学习的就是一篇有关地球的文章——

师：齐读课题。

（生齐读课题。）

师：我发现你们强调了“只有”这个词语。还有别的读法吗？看我的手势再读。

（生随着师的手势读课题，分别突出“一个”和“地球”。）

师：课前，同学们预习了课文，告诉大家，你已经知道些什么啦。

生：我知道在宇宙中，地球虽美丽壮观，但很渺小；地球所拥有的自然资源是有限的。

师：你读得很仔细。

生：人类不能指望耗尽地球的资源后，移居到别的星球上去，我们要保护地球。

师：哦！你也注意到了这个问题。

师：看来通过预习，你们知道的还真不少，预习中你还有哪些地方没读懂，请提出来。

生：我觉得宇航员说地球太可爱，又说地球太容易破碎，这句话我不能够完全理解。

师：是啊！为什么说“我们这个地球太可爱了，同时又太容易破碎了”这个问题很有价值？

生：我不明白为什么说地球像“扁舟”。

师：还记得我们学过的那首古诗吗？“江上往来人，但爱鲈鱼美。君看一叶舟，出没风波里。”这里的“一叶舟”和我们课文里的“扁舟”就是一个意思。

生：为什么课文说：人类不能指望破坏了地球以后再移居到别的星球上去呢？人类到底有没有可以居住的第二个星球？

师：你想得真远！还关心到人类的移居问题上去了。

生：我想知道宇航员为什么会发出这样的感慨。

师：同样的疑问，我记住了。

生：我想知道地球妈妈为我们提供的自然资源到底有多少。

师：是啊，地球母亲有多慷慨呢？

生：为什么以“只有一个地球”为题？

师：这是1972年人类环境会议上提出的一个响亮口号，作者为什么以它为题？在学习课文的过程中我们一起来体会它的用意好吗？

生：好。

师：我发现你们善于读书，更善于提问，大家说说：我们先解决哪个问题？

生：我们最想知道宇航员为什么说地球太可爱了又太容易破碎。

生：我们也是。

师：既然不少同学想知道，那我们就先来看看地球可爱在哪儿。用你们喜欢的方法开始学习吧！

（生自由朗读课文，交流讨论。）

二、感受地球的可爱

师：我发现同学们的学习方法真多！这几个同学交流讨论得非常热烈，你呢，一直在美美地读，那个同学还很有心地把一些好词句给摘抄下来了，相信大家的学习一定收获不小，地球究竟可爱在什么地方呢？我们一起来交流交流。

生：地球妈妈很美，我很喜爱她。特别是“晶莹透亮”这个词，让我觉得地球妈妈很美很美。因为我喜欢所有晶莹透亮的东西，像珍珠，像玛瑙，像玉石，所以我想象中的地球妈妈美极了。

师：你抓住“晶莹透亮”这个词来想象地球的美，这是一种读书的好方法。你愿意读给我们听听吗？

生：据有幸飞上太空的宇航员介绍，他们在天际遨游时遥望地球，映入眼帘的是一个晶莹透亮的球体，上面蓝色和白色的纹痕相互交错，周围裹着一层薄薄的水蓝色“纱衣”。

师：找到了相同句子的同学可以站起来补充。要敢于说自己不同的想法，要有不同的读法。

生：我是从“水蓝色‘纱衣’”这一句感受到地球的美的，我觉得应该读得轻轻地，柔柔地。我想这样读。

（生轻柔地读句子。）

师：感觉真好。谁还有不同的读法，再来读读？读出你的理解、你的感受。

生：我喜欢这一句——上面蓝色和白色的纹痕相互交错。我喜欢这两种颜色，它们让我想到了海魂衫……

师：真美！

师：我仿佛跟随你们来到了无边无际的太空，映入眼帘的是——

生：一个晶莹透亮的球体。

师：上面——

生：蓝色和白色的纹痕相互交错。

师：周围裹着——

生：一层薄薄的水蓝色“纱衣”。

师：这就是人类的母亲——

生：地球！

师：说到地球的美丽，你们还想读读哪些句子？

生：地球，这位人类的母亲，这个生命的摇篮，是那样的美丽壮观，和蔼可亲。

（课件出示文字。）

师：多美的句子呀！你想怎么读来抒发你体会到的情感呢？自己试试。

（生自由地读句子。）

师：（走下来对着某个学生，先仔细听，再问）怎么读得这么好？能告诉我吗？

生：（笑眯眯地）我已经把地球当妈妈了，我喜欢她。

师：把地球当成妈妈了，怪不得我听起来那么亲切。你用心感受了。（面向全体学生）谁还来读一读？读出你自己独特的情感。

（生平淡地读句子。）

师：他读得怎样？

生：他没有读出作为地球人的骄傲。我可以读出这种骄傲。

师：是吗？快读读吧。

（生自豪地读句子。）

师：太好了，心中有爱，读出来的感觉就是不一样。

师：我也忍不住想来读读，欢迎吗？

生：欢迎！

（师饱含激情地读句子，生鼓掌。）

师：谢谢鼓励，该你们了，也让我为你们喝彩，好吗？这样吧！喜欢这一句的站起来读。

（生起立读句子，声音响亮动听。）

师：棒极了！

（课件出示两句话。）

1. 据有幸飞上太空的宇航员介绍，他们在天际遨游时遥望地球，映入眼帘的是一个晶莹透亮的球体，上面蓝色和白色的纹痕相互交错，周围裹着一层薄薄的水蓝色“纱衣”。

2. 地球，这位人类的母亲，这个生命的摇篮，是那样的美丽壮观，和蔼可亲。

师：女同学读前面一句，全班同学读后面一句。

师：我都被陶醉了。这么美的句子想不想把它背下来？

生：想。

师：谁能背？这么多人举手。这样吧，我们一起试着背一背。

（师生同背。）

师：背诵其实就是在品味语言，就是在积累语言。

师：刚才同学们都从地球妈妈的美感受到了它的可爱，课文还有什么地方也能让你有这种感受呢？请继续发言。

生：我们通过讨论，一致认为，地球的可爱在于她的美丽，更在于她的无私、她的慷慨。我们画出了这一句：地球是无私的，它向人类慷慨地提供矿产资源。

师：你从母亲的无私和慷慨感受到了她的可爱。同学们写“慷”字的时候要注意最后几画是点、提、撇、捺，注意“慨”字这一画是竖折（边说边示范）。知道“慷慨”的意思吗？

生：很大方，不吝啬。

师：是的。刚才有同学提到想知道地球妈妈到底慷慨地为我们提供了哪些资源。可书上交代得不是很清楚，大家有什么途径可以知道？

生：上网、上图书馆查资料，自然书里找，还有百科全书里有……

师：现在我们想得到更多的信息，该怎么做？

生：交流。

师：好办法！课前查找的资料都带来了吗？这样吧，大家相互交流一下，看看哪些资料能说明地球的慷慨。

（生自由讨论。）

师：对，有资料互相交流，有问题共同探讨。

（生相互交流、探讨。）

师：我们一块儿说说吧！

（小组派代表发言。）

生：地球妈妈为我们提供的植物极其丰富，据植物学家统计有40万种，我国有3万多种。

生：现在地球上的人口已经达到60多亿，地球为了人类的生活和生存，每年提供的植物出产量，已经占用了地球实际生物赡养能力的22.4%。

生：地球陆地的总面积不过1.49亿平方千米。它用三分之一陆地面积上的植物支持着人类的生存。

生：我知道地球妈妈提供一亿吨的鱼类给我们食用。

生：地球妈妈提供给我们的海洋是一个“蓝色的宝库”。据估算，如果把整个地球上的海水加以提炼，可以得到550万吨黄金、4亿吨白银，还有很多贵重金属。

生：纵横交错地分布于世界各地的大小河流，比如说尼罗河、黄河、幼发拉底河、恒河等大河都被人们看作生命的源泉。

生：地壳有5~50千米厚，里面埋藏着许多金属和非金属宝藏，光石油就有几千亿吨呢！

生：我知道地球母亲供给人类的煤炭储量为9842亿吨，石油储量为1434亿吨，天然气储量为146.4万亿立方米。

师：从大家搜集的资料足以看出，地球妈妈是在毫无保留地供养我们，她无私地为我们提供着各种资源，哺育着地球上60多亿人口。但是今天，我们人类又是怎样对待自己的母亲的呢？

三、感受地球的痛苦

（课件出示地球资源遭受破坏的画面。）

师：来，说说让你感触最深的画面。

生：我看到本来欢乐的鱼翻了白眼，它好像还在怒视着残忍的人类。我心里难受极了。

师：“怒视”这个词用得太好了！

生：那清清的河水原本是小鱼的家，可现在水都被污染了，鱼一定在流泪，我看了觉得很心酸。

生：我看到一大片的森林被人们无情地砍掉了，斧头砍在树干上也就是砍在地球妈妈的心坎上。砍断的是妈妈的筋脉。我很心疼。

师：爱妈妈的孩子都会心疼的。

生：我看到地球妈妈的绿衣裳被人们无情地剥掉了，我仿佛看到了地球妈妈在哭泣。她好像在说："我的孩子，你们住手吧！"

师：你多了解地球妈妈的心呀！

生：我看见废气被排放到空中，严重地污染了空气，我觉得人类太自私了。我很愤怒。

师：对！我们都为之愤怒。

生：看到人们在地球妈妈身上乱倒垃圾，我觉得地球妈妈太可怜了。人们没有把地球当自己的母亲。

师：是呀，多么愚昧呀！

生：树木、鱼同样也有生命呀。我认为这些人的行为比杀人放火还可恶。

师：因为他们危害的是整个人类。

生：我想问问这些人：你们的良心何在？你们非要到只剩下最后一棵树、最后一滴水……才认识到母亲的珍贵吗？

师：快快觉醒吧！

生：黑烟熏黑了妈妈的衣裳。让妈妈喘不过气来。

师：也熏疼了妈妈的心。

生：我看到这些污水就像看到了人类污浊的心灵。

师：你多会表达呀！

生：我看到人们捕杀珍稀动物，觉得人类太残忍了。

师：它们的生命也同样应该得到尊重呀！

师：是啊！看到美丽可爱的母亲伤痕累累，我们禁不住心疼、心酸，我们禁不住伤心、愤怒，我们禁不住要发出和宇航员同样痛心的感叹！

（课件出示关键句：我们这个地球太可爱了，同时又太容易破碎了！）

生：我们这个地球太可爱了，同时又太容易破碎了！

师：昔日美丽的地球妈妈如今已遍体鳞伤，地球易碎的原因在哪儿？书上写了吗？在哪儿？

生：第四段。

师：自由读读这一段，你想到些了什么？

生：生活垃圾。

生：白色污染。

生：废气。

……

师：能结合生活中的现象来谈，真好。

生：把废电池丢进水里，垃圾倒入水中，严重地污染水源，后果不堪设想。

生：大量使用氟利昂等化学物品，破坏臭氧层，使南极空洞越来越大。

师：据科学家调查，臭氧层每减少1%，恶性皮肤病就增加1%~2%。

生：捕杀蛇类，鼠害成灾。

师：还有捕捉青蛙，为一时的口腹之欲却留下无穷的后患。

生：过量使用化肥、农药，影响土质。

师：经常有蔬菜中毒事件发生。可怕的行为，丧失了良知。

生：汽车尾气的排放、工厂废气的排放，造成了很多气喘病，呼吸道疾病越来越多。

师：著名的伦敦烟雾事件致使数以千计的人丧生。

生：砍伐树木做家具和很多一次性用品，森林资源急剧减少。

师：为了满足自己的私欲，不顾一切后果。也许是无意，可这些小小的破坏举动也是地球母亲面临破碎的原因呀！你们怎么看待人类的行为？

生：我觉得人类太不珍惜地球母亲了。

生：我觉得人类很傻，连自己的家园都破坏。

生：地球母亲为我们提供了这么好的生活环境，给予我们这么多的资源，人类却恩将仇报！

师："恩将仇报"这个词用得好，我们就用一个词语来说。

生：无知。

生：贪婪。

生：毫无节制。

生：愚昧。

生：恩将仇报。

师：来，联系课文内容和你此刻的感受试着说一说这段话。

地球，这位________，这个________，是那样的________。地球是无私的，它向人类慷慨地提供了________。但是，因为人们________，不但________，还________。面对________的母亲，我们________，我们____________。

（生互相说。）

师：谁来说说这段话？

生：地球，这位慈祥的人类母亲，这个大家的共同家园，是那样的美丽，那样的可爱。地球是无私的，它向人类慷慨地提供了各种各样的资源。但是，因为人们自私、贪婪，不但毫无节制地浪费了地球的资源，还肆意破坏地球的环境。面对这位遍体鳞伤的母亲，我们感到心痛欲绝，我们呼吁大家立即行动起来，保护我们的地球母亲!

(生发言。)

师：刚才我听到了，(指着最后一句)大家在这里说得不一样，但都说得非常好，还有谁愿意再说给大家听听?

生：面对伤痕累累的母亲，我们伤心，我们惋惜。

生：面对千疮百孔的母亲，我们叹息，我们呼吁……

师：不同的词语表达了我们共同的心声。我们配合说说好吗?说到这儿的时候就说说各自的感受。

(师生合作说话。)

师：难怪宇航员目睹地球时会发出痛心的感叹——

生：我们这个地球太可爱了，同时又太容易破碎了!

师：人类对地球的伤害已经严重威胁到人类自身的生存，前面不是有同学提到了人类能不能移居的问题吗?其实这也是很多人的疑问。一起读读第六段。

(生齐读第六段。)

师：我看不要等到地球资源枯竭的时候，现在我们就开始移居，你们看这个想法怎么样?

生：不行，从"至少"可以看出也许远远不止四十万亿公里这个数字，所以我们认为目前移居几乎是不可能的事。

生：我们从"不能指望"中看出换一个妈妈是不可能的。

师："有没有适合人类居住的第二个星球"这个问题留给你们课后去探讨，现在我们可以肯定的是人类目前别无去处。

师：既然我们不能指望移居，那么我们只能怎么做?

生：呼吁人类赶快醒悟过来，让人类快快停止对地球妈妈的伤害，用自己的双手擦去母亲的眼泪，用爱心去救治妈妈的创伤。植树造林，为妈妈重新披上绿衣裳……

师：我们只能这么做，我们必须这么做。因为我们——

(指课题。)

生：只有一个地球!

师：因为人类——

生：只有一个地球!

四、结课

师：此刻，我发现很多同学都按捺不住内心的激动，想说些什么，是吗?这样吧，把你最想对地球妈妈说的一句话写在课题后面。然后，把你写好的读给大家听。

让大家倾听你心灵的呼唤。

生：地球妈妈，您的千千万万儿女已经彻底醒悟。

生：地球妈妈，我们愿永远看见地球妈妈您灿烂的笑脸。

生：地球妈妈，您不要伤心、不要流泪，我们一定会为您找回您原来的青春美丽。

生：妈妈，以前的我们太顽皮了，现在我们已经长大，我们要为您再度披上美丽的纱衣。

生：地球妈妈，儿女们会用一颗颗爱心精心呵护您，让您不再哭泣。

生：妈妈。您知道吗，4 月 22 日这一天已经定为您的生日，您的几十亿儿女都会为您祝福？

生：妈妈，如果您是伤痕累累的病人，我就要做医生为您疗治伤口。

生：妈妈，如果您是一幅没有画完的画卷，我愿化作一支彩笔为您添上最美的色彩。

生：妈妈，如果有仙境，如果有仙药，只要能取回，我宁愿牺牲生命。

生：妈妈，如果太空有邮箱，我一定要写一封信给您，写上我的承诺。

生：妈妈，我要做一名美容师，让我的妈妈永远青春美丽。

生：妈妈，我是您的一个 11 岁的孩子，我以红领巾的名义向您保证，我要让您穿上最美最美的纱衣。

师：同学们，你们真情的呼唤深深地感动了我，我仿佛看到了地球妈妈那含泪的微笑。善待地球、珍爱地球这将是一个永恒的话题，因为我们——

生：只有一个地球！

师：因为人类——

生：只有一个地球！

（此时课件伴随着“轻轻地捧起你的脸，帮你把眼泪擦干……”的歌声滚动出现人们治理地球的照片。这节课在歌声中结束，但学生还静静地坐着不肯离开。）

师：同学们，现在已经下课了，还不想离开吗？其实课外有我们更广阔的学习空间，我这儿有一些有关的网址和书目，来，送给你们。

（教师将印有环保网站的小资料卡送给孩子，师生互道再见，学生依依不舍地离座。）

《鼎湖山听泉》教学实录

教学目标：

1. 正确、流利、有感情地朗读课文。

2. 理解课文内容，凭借课文中的语言材料，通过想象感受泉声的美妙，增强热爱大自然的感情。

教学过程：

课前谈话：

（课件出示篆文“听”字。）

师：这是什么字，有谁认识？大家可以猜猜看。

生：耳。

生：声。

生：听。

师：你说对了，这是一个篆文的“听”字。今天就让我们用耳、用心去倾听那鼎湖山的泉声。

一、赏泉

师：快速浏览课文，一边读一边在书上把描写泉水的词语画出来。

师：同学们画出了不少词语，严老师也找出了一些。

课件出示：

淙淙　不绝于耳　清纯悦耳　欢快活泼

清亮　时隐时现　交错流泻　遮断路面

师：自己读读这两组词语，看看你能发现些什么。

生：第一组描写的是听到的泉水的声音，第二组描写的是看到的泉水的样子。

师：你善于发现。的确，这两组词语分别写的是听到的泉水的声音和看到的泉水的样子。

师：（范读第一组）听我读——读着这组词语，我仿佛听到了叮叮咚咚的泉水在流淌、在歌唱。谁也来读读？

（生读词语。）

师：嗯，有一点儿感觉了，谁再来读？

（生清脆地读词。）

师：读得很清纯，读得很活泼。

（生美美地读词。）

师：很有点儿味道了。

（生动情地读词。）

师：听到了，听到了，山泉流淌起来了。

师：来，自己读读下面这组词语，你可以边读边想象。

（生自由读词。）

师：你仿佛看到了什么？

生：我仿佛看到了清亮的泉水在欢快地舞蹈。

师：你通过读这些词语，生动形象地描绘出了泉的形态，让我们似乎领略到了泉的神韵，谢谢你。

生：我仿佛看到两股清泉交错流泻，时隐时现。

师：读的时候，脑子里就浮现出了这样的诗一般的画面和令人陶醉的意境，是吗？不禁让人有身临其境的感觉了。

师：读着这些词语，我们仿佛听到鼎湖山的泉声——

生：淙淙、不绝于耳、清纯悦耳、欢快活泼。

师：我们仿佛看到那儿的泉水，它——

生：清亮、时隐时现、交错流泻、遮断路面。

师：是啊！有时候，几个简单的词语也会藏着一幅幅美妙的图画，也能奏响一曲曲动人的音乐。这儿还有一组词语，谁来读读？

课件出示：

绿树成荫　草丰林茂　繁花似锦　古木参天

师：这是写什么的？

生：鼎湖山上花草树木的景象。

师：是的，这一组词语描写的就是花草树木生机勃勃的景象，你们看，这鼎湖山上绿树成荫、草丰林茂、繁花似锦、古木参天，课文中还有一个地方对“草丰林茂”做了更为生动的描述，谁能找出来？

生：愈往上走树愈密，绿荫愈浓。湿漉漉的绿叶，犹如大海的波浪，一层一层涌向山顶。

师：犹如大海的波浪，一层一层涌向山顶，这是怎样的气势！谁再来读读这句话？

（生动情地读句子。）

师：绿从脚下伸展开去，漫山遍野，郁郁苍苍，真美！可这些和听泉好像没有什么关系，奇怪了，作者为什么要描写呢？

师：看来这个问题有点儿难度，那大家分成小组集中智慧来讨论讨论吧。

（小组讨论交流。）

师：（巡视指导）静下心来默读课文，在课文中寻找依据，结合课文的内容来思考。

师：谁先来说说你们小组的看法？

生：我们觉得这里的树木茂盛，说明这里的雨水多，正因为雨水多，这里的泉水才多。

生：泉水多，也滋养了树木。

师：这一段写出了大自然中的良性循环，泉水滋润着树木，树木又可以保持水土。因此，泉多，树美；树多，泉更美！

生：这里的泉水还能养活古树，说明泉水很有营养。

师：古刹中繁花似锦，参天古树是泉水孕育的结果。对了，文中还特别点明了从斯里兰卡运来的菩提树，在这儿还能成活，更是说明泉水——孕育生机。

生：这里的古树还是来自异国他乡的，更可见泉水给予了它多么重要的滋润。

师：是啊，那可是来自遥远的异国他乡啊，截然不同的土壤、气候和自然环境，它却能生长得如此郁郁葱葱，就是因为有了来自泉水的滋养。

生：树木茂盛，那么鼎湖山的空气肯定非常清新。

师：是的，我听说鼎湖山被称为“天然氧吧”，就是因为那儿的负离子含量是亚洲最高的。

师：看来泉水不仅美妙动听，还是一切生命的源泉，让我们怀着感激的心情自由地读读自己喜欢的段落，读读自己喜欢的句子。

（生自由朗读。）

二、辨泉

师：同学们读得非常投入，我和大家一样被这清亮的泉水、清纯悦耳、欢快活泼的泉声所深深地吸引，是啊！在这雨后宁静的暮色中，看到这美丽的景色，听到这悦耳的声音，谁不为之倾倒呢？所以我们忍不住循着钟声，来到了半山腰的庆云寺，并决定就在这座寺院里借宿。

（音乐起，教师范读。）

入夜，山中万籁俱寂，只有泉声一直传送到枕边。一路上听到的各种泉声，这时候躺在床上，可以用心细细地聆听、辨识、品味。

师：是不是感觉自己已经离开了教室，来到了美丽的鼎湖山上？是不是感觉一路上听到的各种泉声都一一回响在耳边？

生：是。

师：哪种声音给你留下了最深刻的印象？

生：我仿佛听到了小提琴的“轻柔”声。

师：女孩子就是喜欢这轻轻柔柔的声音，的确很美。

生：我仿佛听到了琵琶的“清脆”声。

师：是不是有“大珠小珠落玉盘”的感觉，清脆又美妙。

生：我仿佛听到了大提琴的“厚重”声。

师：是啊！小提琴的轻柔声是一种美，大提琴的厚重声也是一种美。

生：我仿佛听到了铜管乐的“雄浑磅礴”声。

师：有一种气势庞大、雄浑磅礴的感觉是吗？

师：那变幻莫测的泉声如一个个跳动的音符，令我们着迷。

生：我似乎听到了天籁之音。

师：是啊，“此曲只应天上有，人间能得几回闻”。

生：我好像听到了作者的心也和着泉声，欢快奏响。

师：夜晚，作者回味着白天看到的、听到的，渐渐地，自己的心和山泉融在了一起，不禁谱写了一曲奇妙的交响曲，这交响曲真正的作者是谁呢？……对，就是山泉，就是大自然。

三、品泉

师：让我们通过朗读，深入到课文的字里行间，细细品味课文中的美好感觉。

（音乐起，教师范读。）

（课件从“那像小提琴”这句开始打出来，一句一句分行呈现。）

那像小提琴一样轻柔的，
　　是在草丛中流淌的小溪的声音；
那像琵琶一样清脆的，
　　是在石缝间跌落的涧水的声音；
那像大提琴一样厚重回响的，
　　是无数道细流汇聚于空谷的声音；
那像铜管齐鸣一样雄浑磅礴的，
　　是飞瀑急流跌入深潭的声音。

师：我觉得这诗一般的语句，散发着鼎湖山泉那悠悠的清香和勃勃的生机。你们也来读一读，品一品文字中的味道，好吗？

（生美美地读句子。）

师：很有些韵味，你为什么这么读？

生：因为我读的时候，耳边好像听到了那些动听的声响。

师：真好！谁愿意再读给大家听听吗？

（生轻重缓急地读句子。）

师：你读出了自己的理解，这味就出来了。

（生动情地读句子。）

师：是啊！山泉流淌着、跳跃着的那种景象，是一种难以表达的憧憬，只能用心去体会、去诵读。

（生朗读句子，突出排比句式的停顿。）

师：对，不仅要读出文字的味道，还要读出自己内心的感悟。作者连用四个排比句式，具体描绘泉鸣的"层次"，句式长，节奏缓，读来盘旋悠长，如琴声在山谷间回荡。

（生动情地读句子。）

师：你的声音不断有变化，你为什么这么处理？是理解了什么了吗？

（生说不出原因。）

师：古人云："山得水而活，得草木而华，得烟云而秀媚。"小溪、涧水、细流、飞瀑，水源不同，发出的声响不同，所以你声音的表现方法不同，是吗？

（生笑着点点头。）

师：是啊，它有时轻柔，有时又是那样的奔放，难怪我觉得你平静的语调下面又蕴含着那样一份不平静的心情。把你的体会送进去，让我们和你一起感受山泉的韵致。

（生动情地齐读句子。）

师：作者的想象把我们带进了音乐艺术的殿堂，我们听到的是美的音符，我们感受到的是作者涌动澎湃的心曲。我们对泉的理解也因作者丰富的想象力而更加深沉、更加强烈、更加饱满。再读一读。

师：深夜寂静空灵的树林中传来柔曼的、清脆的、厚重的、雄浑的泉声，不就是一曲奇妙的交响乐吗？

师：女同学读到前两句，男同学读后面两句，大家一起来。

（男女生合作读句子。）

师：泉水的平静和优美的确令人陶醉，泉水的活跃和欢腾同样叫人心动。

师：来，我配合你们读读，我们一起来品味。

（音乐起。）

师：那像小提琴一样轻柔的，是——

生：（轻柔地读）是在草丛中流淌的小溪的声音。

师：那像琵琶一样清脆的，是——

生：（清脆地读）是在石缝间跌落的涧水的声音。

师：那像大提琴一样厚重回响的，是——

生：（深沉地读）是无数道细流汇聚于空谷的声音。

师：那像铜管齐鸣一样雄浑磅礴的，是——

生：（洪亮地读）是飞瀑急流跌入深潭的声音。

师：还有一些忽轻忽浊，忽扬忽抑，是泉水正在绕过树根，拍打卵石，穿越草泉声忽高忽低，忽急忽缓，忽扬忽抑，流连花间……

课件出示：

泉声忽高忽低，忽急忽缓，忽轻忽浊，忽扬忽抑，是泉水正在绕过树根，拍打卵石，穿越草丛，流连花间……

师：当我第一次读这几句话时，我的眼前似乎出现了清纯的泉水；第二次读时，仿佛这些泉水都有了生命；当第三次读时，我的眼前出现的不再是泉水，而是——我不说了，你们自己读读看。

（生自由读。）

师：有什么感觉了？

生：我感觉泉水在和我们玩捉迷藏呢！

师：好，那就带着你的感受读这句话。

生：（欢快地读）泉声忽高忽低，忽急忽缓，忽轻忽浊，忽扬忽抑，是泉水正在绕过树根，拍打卵石，穿越草丛，流连花间……

师：同学们真会读书，作者正是用了拟人的手法，使这段文字充满了生命力。

师：你们还发现这段文字在字、词的运用上有什么特点？

生：里面有一对对的反义词。

师：你很会发现。随着山势，山泉忽高忽低，忽急忽缓，忽轻忽浊，忽扬忽抑，时时变换调子的山泉让我们感觉到它——

生：有生命力。

生：很活泼。

生：很可爱。

生：很调皮。

生：很幸福、在歌唱。

师：在唱一首“泉之曲”是吗？

生：是。

师：是啊！它充满了生命力。

师：（点击后半句时这四个动词下打上小圆点）而这“绕过”“拍打”“穿越”“流连”告诉我们这泉水正滋养着树根、圆润着卵石、灌溉着草丛，咦，为什么它要在花间流连呢？“流连”是什么意思？

生：舍不得、滋养她、喜欢花朵、想和花朵交朋友……

师：看来这泉水不光有生命力，它还有情有义。

师：我为你们配上音乐，让我们带着自己的理解一起读——

生：（动情地读）泉声忽高忽低，忽急忽缓，忽轻忽浊，忽扬忽抑，是泉水正在绕过树根，拍打卵石，穿越草丛，流连花间……

师：这回你把泉水当什么了？

生：活泼可爱的小动物，好像自己也是泉水了，园丁、孩子……

师：能用“犹如”或“像……一样”的句式来说说吗？

生：泉水犹如园丁。

师：泉水犹如可敬的园丁是吗？你感受到了它的奉献。

生：泉水像我们的母亲一样养育着我们。

师：犹如养育我们的母亲，多么亲切的比喻，你是个懂得感激的孩子。

生：甘甜的泉水像母亲的乳汁一样养育着我们。

师：多么贴切的比喻呀！是啊！泉水不就像乳汁一样清香、甘甜吗？

生：泉水犹如一个顽皮的小朋友，蹦上跳下的。

师：你赋予了泉水生命，我想，在你的心里泉水犹如顽皮的小朋友，是那样的天真可爱。

生：泉水像一个清凉的怀抱一样，让我们在炎热的夏天里感受到了清凉。

师：你自己也犹如一股泉水融进了大自然的怀抱是吗？你沉醉了。

生：泉水就像自由的精灵一样，在森林间自由玩耍。

师：它们犹如自由的精灵、犹如美妙的生命在流淌、在歌唱、在舞蹈。

生：泉水犹如作者的一位老朋友。

师：是啊，他和山泉倾心交谈，就如久别重逢的好友。作者在鼎湖山众多的景致中独爱山泉，迷恋山泉，正是这样一种迷恋使他感受到常人所未察觉的韵致。今天，我觉得此时的你们也和作者一道，听懂了山泉优美的乐韵，感受到了山泉跳动的脉搏，让我们把自己的感受和理解送到课文里，试着背一背课文第四自然段。

（生试背第四自然段。）

四、赞泉

师：这儿就是山泉的世界，只有真切地去感受，才能体会到泉水的生命之美。

美的感受往往能孕育出了美的语言。能谈谈你此刻的心情吗？

师：你最想说什么？

生：我有身临其境的感觉。

师：你陶醉了。

生：我的心情像天空的小鸟一样自由奔放。

师：对，山泉就是一股涌动的生命力。

生：我就是心里很快乐。

师：真为你开心。

生：泉水的精神是一种奉献。

师：给予是快乐的。

生：让我们也投入到泉水的怀抱中吧！

师：人与自然多么和谐地相处。我们不得不为之陶醉。

生：我真想亲身去感受一下那动人心弦的泉声。

师："纸上得来终觉浅，绝知此事要躬行。"到时候别忘了再次与我们分享你的感受。

生：我感觉在鼎湖山听泉是一种能净化人心的享受。

师：是啊，这泉声不仅是自然界美妙的歌声，更是一曲生命交响乐，自然的美能净化人的心灵。

生：我希望能成为泉水的好朋友，一起快乐到永远。

师：希望泉水永远快乐，永远清澈是吗？多美好的心愿。

生：我想在深夜时分，仰望月光，同时享受泉水在耳边呢喃的动人时光。

师：泉水浸着月光，与月光交相辉映，你也陶醉在泉水的吟唱里，只觉得生命之泉在涌动，我看你完全进入了物我两忘、心物同一的境地。

师：《鼎湖山听泉》以丰富的想象和生花之笔，奏出了一曲奇妙的泉水交响曲，读后让我们禁不住感叹：鼎湖山真美！大自然真美！

师：同学们的发言真像一股清泉流过我的心田，任我品味，引我遐想。（指"听"字）今天我们一起走进鼎湖山听泉，我们用耳朵去听，我们用心去听。眼光不同，境界不同，看到的就会不一样。我们发现了与众不同的美，我们是用了不同的眼光，就用这种心境来对待生活，因此，我们常常陶醉在其中。此时，我只想借作者谢大光的一段话来结束我们今天这次鼎湖山之旅。

（配乐，滚动出现字幕。）

啊，我完全陶醉在泉水的歌唱之中。说什么"山不在高，有仙则名"，我却道"山不在名，有泉则灵"。孕育生机，滋润万木，泉水就是鼎湖山的灵魂。这一夜，只觉泉鸣不绝于耳，不知是梦，是醒？梦也罢。醒也罢。我愿清泉永存。我愿清泉常鸣。

《赶海》教学实录

一、读题引入

师：同学们已经预学课文了吧，你觉得“赶海”在作者的眼中是一件什么样的事呢？

生：很快乐！

生：很有趣！

师：老师听赶海归来的人说，赶海中的每一件事都会带给自己一种独特的心情，今天我们虽然不能一起去亲身体验，但是我们可以从文章的字里行间来品味那是一种怎样的滋味。

二、激趣导读

师：严老师特别喜欢这篇课文，告诉你们一个小秘密：两年前我参加了全国教师的美文诵读比赛，读的就是这篇文章，我还得了一等奖呢！为了今天要给好多喜欢朗读的小朋友上课，昨天晚上我特意把在南京参加比赛的现场录像找出来了，想看吗？

生：想！

师：看之前我有一个小要求，我要和你们比一比，看谁读得好！来，你们先读读这些词语吧，谁先来，读第一行。

课件出示：

捉螃蟹　捞海鱼　捡贝壳

生：（笑眯眯地）捉螃蟹、捞海鱼、捡贝壳。

师：你为什么笑着读？

生：因为赶海中的这些事情太有趣了！

师：（指了指屏幕上方的太阳公公）所以，你让这些词语也和太阳公公一样带上了表情。

师：你们看，它圆圆的脸蛋，戴着一副酷酷的墨镜，红红的嘴巴，笑得好开心，五彩的光芒还不停地旋转呢，好生动呀！其实每个词语背后都藏着一幅画面，如果你读的时候能想想课文里出现的情景，一定也能让词语带上生动的表情。

师：谁来接着读？

课件出示：

三三两两　　自由自在　　水天一色

（生争先恐后地举手。）

生：我这样读——三三两两（声音逐渐变小变慢）。

师：告诉大家为什么这样读。

生：因为太阳偏西了，赶海的人越来越少，越来越少……

师：你读出了词语的意义。

生：我这样读——自由自在。我好像看见很多人在海边玩耍。

师：很好，那你们说自由自在是一种什么样的感觉？

生：很放松。

生：无忧无虑。

师：谁能用它说一个句子？

生：我喜欢自由自在地玩耍。

生：我喜欢自由自在的小鸟。

生：我喜欢在周末自由自在，轻松又快乐地阅读。

师：老师希望在今天的课堂里，你们也能自由自在，轻松又快乐地学习。

师：我们一起来读出这种感觉！

（生齐读词语"自由自在"。）

师：最后一个词语谁来读？

生：我来。

（生读词语。）

师：那是一种什么样的景象呢？

生：水连着天，天连着水……

师：读到这个词语的时候，严老师会联想到一个诗一般的句子，你们猜猜看，我们刚刚学过的——

生：落霞与孤鹜齐飞，秋水共长天一色。

师：对极了！这句话后面一句讲的就是这种水连着天，天连着水，水天相融的美景。让我们读出这种气势与美感。

生：（美美地读）水天一色。

师：这些句子你准备带着什么样的语气来读呢？

（出示四句不同语气的句子。）

嘿，一只小海星被我抓住了！

哎，那边一个小伙伴，正低着头寻找着什么。

咦，怎么我的脚也痒痒的？

哦，原来是一只大虾在逗我呢！

师：就请一个小组的同学依次往下读。

（学生分别读出了开心、惊讶、疑问和恍然大悟的感觉。）

师：词语和句子都读得这么好了，读课文一定更棒。这篇课文有几个小节？

生：5个。

师：好，就请5个同学来读，其他同学可不能闲着，认真听，等会儿要请你们当小评委呢！

（生依次朗读。）

师：老师发现刚才这5个同学在读的时候很多同学听得都特别认真。的确，倾听是一种很好的学习习惯。你们觉得这几个同学读得怎么样？

生：他们读得很有感情。

师：可以这样说，但是有点儿笼统，谁来评价一下呢？

生：我觉得胡沐凡读得有点平淡，有点开心……

师：哦？你是在夸奖他呢还是在批评他呢？

（生笑。）

生：我是夸他的。

师：我明白了，你是说他该平淡的地方读得平淡，该喜悦的时候读得喜悦。

（生点着头笑眯眯地坐下了。）

……

师：听着你们对同学这么中肯的评价啊，严老师忍不住要请你们来评价评价我的朗读了。

（生专心观看录像。）

师：我发现这位同学刚才看录像的时候一直在笑，看完后又第一个把手举起来，告诉大家：你在笑什么呢？

生：老师，你读的时候，眼睛一眨一眨的，真好看。

师：你没看出来吗？告诉你吧，这是老师参加比赛，有点儿紧张。

生：（捂着嘴笑）我觉得很可爱。

生：老师，我发现你读的时候不太熟练，因为你时不时在看书。

师：这都被你看出来了，真厉害。这也是老师想告诉你们的，以后你们遇到这样的美文可不能像老师这样，一定要把它背下来，记在自己的心里。

师：谁再来说说？

生：我觉得严老师好像是去集市赶集。

师：那这样读行不行呀？

生：好！这样读显得很快乐！

生：我看到老师读的时候在笑，有个地方还笑出声来了呢！好有趣！

师：是啊！赶海也和赶集一样，很热闹，很开心的。

生：我发现严老师读的时候前后快，中间慢。

生：我觉得这是老师读得很有节奏，注意了停顿。

师：你们的评价好专业呀！我读的时候特意这样处理，就是想突出赶海的快乐和回忆时的平静，我的心思都被你们读懂了。同学们对老师的朗读有夸奖、有鼓励，也有批评建议，我今天的收获可真大。既然你们这么肯帮我，我也想把我在朗读中找到的一个秘诀告诉你们——那就是读书的时候要把自己当成课文里的小作者，当成文章里的那个“我”。先用这种方法试一试，等会儿再来和老师比试比试！敢不敢呀？

生：敢！

师：我最喜欢有自信，敢于挑战的孩子。这样吧，就读自己最喜欢的那一段，先练习练习，做好准备。

（生读自己最喜欢的自然段。）

三、精读品味

师：老师发现同学们读得可专注啦！有的同学还读得摇头晃脑，沉浸在赶海的情景中，谁愿意来展示一下你的读书成果？你想读哪一段？读句子也行。

生：“小时候，妈妈对我讲，大海就是我故乡……”我喜欢第一段，我喜欢用歌词来做开头的写法。

师：严老师也特别喜欢这一段，记得我考师范的时候就是唱了《大海啊，故乡》这首歌，你注意了吗？结尾用的也是歌词，这就叫首尾照应。来，这次我读前面，你读最后一段，我们合作读。

（师生美美地合作读完后，全班鼓掌。）

生：我喜欢这一句——“我在海水里摸呀摸呀，嘿，一只小海星被我抓住了！”

师：老师听出来了，你把“摸呀摸呀”，读得很慢，很小心，你为什么这样读呀？

生：因为摸海星不是那么容易的，所以要小心地摸，慢慢摸。

师：依我们看呀，你这么轻轻地摸，不光摸到小海星，还能摸到——

生：（兴致勃勃地说）小螃蟹，小海螺……

师：这真是一件开心事，你来笑着读这个“嘿”字，一定会更有趣的。试试看！

（生笑着读句子。）

师：你们发现了吗，表情是可以为声音增添色彩的？你还觉得哪里有趣，来读给大家听好吗？

生：哎，那边一个小伙伴，正低着头寻找着什么。

师：嘘！小声点儿。

生：我走过去想看个究竟，小伙伴只努努嘴儿，不作声，原来是一只螃蟹不甘束手就擒，正东逃西窜哩。

师：淘气！

生：突然，小伙伴“哎哟”一声，叫起来——

师：好疼！

生：原来是螃蟹用大螯夹住了他的手。

师：好一只不甘束手就擒的小螃蟹！为什么小伙伴只努努嘴儿？

生：害怕螃蟹逃走。

师：谁来做做努努嘴儿的动作？

（生调皮地做动作。）

师：太有趣了！同学们，努着嘴儿的小伙伴，四处逃窜的螃蟹，以及那“哎哟”一声的疼痛大叫，让我们体会了捉螃蟹的乐趣和情趣，你们能通过朗读来让所有的人感觉到其中的滋味吗？

生：（美美地读）哎，那边一个小伙伴，正低着头寻找着什么。我走过去想看个究竟，小伙伴只努努嘴儿，不作声，原来是一只螃蟹不甘束手就擒，正东逃西窜哩。突然，小伙伴“哎哟”一声叫起来，原来是螃蟹用大螯夹住了他的手。

师：老师仿佛感受到了捉螃蟹的乐趣了呢！还有谁喜欢其他的句子？

生：咦，怎么我的脚也痒痒的？低头一看，哦，原来是一只大虾在逗我呢！它摇摆着两条长须，活像戏台上的一员武将。我轻轻伸过手去，只一捏，这武将就成了我的俘虏，再也神气不起来了。

师：在读这一段时，老师的诀窍就更管用了，要不要老师示范给你们看？我在读这节时，我是这样读，又是这样想的。

师：咦，怎么我的脚也痒痒的？（会是什么东西？）低头一看，哦，原来是一只大虾在逗我呢！（这个小淘气鬼，看我怎么收拾你。）它摇摆着两条长须，活像戏台上的一员武将。（还威风凛凛的呢！）我轻轻伸过手去，只一捏，这武将就成了我的俘虏，再也神气不起来了。（哼，叫你来逗我，现在轮到我来逗你了！）

师：你们自己也来这样试试，记住，心里想的可别说出来了！

生：（读得兴致盎然）咦，怎么我的脚也痒痒的？低头一看，哦，原来是一只大虾在逗我呢！它摇摆着两条长须，活像戏台上的一员武将。我轻轻伸过手去，只一捏，这武将就成了我的俘虏，再也神气不起来了。

师：是呀！赶海是多么有趣呀！摸螃蟹，捏大虾，就算给螃蟹用大螯夹住了手，也觉得高兴。难怪“我”要闹着舅舅带“我”去赶海呢！请你来读读你喜欢的句子。

生：那是暑假里的一天……海水哗哗往下退，只有浪花还不时回过头来，好像不忍离开似的。我兴奋极了，飞跑着追赶远去的浪花。

师：这个“闹”是不是胡闹呀？这个字用在这里好不好？

生：不是胡闹。是可爱的小调皮，他和舅舅亲近着呢！

师：你来试着读一读。

生：（声情并茂地读）那是暑假里的一天……

师：你读出了这种急切的心情和小朋友的天真可爱。接着往下读。

生：（继续读句子，稍快）海水哗哗往下退，只有浪花还不时回过头来，好像不忍离开似的。我兴奋极了，飞跑着追赶远去的浪花。

师：把“哗哗”读慢一点儿，音节拖长一点儿，让大家仿佛能听到浪花的声音。试试看。

生：（有所领悟地读）海水哗哗往下退，只有浪花还不时回过头来，好像不忍离开似的。我兴奋极了，飞跑着追赶远去的浪花。

师：浪花就像个调皮的孩子，多可爱啊！你们说能追到浪花吗？在奔跑的过程中能追到什么呢？

生：开心。

生：快乐。

生：笑声。

生：满足。

师：同学们，我们一边读书，一边不知不觉地揣摩了文章中词语句子的意思，体会了隐藏在里面的感情，让我们通过朗读表达出情趣，好吗？我来读前一句：那是暑假里的一天，我闹着要舅舅带我去赶海，舅舅答应了——

（师生合作读。）

师：大家琅琅的读书声，让我们体会了追赶浪花的乐趣。

师：浪退了，可爱的浪花离我们越来越远了。“我”和舅舅一起来到海边，这时，沙滩上已经有好多人了！他们有的——

生：捉螃蟹。

师：有的——

生：捞海鱼。

师：有的——

生：捡贝壳。

师："我"也立刻加入了他们的队伍。快乐的时光总是让人觉得很短暂。当"我们"还沉浸在赶海的快乐中时，太阳已经偏西了。夕阳中的大海又是怎样的呢？有谁喜欢第四自然段？

生：我最喜欢第四自然段。我觉得这一段很美。

师：对啊，热闹是一种美，平静也是一种美。那么从这一段里你们仿佛看到了什么画面？

生：海鸥、大海。

生：夕阳。

……

师：你们能根据画面改写我们刚读过的王勃的名句吗？

生：我把"落霞与孤鹜齐飞"改成"落霞与海鸥齐飞"可以吗？

师：太妙了！后面一句呢？

生：海水共长天一色。

师：严老师在备课的时候曾经想过根据当时的季节把"秋水"改成"夏水"，后来觉得还是"海水"美，有气势。真没想到跟你想到一块儿了。我们真是——

生：知音。

生：心有灵犀。

生：不谋而合。

师：让我们一起美美地读一读，体会大海的宁静美。

四、配乐诵读

师：今天，很高兴能和同学们一起赶海，不知道你们是不是和我一样觉得特别开心，心里也美滋滋的？这样吧，我来为你们配上音乐，让我们来美美地朗读全文。

（学生伴随着音乐，读得兴趣盎然。）

《眼睛》教学设计

【教学设想】

我一直这样认为，孩子们童稚的心灵就是一个诗的国度，他们那一句句自然而然流淌出来的未经雕琢的语言，在我看来就是世界上最纯、最美的诗句。《眼睛》是一首极富儿童情趣的小诗，它内容浅显易懂，语言凝练生动，韵律和谐优美。如何把握儿童诗的特点，调动学生多种感官参与学习过程，进而发展他们的语言，启迪他们的智慧，张扬他们的个性，让诗情画意始终萦绕在课堂，让“活化语文”实实在在地体现在课堂是我备课时思考的一个重点。

在教学中，一方面我准备灵活地利用教材，创设情境、读中感悟、启迪联想……在“情趣”中触动学生的心弦，开启学生的心扉，让他们欣欣然走进诗的意境；另一方面我要引导学生将纯净的目光投向美丽的大自然，投向美好的生活，从他们的心灵深处引出一股清泉，让纯真的语言化为盎然的诗句，洋溢在课堂教学之中。我期待着在浓浓的人文情怀中，在音乐、画面、诗歌这融为一体的氛围中，在学生们积极参与的合作、交流中，学生的语文素养随着心灵和情感的熏陶而提升。

【教学过程】

一、创设情境，快乐识字

师：美丽的夜空挂满了亮晶晶的小星星，知道吗？这些小星星还会眨眼睛呢！如果哪个小朋友能读准星星上面的词语，星星就会朝你眨眼睛。

（学生主动参与，尝试探究生字，形式多样，教师伺机引导。）

【设计意图】运用媒体功能创设温馨而富有情趣的识字情境，使学生在学习过程中获得愉悦的心理体验。星星眨眼这一富有人性和童趣的评价设计，令每一位小朋友跃跃欲试。

二、自由选读，体会诗境

师：星星是天空的眼睛，它把自己看到的好多好多事情告诉天空，它给天空带来了好多好多快乐。其实，我们的生活中有各种各样的眼睛，那还会是什么的眼睛呢？让我们先来看看课文，自己读读。待会儿把你最喜爱的一句读给大家听。

【设计意图】新课程改革下的课堂，已不再是教师指令性的语言来主宰。一个“最喜爱”，把选择的权利留给了学生。

师：最喜欢哪一句就读哪一句。

（屏幕上随机出现相应的诗句及画面内容。）

生：我最喜欢这一句——湖泊是大地的眼睛。

师：我听出来了，你特别喜欢湖泊。这水汪汪的眼睛都映出了些什么呀？

生：白云映在眼睛里像棉花糖。

生：像大白鹅。

生：太阳映在这眼睛里像红气球。

生：我觉得像红苹果。

师：那湖泊边的芦苇呢？

生：像眼睛上的长睫毛。

师：来，让我们带着自己的想象再读读这句话。

【设计意图】凭借插图让学生理解“倒影”。学生展开联想和想象，在脑海中勾画出生动的画面，并联系生活经验获取情感体验，感受“眼睛”的美。

师：你还喜欢哪一句？

……

【设计意图】整个阅读交流的过程是学生运用自己的想象力、创造力去填补文本空白的过程。因此，创设情境，引领孩子走进课文，情感朗读、想象情境促使他们深刻体验。

师：小草、天空、大地、航船都有自己的眼睛，我们小朋友也有一双亮晶晶的眼睛。每天，眼睛会告诉我们，世界现在怎么样。假如我们没有了这眼睛会怎样呢？小朋友，闭上眼睛体会一下，这时你的心情怎样？

（有学生模仿盲人摸索状。）

生：我很伤心。

生：我很痛苦。

生：我觉得很孤独。

师：看，这位老爷爷就是一位盲人，他什么也看不到，多么可怜呀！小朋友，怎么办？

（屏幕上出现课文中送盲人过街的插图。）

生：我会牵着盲爷爷的手过马路。

师：老爷爷该多高兴呀！

生：我会去爱他！

师：会爱别人的孩子最可爱！我真喜欢你。

生：我会和小朋友一起去帮助他，让爷爷开心。

师：小小年纪可真懂事！原来小朋友的眼睛不仅是看东西的，还可以用来帮助别人呢！

师：这位盲爷爷会对小朋友说什么呀？

生：小朋友，你的心灵真美。

生：谢谢你，你真是个有爱心的孩子。

生：虽然我的眼睛看不见了，可你就是我的眼睛呀！

【设计意图】合理地将学生角色迁向生活角色，有利于激发学生对教材的亲近，激发学生的生命意识，使学生自由地钻进课文的怀抱，无拘无束地开掘课文中的矿藏，吮吸它的甘露，实现生命意识与课文内涵的同步律动。

三、朗读挑战，尝试背诵

师：在课前，这篇课文老师已读了好几遍了，现在，我很想跟你们比一比，谁敢跟我比？

（学生跃跃欲试。）

师：不过，我在课前读了很多遍，可你们才读几遍，为了公平起见，老师再给你们一点儿时间，再念一念，有把握了再举手。

（学生积极练读。）

师：你没有举手，我想和你比可以吗？

（学生不吭声。）

师：是怕自己读不好，对不对？

（学生点头。）

师：没关系，老师相信你。

（学生读得不流利。）

师：你刚才读了几遍？

生：两遍。

师：只读了两遍就把课文基本读通了，不错。不过，老师可是读了很多遍的，所以我要找读了很多遍的小朋友来和我比。

……

师：听你们读得这么好，我也忍不住想来读读了，请你们检查一下老师读得怎么样。

（学生鼓掌。）

师：你们为什么要给老师鼓掌呢？

生：我觉得你读得有声有色，很有感情。

师：谢谢你的夸奖。

生：我发现你脸上的表情在变化。

师：这都被你看出来了。

生：我还听出了你心里的快乐。

师：是吗？你真会听！告诉你们一个小秘密吧，我一边读，一边在头脑中画图画、放电影，所以就能读好了。你们还想读，是吗？

师：来，大眼睛的小朋友一起读。

（小朋友睁大眼睛读得很起劲。）

师：有亮晶晶的小眼睛的小朋友一起读。

（有的小朋友眯起眼睛又读一遍。）

【设计意图】静态的语言文字，如果带着想象和生活体验去读，它就会在孩子心中跳荡起来。话于是就变成了画——变成了动态的画，变成了充满生命活力的画。

师：我发现有些小朋友不用看书就能读出课文了，我们把书本合上，试试看，背出来。

（学生尝试背诵。）

四、句式迁移，创编诗歌

师：昨天我在家里试着用课文中的这个句式作了两句诗呢，不过，我把它藏在画里了，聪明的小朋友，你们能猜出我作的诗句吗？

生：鱼儿是大海的眼睛。

师：这诗句很美，可是我没有画大海呀！

生：哦，小鱼是小溪的眼睛。

生：蝴蝶是花儿的眼睛。

师：我就是这么想的。

生：小朋友是草地的眼睛。

师：多生动呀！再瞧瞧这一幅。

生：路灯是城市的眼睛。

师：你真能明白我的心思。

生：窗户是楼房的眼睛。

师：呀，比我想的还要好。

【设计意图】具体的情境是语言的发源地。这一环节为学生创设了贴近生活的情境。使他们饶有兴趣地投入到说话中，积极地思考、想象，这样他们的语言才会如涓涓细流，流出心田。

师：你们还能想象出什么是什么的眼睛呢?

生：小水珠是荷叶的眼睛。

生：七星瓢虫是树叶的眼睛。

师：你为什么这么说呀?

生：因为七星瓢虫可以吃掉树叶上的害虫，它给树叶带来了快乐。

师：你想得太妙了!

生：大字是单位的眼睛。

师：门牌上的大字是吗?

(学生点头。)

生：牛、羊是草地的眼睛。

生：我是奶奶的眼睛。因为我奶奶老了，不常出门，我就把我看到的好多好多事情告诉奶奶。

师：奶奶不出门也可以了解外面的世界，真好。

……

【设计意图】对智慧没有挑战的课堂不具有生成性，没有生命气息的课堂也不具有生成性。引导学生展开想象，学着用诗的语言来表达，既为学生享受快乐的语文、快乐生活创设了情境，又为学生的创作插上了翅膀。

师：其实，像这样一句一句很美的句子合起来就是一首小诗呢！大家想不想作诗呀?

生：想!

师：这样吧，四人小组每人想一句，合起来作一首诗，怎么样?

【设计意图】学生在课文的学习中得到了许多启示，教师及时地营造一种自由自在的课堂氛围，让学生在与同伴合作交流的过程中思绪飞扬。

(小组合作写诗。)

师：来，把你们写的小诗告诉大家。

生：(合作)蝌蚪是池塘的眼睛，斑马是草地的眼睛，窗户是楼房的眼睛，电视台是世界的眼睛。

师：多美的一首小诗呀!

生：(合作)萤火虫是夜空的眼睛，灯光是城市的眼睛，我是奶奶的眼睛，我们是祖国的眼睛。

师：小朋友们都成小诗人了。

【设计意图】走进文本，又走出文本，并超越文本，使课堂充满浓浓的创新气息和多姿多彩的生活情趣。

五、自选方式，课外延伸

师：为了让更多的人来欣赏我们写的诗，小朋友可以将你的诗配上插图贴在你的床头，也可以把诗写在卡片上送给你最喜欢的人，会上网的小朋友还可以和爸爸妈妈一起把你写的诗发到网上，让好多好多人都能看到你写的诗。

（播放《小星星》的歌曲，屏幕上小星星伸着手眨着眼睛好像在和小朋友说再见。）

思考：

打开学生的思路，为他们插上想象的翅膀，在创新的王国，自由驰骋，这是学生的需要，也是我最大的心愿。

在教学工作中，我们不难发现，学生的思维是最没有束缚的，是最活跃的。他们的脑子里装着许许多多奇异的火花，只要得到一个小小的思维激发他们就会诱发想象，开始创新，我们的教育应该给他们的思维再插上翅膀，让他们在更广阔的天空中自由地飞翔。

我们常说要培养学生的创新意识、创新精神。其实从某种意义上说，这些都不需要“培养”，因为那是与生俱来的。可是在通常情况下，儿童从接触这个世界开始，人们便不断地告诉他们什么是对的，什么是错的，应该怎样做，不应该怎样做，孩子们的思想一点一点被禁锢。我们必须了解儿童、研究儿童，懂得儿童文化的特点。杨再隋教授曾说过：儿童文化是一种诗性文化，儿童在现实世界中不断转换着诗性文化，他们对现实和幻想的认识有时是模糊的。我们不能武断地指责孩子的这种认识，正是孩子这样想入非非的幻想、标新立异的见解，造就了崭新的儿童文化，显露了儿童的天性，这是智慧的火花，是创新的萌芽。“窗户是楼房的眼睛”“七星瓢虫是树叶的眼睛”“我是奶奶的眼睛”……这一句句从孩子们嘴里流淌出来的诗句，让我们看到了他们那独特的精神世界，这不同于成人的思维方式，往往蕴含着创造的灵感和伟大的构想。

要让学生在课堂中体验学习的快乐，感受到成功的喜悦，激发创新的火花，教师的评价也显得尤为重要。“你真能明白我的心思。”“比我想的还要好。”“你把眨着眼睛的小星星读得活灵活现的。”……这些贴近孩子心灵的评价语言，必将促使孩子在老师的评价中发现自我，肯定自我。同时，教师多元化的评价语言，也可以感染学生。孩子们也学会了用心去聆听老师或同伴的朗读，学会了赞美或委婉地提出自己的看法：“你让我欣赏到了一幅美景，谢谢你！”“你读得有声有色，很有感情。”“你读得很流利，只是……”

当然，任何教学活动不可能完全按照教者的想法进行。在教学过程中，经常会有意想不到的情况产生，学生在课堂上表现出来的鲜活的“学情”，便是最重要的教学资源。在这节课中，有的学生说出了“炮弹是大炮的眼睛”“子弹是枪支的眼睛”等不和谐的诗句，课堂上我没有及时地做出反馈，课后，我想，如果我能先肯定他们的说法并及时引导学生将眼光投向美丽的大自然，投向美好的生活，这样将会在孩子们童稚的心灵里留下一片和平、一片安详的感觉。面对这些临时出现的、意料之外的情景，我们应该把握时机，相机引导，以拨动学生的审美心弦，这样才能提高他们的艺术鉴赏力，使他们拥有一份永不泯灭的奇思妙想，在美的世界中不断去探求、去创造，这样的教学才有可持续性。

《湖边》教学设计

一、聆听朗诵，带入情境

我想先请大家闭上眼睛，深呼吸，轻轻地打开你的想象之门。

（课件播放音乐。）

这是一个晴朗的秋天，我们来到了风景秀丽的湖边。蓝蓝的天空，飘着悠悠的白云。蓝蓝的湖水一碧如洗。几只大雁，从我们眼前飞过去了。空气里散发着秋的香味，也许远处有个可爱的果园吧。轻风徐徐吹来，我们凉爽极了，头脑变得越来越清醒，眼睛变得越来越明亮。我们看到了，看到了白云飘动，落叶飞舞。我们听到了，听到了青蛙在唱歌、小鸟在欢叫。多美的秋天呀，多美的湖边呀……好，现在请深深地吸一口气，慢慢地醒来，醒来，睁开眼睛。

二、欣赏图画，激发想象

1. 出示图画。

看到秋天了吗？闻到秋天的气息了吗？

看，这就是秋天的湖边。

（课件：先出现一汪湖水，湖边有草地，有树木。）

呀，一只好漂亮的蝴蝶飞过来了，小青蛙也来凑热闹。

（课件：湖面上出现一只漂亮的蝴蝶，一只青蛙从湖边跃入湖水里……）

2. 拼读词语：

蝴蝶　　青蛙

3. 启发想象。

咦，蝴蝶它来做什么呢？

——尽量让学生想象，

——看看这蝴蝶究竟是来干什么的。

三、理解诗歌《湖》，欣赏诵读

湖

好大一面镜子，
蝴蝶飞过来，

照一照，
看看衣服美不美。
看看身材好不好。
一只青蛙跳过来，
蝴蝶大声叫着：
我的衣服破了，
我的衣服破了！

1. 老师诵读。

2. 拼读词语：

镜子　衣服　身材

3. 学生朗读诗歌。

先自己读一读，再学生个别读，然后学生齐读。

4. 回答问题：

这只蝴蝶到湖边来干什么的呀？

蝴蝶却着急地叫着：衣服破了，衣服破了！她的衣服真的破了吗？

5. 指导有感情地朗读诗歌：读出开始的甜美，读出后来的着急。

四、理解诗歌《秋叶飘飘》，欣赏诵读

1. 课件：镜头从湖面转到几棵枫树，树叶有红有黄。树上的枯叶纷纷落下，草的颜色渐变。

2. 同学们看，秋意渐渐浓了，一片片树叶从树上飘落下来了。

——咦，这些红色的、黄色的叶子又像什么呢？

——树叶纷纷地飘落下来，想干什么呢？

(尽量让学生想象。)

3. 有一个小作者也和你们一样，看着纷纷飘落的秋叶展开了丰富的想象，写出了下面这首诗歌。

秋叶飘飘

红色的蝴蝶，
黄色的小鸟，
在空中飞翔，
在风中舞蹈。

不是蝴蝶，
不是小鸟，
是红叶舞，
黄叶飘，
像秋姑娘发来的电报，
告诉我们秋天已经来到。

4. 指导理解、诵读。

（1）拼读词语：

飞翔　　舞蹈　　姑娘　　电报

（2）教师范读。

（3）学生自主朗读。

自由读。指名读。齐读。

（4）回答问题：

把秋叶比作什么？

——像蝴蝶在空中飞翔；像小鸟在风中舞蹈。

——像秋姑娘发来的电报。

（5）指导有感情地诵读。

——读出喜悦，读出飞翔的快乐，读出自由自在。

五、理解诗歌《不学写字有坏处》，欣赏诵读

1. 出示图片。

越来越多的树叶染上了秋天的颜色，好多秋叶在空中飘啊飘，飘落到地面。一件有趣的事情发生了。瞧——

课件：镜头追随树上飘落到地面的一片叶子，一只小虫（七星瓢虫）从叶子里探出头来咬了三个洞，接着叶子被风吹到了另一个地方，一只蚂蚁也从这片叶子里探出头来咬了三个洞。

2. 引发想象。

多么有意思的画面呀，它们在干什么？

小虫在叶子上咬三个洞，表示什么意思啊？

树叶被风送给了蚂蚁。蚂蚁也在上面咬了三个洞，这又是什么意思呢？

3. 出示诗歌。

有一位台湾的作家小时候也看到这件事，她特别会想象，她觉得这是小虫和蚂蚁在写信呢，可是因为他们不会写字，所以遇到了一点儿麻烦，想看看她是怎样描述的吗？

不学写字有坏处

方素珍

小虫写信给蚂蚁，
他在叶子上咬了三个洞，
表示我想你。

蚂蚁收到他的信，
也在叶子上咬了三个洞，
表示看不懂。

小虫不知道蚂蚁的意思，
蚂蚁不知道小虫的想念，
怎么办呢？

4. 指导理解、诵读。

（1）拼读词语：

小虫　蚂蚁　表示　意思

（2）教师范读。

（3）学生自主朗读。

自由读。指名读。齐读。

（4）回答问题：

小虫不知道蚂蚁的意思，蚂蚁不知道小虫的想念，怎么办呢？

（5）指导有感情地诵读。

——读出困惑。

六、补充画面，叙说想象

1. 带入情境。

其实，秋天的湖边还有好多好多动人的画面，还有好多好多有趣的故事，只要你有用心的眼睛，只要你有灵敏的耳朵……现在请你再次闭上你的眼睛，（音乐）我们又来到了湖边，秋天就在你的眼前，秋意更浓了，远处……近处……让我们用自己的想象来丰富秋天的画面，秋天的色彩……

2. 补充画面。

现在，我想请聪明的你们用灵巧的画笔来继续描绘我们秋天的图画，秋天还有什么景物呢？请你们将刚才看到的景物，添在画面上。

（三分钟之后。）

3. 叙述想象。

请小朋友讲述自己的图画，引导他们尽量发挥想象。

4. 总结。

今天我们一起来到了秋天的湖边，在这儿，同学们展开了想象的翅膀，朗读了精美的诗歌，也画下了有趣的图画。你们笔下的作品真让我喜欢，你们独特的想象让大家看到了不一样的秋天。比秋天更美丽的是你们的想象！下课。

设计思考：

一、模仿是创造的基础

教师提供的阅读材料可以使学生在模仿写作中形成一种“内部轮廓”，好的阅读材料不仅是让学生学到了写作技巧，更重要的是激发了他们的想象力和创造精神。本课以诗歌体裁的阅读材料作为切入点，以期培养学生的写作兴趣和自信心，提高学生的文化品位和审美情趣，激发学生的想象力和创造潜能。

二、具有童话性、故事性

儿童思维是文学性思维，儿童的语言也是文学语言遍布的语言。的确，当看到月亮被乌云遮住，他们往往想不到要下雨了，乌云遮住了月亮，便会说：“啊，月亮也怕被雨淋着。”当看到大蚂蚁和小蚂蚁的不同时，他们往往想不到是品种的不同，他们会说：“呵，蚂蚁妈妈和蚂蚁宝宝在散步呢！”艺术的本能在小学阶段的儿童身上显示着强大的力量。我们要求学生讲自己的话，就要注意到儿童的这种“缪斯天性”。所以，在进行本课的设计时我力求创设童话般的情景，故事般的情节，力求尊重儿童独特的审美体验和儿童的语言，让他们愉快地、轻轻松松地写出自己的话。

三、寻找触发点

在写作教学中，教师指导学生，展开想象时要善于抓住“触发点”。“触发点”常常是眼前的实景，即眼前的人、事、景、物。“触发点”选得好，想象的阀门就会打开，就如同童话中的魔棒一般，脑中会闪现出许多奇妙的想象，许多生动的形象。在教学中，我总是尽力抓住可以触发想象的每一个契机，诱导学生通过描述自己的独特体验而触发丰富的想象。比如蝴蝶飞舞、落叶纷飞、小虫写信等学生既感兴趣，又善于描绘的情景，极力引导学生放飞想象的翅膀，让他们获取童话王国的乐趣。久而久之，学生便有了创作的欲望，习作兴趣的种子就会在童话的园地里生根、发芽、开花、结果。

四、带着感情去观察

苏联教育家赞可夫说："只有在学生情绪高涨，不断要求向上，想把自己独有的想法表达出来的气氛下，才能产生使儿童的作文丰富多彩的那些思想、感情和词语。"小学生在观察客观事物的过程中，一般伴有一定的情感。如看到美丽的景物，欣赏悦耳的音乐，一定会感到心旷神怡；看到丑恶的事物，听到刺耳的声音，一般会感到厌恶憎恨；也有的学生在观察中漫不经心，对观察的对象冷冷冰冰，写起文章来平平淡淡，没有半点儿生机，缺乏真情实感。培养学生带着感情去观察很有必要。在课堂里，我尝试用画面、声音、诗歌……给孩子们带来视觉上的、声音上的、情绪上的感染，从而使学生产生乐意观察的热情，倾吐的渴望。

五、讲述自己喜欢的故事

孩子的思维和想象是我们成年人无法理解和想象的，这些游弋于思想艺术的精华往往被认为没有社会价值而被我们忽视了，而结果恰恰会使具有天赋的孩子失去更多被发现和培养的机会。因为在这些讲述中充满了思想的结晶。在孩子们不成熟的讲述中可能就潜藏着伟大的革新。所以，面对孩子的叙述，重要的是我们要知道孩子们到底要讲述什么。当我们居高临下时，孩子们的叙述会发生偏离。当一个学生对某种事物产生兴趣的时候，他往往很愿意讲述。我们在作文中要发现和培养这种由语言讲述转换到文字表达的能力，这也会使孩子更加增强对讲述本身的喜欢。教师在这样的交流中需要扮演的是倾听者的角色。讲述自己感兴趣的事，这本身就是很大的快乐。我们在听孩子讲述这种快乐时，善意地告诉他们哪些地方我们没有听明白，告诉他们文字必要的技巧时，他们的改变和认知能力就会加强，这就会成为提高孩子写作能力的方法之一，并可以使之有动力将其继续下去。

《玩出了名堂》教学设计

【设计理念】

引发质疑、以疑导学是一种较好的教学方法。它不仅有助于激发学生的兴趣，而且能有效促进学生去主动探究和发现，促进理解、加深感悟，进而推动学生的阅读思辨与探索能力。

【教学目标】

1. 会认 6 个生字，会写 12 个生字。正确读写“名堂”“调节”“显微镜”“微生物”等 17 个词语。

2. 有感情地朗读课文，从列文虎克玩出了名堂的过程中受到启发。

3. 激发学生的好奇心和求知欲，培养学生的观察能力和创造意识。引导学生写出玩中的乐趣。

【课前准备】

1. 教师准备：多媒体课件。

2. 学生准备：搜集有关列文虎克、显微镜、微生物的图片及文字资料。

【课时安排】

两个课时

【教学流程与设计意图】

第一课时

一、抓住“玩”字，谈话导入

1. 同学们，刚才的课间 10 分钟，你们在干些什么？

2. 今天，老师特意为大家准备了一个玩具——圆形的镜片，你们想怎么玩？

3. 同学们，你们知道吗？在三百多年前，荷兰的生物学家列文虎克也喜欢玩，而且特别喜欢玩镜片，不同的是列文虎克在玩镜片时竟玩出了名堂！（板书课题。）

4. 看到课题，你们想说些什么？有些什么疑惑？

【设计意图】定准一堂课的灵魂和基调就像弹琴定准琴音、唱歌定准调值一样，决定着演奏、演唱能否成功地进行。本课讲述了一个有关“玩”的故事，全文贯穿一个“玩”字。课始从课文整体入手，以“玩”为切入点，让学生说说自己平时喜欢玩的游戏，然后让学生玩镜片，由此定准“玩”和“名堂”两大基调。让学生很快地、自然而然地进入角色、进入情境。

二、初读课文，学习生字

1. 刚才大家提出了不少问题，要想解决这些问题，我们先要将课文读通读顺，并勾画出生字、读准字音，遇到长句子和难的句子先把它标记出来，多读几遍。开始读书吧！

2. 课文里出现的生字你们会读了吗？如果你会读，就请你快速读出来。（多媒体以游戏的形式依次出示生字、词语。）

（1）孩子们，你们能再读读这三个字吗？注意后鼻音字的发音。（多媒体依次出现“堂”“镜”“访”三字。）

（2）谁来带读这两个字呢？（多媒体出现多音字：“调”“待”。）

3. 你们有什么好办法记住这些字呢？

4. 同学们，要想更好地记住这些字，咱们就要写写它们。在写之前，请注意观察每个字在田字格中摆放的位置。（多媒体显示田字格中的字。）你们说说书写它们时我们需要注意什么？

教师应强调：

（1）“腿”与“随”的笔顺。

（2）“闲”与“阅”，“腿”与“随”的字形。

（3）“镜”“待”“调”“访”为左右结构，左窄右宽。“简”“堂”字要方方正正、笔顺流畅。

（4）“拜”的右边是四横，“具”的里边是三横。

5. 现在请同学们开始练习，要按笔顺规则认真书写，并注意写字的姿势——头正、身直、臂开、足安。（教师巡回指导，随机进行讲评。）

【设计意图】识字、写字在中年级仍是重点。在教学时教师应善于引导学生观察汉字的特点，鼓励学生选择自己喜欢的方式记忆生字，这样既有利于调动学生学习的积极性，也有利于学生根据自身的情况进行自主学习。

三、围绕“名堂”，精读课文

1. 刚才我们与生字交上了朋友，现在请你们把生字放回课文中，再读一读课文。可以邀上你的小伙伴一起读，遇到不懂的地方互相交流。

2. 谁能用比较简洁的语言说一说这篇课文主要讲了一件什么事？

3. 思考同学们刚才提出的那些问题。

4. 逐段朗读，探究“玩法”。

（1）解析“怎么玩”——学习课文第二、三段。

·读一读，找出自己喜欢的情节。

·想一想，从列文虎克玩镜片的过程中你感悟到了什么。（引导学生抓住关键的词语体会列文虎克玩镜片的特点：在做中玩，在玩中做。）

·你会怎样玩镜片？谁来谈谈你对列文虎克这种“玩法”的看法？

（2）感悟新“玩法”——学习课文第四段。

·自由朗读课文第四段。

·列文虎克开始是怎么玩的？看到了什么？你们想看看放大镜下蚊子的腿吗？（多媒体演示。）

·列文虎克第二次是怎么玩的？又发现了什么？想感受一下显微镜下的“小人国”吗？（多媒体演示。）

·看了放大镜下蚊子的腿，看了显微镜下的“小人国”，你们想说些什么？

·转换角色想象：假如你是列文虎克，就这样改变一下“玩法”竟发现了一个全新的世界。此时你的心情会是怎样？内心会怎样想呢？

·那我们就带着这种感觉来读读课文。

·交流感悟：了解了列文虎克玩中的发现以后，你想对列文虎克说些什么？

（3）感叹“玩出的名堂”——学习课文第五段。

·列文虎克看到的“小人国”究竟是什么？他究竟玩出了什么大“名堂”？让我们再来读读课文最后一段吧。

·列文虎克在玩镜片时有了伟大的发现，聪明的你在读这一段时对其中的标点符号又有什么新发现呢？

·为什么“小人国”“居民”两个词语要用双引号呢？

·你们认为“小人国”是指什么？“居民”又是指什么？

·现在你们明白列文虎克究竟玩出了怎样的大“名堂”吗？

（4）讨论“玩”“观”——学习课文第一段。

·平常同学们都爱玩，在玩中也一定有一些自己的心得或体会。现在读了列文虎克的故事后，你们对“玩”有新的认识和感悟了吗？

·先小组交流，然后派代表汇报。

·课文对“玩”又持有怎样的观点呢？让我们齐读课文的第一段。

【设计意图】“牵一发而动全身。”这一环节主要采用了“读悟法”进行教学，不仅给学生充分的读书时间，更加给予学生充足的思考空间。学生就在这充足的时间、空间中通过朗读感受到了语言文字的魅力，获得了情感的升华。同时在朗读的基础上引导学生自主思考、互相交流、共同探究、经历问题解决的过程，这样学生才能把书读进去、读出味来；这样，学生的感悟才能深入，从而领悟到读书的乐趣，体验到成功的快乐。

四、总结全文，拓展延伸

1. 同学们，课文学到这里，你们悟出了什么？

2. 学生交流感受。

3. 课后，你们还可以搜集有关列文虎克、显微镜、微生物的图片及文字资料，以及古今中外“玩出了名堂”的故事。我们将在下节课中交流。

【设计意图】以读促讲，以议促讲，通过学生之间有效的合作交流，不仅促进了学生与文本的直接对话，还激发了学生之间的对话。同时教师引导学生在课外收集资料，不仅培养了学生收集信息的能力，还扩充了学生的阅读视野。

第二课时

一、交流融汇，升华“玩”法

1.《玩出了名堂》一课，全文贯穿一个“玩”字。初看时，也许有人会认为列文虎克的重大发明创造是在他不经意的玩中完成的。通过上节课的学习，我们知道其实不是这样的。列文虎克虽然没有受过正规的教育，但是他非常善于观察、善于思考，在玩中也是如此，最终他玩出了震惊世界的“名堂”。同学们，你们谁愿意汇报你所了解的其他有关列文虎克和他的研究成就的资料？

2. 学生交流汇报搜集到的有关列文虎克、显微镜、微生物的图片及文字资料。

3. “玩家大搜索”。

（1）从同学们的汇报中，让我们明白：拥有好奇心、富有求知欲、善于观察、勤于思考，是科学创造和发明的原动力。古今中外还有不少名人也是从“玩”中玩出了“名堂”。比如：富兰克林就是由于好奇心而揭开雷电之谜的；还有爱迪生，他小时候常常对人类的各种奇异的创造惊喜万分，他曾悄悄把家里的钟表偷出来，一件件拆开，然后再装上，一心要了解钟表的秘密……同学们，接下来就让我们放眼世界，进行一次“玩家大搜索”吧！

（2）学生汇报交流搜集到的古今中外“玩出了名堂”的故事。

【设计意图】此处让学生在交流中认识到如果能在平时的玩耍、游戏中，养成留心观察事物的习惯，可能同样也会有所发现。从而激发学生的观察兴趣，为今后的教学做好情感的铺垫。同时让学生展示搜集的资料和图片，也培养了学生搜集信息的能力。

二、链接生活，延伸“玩”观

1. 我们就应当像列文虎克这种名人这样，在玩中有所发现，在玩中获得启示，在玩中敢于创造！现在就请同学们回忆自己以往在玩中的乐趣、收获，也可以构想自己往后可能玩出怎样的名堂。

2. 学生交流、展望。

3. 玩家赠言：把你的一句心愿，一首心情小诗，一篇“玩”法心得写下来，以此赠给你的朋友、家人吧！

（教师鼓励学生想怎么写就怎么写，写出自己在玩中的乐趣、感悟和收获。可以是一句格言、一张卡片、一首小诗、一篇读后感……）

4. 组织学生汇报交流，点评学生作品，奖励“写话小明星”。

【设计意图】 我们已经习惯了传统语文惯用的收尾方法，无非是总结课文、归纳中心思想、寻找写作特点、布置课堂作业；也有比较重视“读写结合”的，会增加一点儿笔头表达的练习，但大多是缩写、扩写、仿写之类。而此设计中，力求引导学生跳出“文本”，将内化的感悟，向不同的对象群体（自己、朋友、家人……），用不同的文体（赠言、格言、小诗……）表达。这实际上是让学生运用语文工具影响他人、完善自我意志的表达。这种“超文本”的创造性语文活动，让学生获得了知识与能力、过程与方法、情感态度与价值观“三位一体”的综合性发展。

【板书设计】

15. 玩出了名堂

↗磨镜片　　放大镜↘

玩　　　　　　　　　　名堂

↘放大镜　　显微镜↗

善于观察、善于思考

【设计意图】 板书设计紧扣一个“玩”，以“名堂”为线索，简洁明了、层次分明、环环相扣、重点突出；能有效地指导学生通过看板书理解课文，感悟生活哲理。

【特别建议】

1. 《玩出了名堂》一文的教学要贯穿一个“玩”字。初读课文，你可能觉得列文虎克的重大发明创造是在不经意的玩中完成的。其实不然，正是列文虎克在“玩”的过程中善于观察、善于思考，才“玩”出了震惊世界的“名堂”。一开课就可以以“玩”为线索，针对课题提出问题，引导学生进入学习情境，这是激发学生学习兴趣的有效途径。

2. 朗读是学生与课文心灵之间的对话。引导学生感受、感悟也是阅读教学的重点所在。在朗读时要引导学生有针对性地思考、讨论，挖掘学生的情感体验，激发学生的个性表达。让学生在读读议议中增强感悟，丰富体验；得到情感的熏陶、思想的升华。

3. 在学生通过学文受到感染和启迪之后，要趁热打铁，让学生写一写玩中的乐趣和收获，要鼓励学生想怎么写就怎么写。但要注意这是小练笔，不能拔高要求。

4. 整个教学过程要注重指导学生掌握基础知识、形成语文能力，突出一个“实”字；调动师生、生生之间情感互动、心灵交流，突出一个“活”字；引导学生在自主、合作、探究中学习，频频闪现思维的火花，突出一个“新”字；力求“以情励学、以趣激学、调动参与、启迪创造、注重内化、求精求活”。

《柳树醒了》教学设计

【设计理念】

让语文的课堂成为生活化的课堂，让生活的体验渗入于本真的课堂，这是新课程对语文教学的真情呼唤。教师应从学生生活入手，以学生的生活体验激发学生识字、朗读、体会、想象，从而让学生迅速进入情境，走进属于自己的阅读品味与体验的情境中，成为真正读书的主人，真正地体会"学习的乐趣"。

【教学目标】

1. 认识"醒""雷"等8个生字，会写"说""话"等6个字。

2. 正确流利地朗读课文，背诵课文。能通过朗读感悟春天的美。

3. 能在观察中发现春天事物的变化。

【课前准备】

1. 教师准备：教学课件；春雷、春雨、春风、春燕、柳树的头饰；生字卡片。

2. 学生准备：生字卡片、棉花、水、水彩笔、白纸。

【课时安排】

两个课时。

【教学流程与设计意图】

第一课时

一、谈话交流，趣味导入

1. 小朋友们，春天已经不知不觉地来到了我们身边，你们找到春天了吗？春天在哪里呢？

2. 你们看，这是小朋友们找到的春天，瞧，多美啊！（课件展示学生画的春天的图画，同时，播放泉水叮咚、百鸟争鸣的声音。）

3. 你们看到、听到了什么？

4. 春天是个美好的季节，春天一到，万物复苏，可是，有一棵贪睡的小柳树（课件出示小柳树的冬景图），她不知道春的世界那么美，还舍不得醒来呢！小朋友们，我们来叫醒她，好吗？

【设计意图】阅读是什么？是品味语言所构成的声音、色彩、味道，更是品味它精彩的画面、情境与生活。这是孩子们更能理解的阅读，更喜欢并能入情入境的阅读。在这里，教师让学生去寻找生活中的春天，去唤醒贪睡的小柳树，于是学生在不知不觉中走入了文本，进入了富有情趣的阅读乐园！

二、初步体验，整体感知

1. 在小朋友们的呼喊声中，小柳树睁开了眼睛，可是，不一会儿，又睡着了，糟糕，这可怎么办呢？我们该找谁来帮忙呢？（课件展示柳树睁眼又闭眼的样子）让我们从课文中寻找答案吧！

2. 学生借助课文的拼音宝宝，自由地朗读课文，不会读的字用笔圈出来。

3. 小组合作学习：

（1）把生字卡片读给小组成员听，听后互相纠正。

（2）小组合作，共同把课文内容读通读顺。

4. 检查自学情况：

（1）出示词语卡片“打雷、雷雨、树枝、树梢、软和、梳洗、玩耍、苏醒、洗澡”，请小老师带读。

（2）说说读这些词语时要注意些什么。（“澡”是平舌音，“枝”“梳”“梢”“软”“耍”都是翘舌音。）

（3）观察生字的字形，说说你发现了什么。

【设计意图】学生是学习和发展的主体，本环节的设计从学生自身出发，让学生以自主、合作、探究的学习方式，快乐地学习生字、快乐地朗读课文。另外，音准字熟，是低年级学生朗读能力发展的重要起点，这一环节也为下面进一步的朗读扫清了基本的障碍。

三、指导朗读，细细品味

1. 齐读课文。

2. 小柳树在哪些朋友的帮忙下醒了？（春雷、春雨、春风、春燕。）

3. 学习第一节：

（1）春雷是怎样唤醒小柳树的？

（2）想想看，春雷会对柳树说什么悄悄话呢？

（3）让学生戴上“春雷”的头饰进行想象扮演。

（4）出示课件：天空春雷一声响，小柳树摇了摇身子，伸伸懒腰，睁开了眼睛。指导学生看着画面表情朗读：“小柳树呀，醒了。”语气或兴奋或惊喜。

（5）配上动作齐读第一节。

4. 学习第二节：

（1）出示课件：春雨沙沙地下，柳枝吐绿，慢慢向下垂。

（2）你们看，春雨在给小柳树洗澡呢！洗着洗着，小柳枝就——（学生读）

（3）共同讨论：这一小节该怎么读呢？（洗澡多舒服呀，所以，应该带着轻快活泼的语气。）

（4）男女赛读。

5. 学习第三、四节：

（1）春风和春燕又做了些什么？

（2）同桌合作表演读一读：一个扮演柳树，一个扮演春风或者春燕。

（3）表演汇报朗读情况。

（课件相机出示：春风吹动柳枝，柳枝随风轻飘；燕子在空中飞来飞去，柳絮随风飞散。）

（4）平常你是怎么梳头发的？（指导学生把“梳”字读得轻而长。）

（5）想象捉迷藏的情景，指导学生把第四节读得俏皮可爱些。

6. 分小组、分角色、有感情地朗读课文第一至第四小节。

7. 互相评议读得好的和需要改善的地方。

8. 全班同学带着表情朗读。

【设计意图】设计中采用了多种形式的感情朗读、有男女赛读、分角色朗读，边演边读等，并在读中进行适当点拨，指导朗读技巧，让学生互相评议，这些都旨在调动学生读的兴趣，让每一位学生想读、能读、爱读，大胆地读出美、读出情趣、读出感情，在读中深化对诗歌的美的体会，逐渐形成自己读的见解，并通过读表现出来。

四、创设情景，指导书写

1. 指导写“春”字：

（1）“春”字是什么结构的字？

（2）创设情景：出示小熊写的两个“春”字（一个“春”字三横很长，另一个“撇”“捺”写得很短，“日”写得很大）。

（3）学生评价小熊写的字，并通过教小熊写字让学生懂得写“春”字的时候，三横不宜长，“撇、捺”要舒展，包住下面的“日”。

（4）我们用双手来模仿一下撇和捺的舒展吧！像什么呀？

（5）编儿歌，加深记忆。如：“三人展翅飞，飞到太阳上。”

（6）教师将“春”字范写一遍。

（7）摆好正确的写字姿势，学生进行描红、仿影。

2. 指导写“说”“话”“高”“朋”“友”。

（1）课件里的小熊对小朋友说：“谢谢小朋友教我写‘春’字，我也要像小朋友一样认真读帖，善于发现。现在我就观察到了‘高’字的特点，我觉得它就像是个小胖子，上面窄下面宽。小朋友，你们又发现了什么，你是怎么记住它的，能告诉我吗？”

（2）学生自由交流。

（3）学生描红。

（4）自己写完后可以在小组中交流，说说哪个字写得最好看，有什么高招或者体会，互相评评，比比谁写得最漂亮。

【设计意图】生活是一片广阔的天地，要将枯燥、单一的写字教学变得生动有趣，就要借助学生已有的生活体验，利用想象激发他们对汉字的热爱，让写字教学变得趣味无穷。

第二课时

一、巩固字词，游戏内化

1. 小柳树醒了，小朋友们，你们想跟她一块玩耍吗？

课件出示：小柳树醒了，枝条在风中飘荡，小柳树说：“小朋友们，我们一起玩游戏，好吗？”

2. 猜字谜。

（1）上能浇庄稼，下能种庄稼，上下合起来，说话震天下。（雷）

（2）木上三张口，同时把水流，用它做什么？沐浴洗身子。（澡）

（3）别看一支木，撑开成大树，无它叶难长，无它树变秃。（枝）

（4）车不够了。（软）

（5）木旁小月亮，月亮挂树上，树上是什么？枝头对你讲。（梢）

（6）要字缺一横。（耍）

3. 小游戏“给柳树找朋友”：给学生每人发一棵“小柳树”，其中六个学生的“小柳树”上分别写着“说”“话”“朋”“友”“春”“高”六个生字，其他学生的“小柳树”上面写着能与六个生字组词的字，大家举着“小柳树”，唱“找朋友”的歌曲，六个学生在歌曲唱完之前必须找到能与自己的生字组词的，然后握握手，做个好朋友。

4. 你们玩得快乐吗？一年之计在于春，一寸光阴一寸金，小朋友们，你们可要珍惜这美好的春天，好好学习，快快长大，长高。

（课件相机出示：孩子们在柳树下玩耍的快乐情景；春光明媚的日子，孩子们高声朗读的情景。）

【设计意图】学生学得快，往往也忘得快，所以及时的复习巩固是很重要的，要激发学生的兴趣，游戏是最好的办法，因此设计中结合课文最后一节的内容，巧妙地引入两个小游戏，“猜谜语”能帮助学生加深对字的形状的掌握，“找朋友”能帮助学生积累词语，学会运用。

二、作画表演，边演边背

1. 出示光秃秃的柳树冬景图。

2. 你想学春雷、春雨、春风、春燕那样把柳树变得更漂亮吗？

3. 自由选择自己的伙伴，自由分配角色，合作表演课文，边演边把柳树的变化画出来。

4. 教师巡堂指导：

（1）“醒了”可以给柳树画上大眼睛来表示。

（2）洗澡时可以给柳树“洒几滴水”，“软了”，可以给柳树画几条弯腰的、柔软的枝条。

（3）“绿了”要给柳梢涂上颜色，并画些嫩芽。

（4）可以在柳树旁画出柳絮飞舞的样子，还可以用棉花做道具，让其飘起来，创设“小柳絮飞了”的情景。

5. 选择优秀的小组上台表演。

6. 借助板书，板画，自由地背诵课文。

7. 把课文背给你的好朋友听。

8. 配上动作表演背。

【设计意图】演演画画，深化感悟，设计中，教师指导学生自主创设诗画般的情景，把枯燥的文字变成生动有趣的动作，变成丰富优美的图画，使文章变得更有情趣，学生感悟更深，其乐无穷，背诵也就水到渠成了。

三、拓展训练，以诗抒情

1. 春天到了，万物苏醒，柳树醒了，还有什么也醒了呢？

2. 出示多组春天动物、植物变化的图片：

（1）一声春雷，唤醒了春笋，它们冲破泥土，从地里冒出来。

（2）春风吹拂着大地，小草吐嫩芽了。

（3）春风轻轻吹，冰雪融化了，河水欢快地流着。

（4）梨花、杏花、桃花开了，白的、鲜红的、粉红的。布谷鸟在欢唱，蜜蜂飞来飞去在采蜜。

（5）青蛙从洞里跳出来，小蛇爬出来了，鱼在小河里游来游去。

3. 在你的眼里，春天美在哪里？让我们都来当一回小诗人，尽情地赞美春天。

（1）把你看到的春天最美的一种景物仿照课文写上几句小诗。

（2）小组合作创作小诗，并互相读一读。

（3）把你们写的小诗大声地、有感情地朗读出来。

（4）给自己的小诗配上画，并写上几句祝福的语句，做成贺卡，送给自己的好朋友。

（5）配乐朗读全文。

【设计意图】积累语言，运用语言，始终是语文学习的根本。让学生运用课内外积累的规范的语言，自由地表达出内心独特的情感体验，感受学习语文带来的快乐。

【板书设计】

1. 柳树醒了

春雷	醒了
春雨	软了
春风	绿了
春燕	飞了

【设计意图】简洁的文字，清晰的思路，这就是摘录式板书最明显的特点。摘录式板书的文字来源于课本教材，是学生所熟悉的，能有效地指导学生通过看板书进行课文的背诵，同时教师可为春雷、春雨、春风、春燕配上简笔画，字画结合，不但符合低年级学生的特点，而且能给板书增添不少趣味。

【特别建议】

在指导学生朗读时，可以通过不同的读法，表达不同的感情色彩，比如，可以运用讲故事一样的讲述型语调，可以用轻快活泼的描述型语调，还可以用缓慢的抒情性语调。不一定要求学生按照特定的感情基调来读，只要学生读出了自己的感受，就行了。

兴趣是最好的老师。对于低年级孩子来说，游戏是激发兴趣的妙招，但是课堂中组织游戏时，学生容易过度兴奋，因此，组织游戏前，必须讲好游戏的规则和纪律要求，采用相应的鼓励措施，让课堂始终有条不紊，这样才能让游戏发挥事半功倍的效果。

拓展延伸还可以延伸到课外，让学生课后去观察和思考春天的变化，并进行资料的收集，同时鼓励学生在课外积累描写春天的词语，去背诵一些关于春天的小诗，以丰富他们的知识储备。

《浅水洼里的小鱼》教学设计

【设计理念】

阅读教学中应引导学生“在读中整体感知，在读中有所感悟，在读中培养语感，在读中感受情感”。本课设计旨在让学生在有限的空间、时间里，多读、多思、多说、多听、多做，让他们在合作交流思考中感悟到生命的可贵，懂得要珍惜生命，保护各种动物。

【教学目标】

1. 认识“甚”“至”等7个生字。会写“久”“乎”等8个字。

2. 正确、流利、有感情地朗读课文，表达出对小鱼的怜惜和对小男孩的敬佩之情。

3. 进一步树立保护小动物、珍惜生命的意识。

【课前准备】

教师准备：课件、生字卡片。

学生准备：小鱼形状的卡片。

【课时安排】

两个课时

【教学流程与设计意图】

第一课时

一、创设情境，谈话导入

1. 同学们，你们喜欢小鱼吗？看，鱼们在水里是多么自由、快乐啊！

（播放课件，欣赏鱼在大海里游来游去、自由快活的生活情景。）

可是，在一天夜里，海面上忽然刮起了狂风，卷起了巨浪。一个最大最可怕的浪头打来，击中了一群来不及躲避的小鱼，小鱼们挣扎着被抛出了大海。天渐渐亮了，小鱼们这才发现，它们被困在了一个完全陌生的地方，回不了大海，也见不到妈妈了……

2. 如果当时你看到浅水洼里的小鱼，你会怎么想，怎么做呢？

3. 不着急回答，这节课，我们先到海边去看看那些被留在沙滩上的浅水洼里的小鱼。

【设计意图】引人入胜的画面迅速把学生带入了文章的情境中，拉近了学生与课文的距离，为学习课文做好了情感铺垫。

二、初读课文，整体感知

1. 请同学们翻开课文，好好地读一读，遇到不认识的字，可以向老师和同学请教。

2. 生字都会读了吗？

3. 老师把拼音帽子拿掉，你还会读吗？教师相机指导学生用“成百上千”“忍不住”说话。

4. 在家里，谁最在乎你？那在学校呢？如果把“在乎”这个词放进大海里，你又想怎么说？是啊，鱼离不开水，小鱼们在大海里过着幸福的生活，大海就是小鱼美丽的家。

5. 可是现在小鱼被困在浅水洼里，成了一群——浅水洼里的小鱼。如果你是这些小鱼，你会有什么感觉？

【设计意图】“在乎”这个词是本课的重点，通过问答的形式，让学生在说话中自然地理解“在乎”的意思，为后面的教学做好情感的铺垫。

三、再读课文，感知内容

1. 自由读第一自然段，你读懂了什么？

2. 指导朗读。

课件出示句子：被困的小鱼，也许有几百条，甚至有几千条。

师：能用你的朗读，读出“多”吗？这可是几千条活生生的小生命啊！时间长了，这些小鱼回不了大海，它们会怎样？

3. 这么多小鱼被困在水洼里，身边的水越来越少，呼吸不到新鲜空气，感到非常难受。再读第一自然段，找出写小鱼难受的句子。

课件出示：用不了多久，浅水洼里的水就会被沙粒吸干，被太阳蒸干。这些小鱼都会干死。

师：从哪些词体会到小鱼的难受？（吸干、蒸干、干死。）

师：从“蒸”字你想到了什么？你好像看到了什么？

生：下面的四个点就像太阳发出的光，中间的像个水字，一横就是沙滩，火在烤着水……

师：来，读出我们心里的焦急吧！

4. 生齐读第一自然段。

【设计意图】阅读是学生的个性化行为，不应以教师的分析来代替学生的阅读实践。而第一自然段可以说是故事展开的重要前提，字里行间渗透着对小鱼的怜爱，很容易激发学生的同情心。挖掘学生的阅读体验，可以促进学生对课文内容的理解，为有感情地朗读打好情感基础。为下文中与小男孩的情感产生共鸣作好铺垫。

四、分析字形，指导书写

1. 认读本课要求书写的 8 个生字。

2. 说说可以用什么方法来记住这些生字。

3. 学习写字。

（1）在这些字中你觉得哪些字比较难写，提出来讨论、交流，并给出解决办法。

（2）教师在田字格中范写并抓住难点进行讲解，如，“久”字的撇捺要伸展开，“乎”字的“横”、“至”字的下横要写长一些，“腰”字中月字旁的“撇”、“被”中“皮”的“撇”要写成竖撇。

4. 学生练习，提醒学生注意写字姿势。

【设计意图】这一环节的设计提倡学生自主识字，注重识字方法的相互交流，注重写字的规范，让学生自己观察，自己体验，自己掌握识字的方法，有助于培养他们的识字能力。

第二课时

一、承前启后，谈话导入

1. 浅水洼里的小鱼面临死亡，它会想些什么？

2. 你能帮它表达出来吗？

二、精读课文，指导朗读

1. 小鱼的心里话，被同学们读懂了，也被书中的小男孩读懂了。认真读读课文，从哪些地方看出小男孩读懂了小鱼的心里话？

课件出示：他走得很慢，不停地在每个水洼前弯下腰去，捡起里面的小鱼，用力地把它们扔回大海。

2. 说出你感受最深的一个词语。

3. 师配乐诵读：

他走得很慢，在一个水洼前弯下腰去，捡起里面的小鱼，用力地把它们扔回大海；他又来到一个水洼前弯下腰去，捡起里面的小鱼，用力地把它们扔回大海；他再一次来到一个水洼前，弯下腰捡起里面的小鱼，用力地把它们扔回大海……

4. 这样的一个动作要重复多少次啊，想象一下他在捡鱼扔鱼的过程中遇到了什么困难？

5. 同样的一个动作，他得重复几十次，几百次，甚至几千次，太阳炙烤着沙滩，小男孩的汗水不停地流，他还在不停地扔……看着这一幅感人的画面，此时此刻你一定被小男孩的爱心所感动，让我们也一起加入这一行动，用心地读读这个句子吧。

他走得很慢，不停地在每个水洼前弯下腰去，捡起里面的小鱼，用力地把它们扔回大海。

6. 看到这个情景，我的心里不由得产生了疑问。水洼里有成百上千条小鱼，无法捡完。小男孩为什么还在捡？谁在乎呢？再读读课文，谈谈你们的感受。

7. 是呀，小鱼在乎，鱼妈妈在乎，大海在乎，小男孩在乎，我们在乎……所有有爱心的人都在乎。来，让我们一起来读读这一段。

"这条小鱼在乎！"男孩一边回答，一边捡起一条鱼扔进大海。他不停地捡鱼，不停地叨念着："这条在乎，这条也在乎！还有这一条、这一条、这一条……"

【设计意图】阅读是读者与文章实现心灵感悟。培养学生具有感受、理解、欣赏能力也是阅读教学的重点。针对性地思考、讨论，挖掘了学生的情感体验，激发了学生的个性表达，在讨论中增强了感悟，丰富了体验，训练了思维和表达，同时也受到了保护动物，珍爱生命的教育。

三、深化情感，拓展延伸

1. 听了你们激情的朗读，老师欣慰地看到了小朋友们那一颗颗善良的心和你们对自然界所有生命的珍爱。现在，就请你们把自己的真情都表达出来吧。

（1）根据课后"想想说说"的相关内容，学生把自己想说的话写在小鱼形状的卡片上。

（2）教师现场把学生写好的卡片打出来。

（3）写好的小朋友朗读自己的心里话，然后把小鱼放回"大海"。（在海浪的音乐声中，学生把手上的小鱼贴到黑板上。）

【设计意图】课尾在"真情鱼"上写下自己的感受，对课文内容进行一个很好的归结，然后通过这样一个小练笔，潜移默化中深化了本课的主题——珍爱生命。

2. 结语。

小朋友们，你们充满爱心的朗读深深打动了老师，让我们珍惜大自然中的每一个生命，去关心它们，爱护它们吧！

【板书设计】

浅水洼里的小鱼

↑

小男孩→在乎←我们

↘↙

珍爱生命

（此处画有海底水草、波浪和学生贴上去的“真情鱼”）

【设计意图】小鱼是生活在大海中的，结合本课内容，针对二年级学生的特点，画上海底的水草、波浪，营造一种海底的氛围，使学生更容易进入课文的情境中。本课的教学重难点就是要树立保护小动物、珍惜生命的意识，板书通过“在乎”一词突出本课的重点，最后通过学生贴上去的“真情鱼”深化本课的主题——珍爱生命。

【课后反思】

本课教学中，我从开始的字词热身，中间的朗读感悟，到结尾时的小诗深化，都突出了“在乎生命、尊重生命、保护动物、献出爱心”的主题。二年级的小朋友是多么纯真可爱啊。课堂上他们那一句句深情的语言，那一声声激情的朗读，都让我这个当老师的无比感动，虽然他们的感悟，苦于词汇积累的限制，总是停留在——关爱生命、保护动物，有一颗善良的心……但我相信，经过了这一课，我们的小朋友以后遇到类似的情况，他们肯定会自觉地保护动物，珍爱自然界中的生命，这种教育的力量，在成人身上可能没有那么立竿见影的效果。那是因为我们的孩子，天真纯洁得如一泓清泉。他们欢快流动的过程，就是体验人生、感悟自然的过程，是真情的种子发芽的过程，是关爱的花蕾含苞的过程。让学生在启蒙时期，便学习用真情获得真情，用关爱赢得关爱。

这节课的感悟部分，我几乎完全遵照作者的思路，很自然地步步导入。很多语文课堂都应该这样上。我自己感觉，这节课有两处新的生成，值得我回味，一处是课始，在字词热身时，读到“在乎”，我问学生——在家谁在乎你呀？在学校呢？然后出现小鱼在大海里游的画面问道：如果把“在乎”这个词放进大海里，你又想怎么说？学生回答：小鱼在乎大海。“在乎”这个词是本课的重点，通过问答的形式，让学生在说话中自然地理解“在乎”的意思，为后面的教学做好情感的铺垫。多可怜的小鱼啊！它们又会遭遇怎样的命运呢？从而激起学生对小鱼的情感。另一处，课尾在“真情鱼”上写下自己的感受，对课文内容进行一个很好的归结；然后通过“爱的小诗”练笔，潜移默化中深化了本课的主题——珍爱生命。听着学生们激情的朗读，我欣慰地感觉到了他们一颗颗善良的爱心对自然界生命充满了珍爱。

这堂课，读、说是很充分的，以读、悟为主线，逐步引导由读通到读懂，再到有感情朗读，落实读的训练目标，重视读的实践过程，在读中理解重点词句、课文内容，使阅读真正成为学生的自主行为。

书声琅琅，润物无声

——《山雨》教学点评

一、读出画面

师：来得突然——跟着一阵阵湿润的山风，跟着一缕缕轻盈的云雾，雨，悄悄地来了……请同学们打开课文，听老师朗读描写山雨声音的这段文字。

先是听见它的声音，从很远的山林里传来，从很高的山坡上传来——

沙啦啦，沙啦啦……

像一曲无字的歌谣，神奇地从四面八方飘然而起，逐渐清晰起来，响亮起来，由远而近，由远而近……

雨声里，山中的每一块岩石、每一片树叶、每一丛绿草，都变成了奇妙无比的琴键。飘飘洒洒的雨丝是无数轻捷柔软的手指，弹奏出一首又一首优雅的小曲，每一个音符都带着幻想的色彩。

师：同学们听了老师朗读以后，有什么感觉？

生：我仿佛看到了山雨飘落的样子，很美。

生：山雨很特别，不是哗啦啦倾泻而下，而是渐渐地、渐渐地轻轻飘下，声音很动听。

【点评】开门见山，一开课就让文本的语言去叩击儿童的心扉，唤起学生各自不同的听觉形象和视觉形象。各种独特的感受都在学生的内心深处交汇着、涌动着。

师：看来同学们一下子就喜欢山雨了。让我们静下心来品读这段文字，去感受山雨的魅力。请同学们边读课文，边画出描写山雨声音的词句。

学生汇报画记的词语：沙啦啦　沙啦啦　飘然而起　一曲无字的歌谣　清晰起来　响亮起来　由远而近　奇妙无比的琴键　飘飘洒洒的雨丝　弹奏出　一首又一首　优雅的小曲

师：读读自己画记的这些词语，有什么感觉？

生：我觉得像一首优美的诗。

师：那你来读一读这首小诗。

生：沙啦啦，沙啦啦……

师：的确很有诗的感觉。

生：我读的时候仿佛听到了一首交响曲。

师：很特别的感受，就让我们试着一起来演奏这首“雨之曲”。此时的你们就是一个个小雨点，你们落在树叶上、石头上、小草上，发出了“沙啦啦”的声音。

【点评】先听其音，再辨其形，继而品其味，各种诗情、诗韵全在这雨声之中。

师：先是几滴小雨点落在树叶上——

生：（几个学生）沙啦啦，沙啦啦，沙啦啦……

师：雨点渐渐地稠密起来——

生：（十几个学生）沙啦啦，沙啦啦，沙啦啦……

师：雨声像一支神奇的歌谣，从四面八方飘然而起——

生：（全班同学）沙啦啦，沙啦啦，沙啦啦……

师：逐渐清晰起来，响亮起来，由远而近，由远而近……

生：（全班同学声音逐渐加大）沙啦啦，沙啦啦，沙啦啦……

师：刚才我们一起唱了一首奇妙的“雨之曲”，我想问问小雨点们，你们看到了什么，你们唱的又是什么？

生：我看到岩石被我们洗刷得都发亮了，我和朋友们在上面开心地跳起了舞，我们唱的是小雨点圆舞曲呢！

生：我看到树叶光溜溜的，我们一边滑滑梯，一边唱起了“啦啦歌”。

生：我是一个快活的雨中精灵，我看到小草在舞动着自己的身子迎接我，我赶紧在它的耳边给它唱“找呀找，找呀找，找到一个好朋友……”小草好开心呀！

师：太美了！小雨滴们，我们读书就是要有这样一种本领，能够透过文字看到奇妙的画面，感受其中的美好意境。

【点评】教师的话不多，在于准，在于精，在于巧。仿佛点燃了学生的情感，煮沸了儿童鲜活的语言。你听，这就是儿童创作的“小雨点交响曲”和“小雨点圆舞曲”。

二、读出韵致

师：这真是一场奇妙又令人向往的雨啊！然而，它还有更神奇的地方，雨中山林的颜色发生了变化！谁来读读看！

师：好，就由你用朗读带我们去看山林的颜色。

（生读课文第六自然段。）

【点评】不借助课件，而是借助“读”去感受语言的精彩，去感知作者用语言描绘的大自然的景色。运用语言的手段去感知语言的本色，感悟语言的魅力，这需要教师具有很高的专业素养。

师：雨中山林里的哪一种颜色给你们留下了深刻的印象？

生：绿色。

师：绿得怎么样？

生：绿得耀眼。

生：绿得透明。

生：绿得清新，水淋淋的，鲜亮！

师：读着课文描述的这水淋淋的、耀眼的、透明的、清新的绿色，你有了一种什么感觉？

生：我觉得仿佛置身于这绿色的世界！

生：给我一种充满了生机和活力的感觉。

生：有一种充满希望的感觉！

【点评】绿，是大自然的本色，是生命的本色。认知激活了语言，语言表达了认知，学生读出了不同的感受。千绿万绿，怎一个“绿”字了得！

师：来，就带着这美好的感觉，让我们好好来感受一下这雨中的——绿！喜欢这绿的同学一起来读。

生：在雨中，所有的色彩都融化在水淋淋的嫩绿之中，绿得耀眼，绿得透明。这清新的绿色仿佛在雨雾中流动，流进我的眼睛，流进我的心胸。

生：我想一个人读。

师：欢迎。

生：（深情地读）在雨中，所有的色彩都融化在水淋淋的嫩绿之中，绿得耀眼，绿得透明。这清新的绿色仿佛在雨雾中流动，流进我的眼睛，流进我的心胸。

（全班同学鼓掌。）

师：太美了，你读出来的这种绿是流动的、跳跃的。看来你也爱上这山雨了。

生：谢谢老师。

师：这充满生机、充满活力、充满希望的绿，美得令人陶醉。你们舍得离开这绿色的山林吗？

生：舍不得。

师：为什么？

生：（朗读）在雨中，所有的色彩都融化在水淋淋的嫩绿之中，绿得耀眼，绿得透明。这清新的绿色仿佛在雨雾中流动，流进我的眼睛，流进我的心胸。

【点评】学生不仅读出了静态的绿，还读出了流动的、跳跃的绿。这是充满生机、充满希望的绿。

师：我也特别喜欢这段话，读着读着我就会觉得自己置身于一个绿色的童话世界里，绿草、绿叶，怎么岩石也成了绿色的了……（稍停）来，闭上眼睛，静下心来，此时此刻，你感受到了什么？（音乐起。）

生：我觉得自己变成了一个绿色的小雨珠，我和许许多多绿色的小雨珠在一起开心地飞舞。

生：雨点滴落在我的脸上，我的身上，我兴奋地张开双臂，享受着美妙的山雨，拥抱着绿色的大自然！

生：在绿色的山林里，我情不自禁地大声呼唤：我爱你——绿色的山林也对我说：我爱你——

师：这哪里是绿色在流动呀，这分明是情感在流动，是心灵在流动。你们还想陶醉在这满眼是绿的山林中吗？

生：想！

师：为什么？

生：（深情地）在雨中，所有的色彩都融化在水淋淋的嫩绿之中，绿得耀眼，绿得透明。这清新的绿色仿佛在雨雾中流动，流进我的眼睛，流进我的心胸。

师：让我们一起用自己的声音来表达自己的感觉，让我们一起通过文字感受其中的美妙韵味和别有情致。

（师生配乐美读。）

【点评】从自然之绿——眼中之绿——胸中之绿，学生把情感投射到“绿色”，仿佛自己也变成了绿色的小雨珠。这种美学上的“移情”，使学生兴奋、忘我，情不自禁地大声呼唤：我爱你——，绿色的山林也对我说：我爱你——，这种情境如辛弃疾在一首词中所云：“我见青山多妩媚，料青山、见我应如是。”这是教学上多么美妙的情境啊！

三、读出特色

师：不知什么时候，雨——

生：悄悄地停了。

师：风——

生：也屏住了呼吸，

师：山中一下——

生：变得非常幽静。

师：远处——

生：一只不知名的鸟开始啼啭起来，仿佛在倾吐着浴后的欢悦。

师：近处——

生：凝聚在树叶上的雨珠还往下滴着，滴落在路旁的小水洼中，发出异常清脆的音响——丁——冬——丁——冬……

【点评】 学生通过引读，跟随文本，让澎湃的心潮归于平静，使课堂跌宕起伏。然而静中又有动，动又衬托了静。

师：雨停了，可是我们的思绪却像山雨“丁——冬——丁——冬……”滴落在水塘里，荡起一圈圈涟漪，我们会不由得想起古今许许多多文人墨客笔下的雨。比如唐朝大诗人杜甫笔下的《春夜喜雨》：好雨知时节，当春乃发生——

生：随风潜入夜，润物细无声。

师：大诗人杜甫笔下的雨，是什么样的雨？

生：是喜雨，及时雨。

生：是一场滋润了万物的绵绵春雨，她默默无声，一点儿也不张扬。

师：说得真好。下面发言的同学也可以这样归纳一下：你觉得在作者的笔下，这是一场什么样的雨。

生：“黑云翻墨未遮山，白雨跳珠乱入船。”这可是一场狂风暴雨！

生：“清明时节雨纷纷……”这是一场有些忧伤的雨。

生：“但觉衣裳湿，无点亦无声——”这是白居易《微雨夜行》中的雨，是毛毛雨。

生：朱自清笔下的雨是这样的：像牛毛，像花针，像细丝，密密地斜织着，人家屋顶上全笼着一层薄烟。这是如烟如雾的江南的春雨。

师：所有这些雨，真是各有各的特点，各有各的情韵，有时缠绵，有时活泼，有时豪爽，有时飘逸。可是，今天我们所了解的作家赵丽宏笔下的大山里的雨却格外特别，这是一场什么样的雨？

生（纷纷）：清新的雨！神奇的雨！迷人的雨！有韵律的雨！

【点评】 适度拓展，新旧联系，寄寓情怀，引发情思，更加开阔了学生想象和思维的空间。

师：说得太好了！是谁把我们带进了这么美的意境中？

生：是作者。

生：是山雨。

生：是我们自己。

师：“一切景语皆情语”，是作者、是我们大家对山雨、对大自然那份浓浓的爱和深深的情，把我们带入了一种美好的意境当中。

师：让我们深情呼唤，把这份浓浓的对山雨的喜爱之情用我们的声音，更用我们的感激之情表达出来。

生：（深情地齐读课题）山雨！山雨——

【点评】 教师问：“是谁把我们带进了这么美的意境中？”学生答：是作者，表明学生和作者的沟通；是山雨，表明学生和自然的交融；是我们自己，则表明学生在通过和作者、和山雨的对话后，内心世界的空灵和平衡。情由景起，语由情生，万思千绪，百般感受，均在“情”字之中。课上完了，但言未尽，“余音绕梁，三日而不绝耳”。

【总评】

这是一堂精致、优雅、散发着浓浓语文味的诵读课。严杏老师善于用语言去激活儿童的语言，以情感去激发儿童情感，因势利导，循循善诱，巧于点拨，妙于引导。整个教学过程，静动相宜，疏密有致，虚实相生，开合有度，使课堂教学呈现出波澜起伏的美感。

尽展语言魅力，尽显诵读功能，这是本课教学的主要特色。严老师引导学生通过读，读出画面，读出诗意，读出诗情，品出诗味，感悟诗韵。通过读，学生入耳、入心、入情、入境，达成了学生、文本、教师之间的情感的共振共鸣。在本课的高潮之时，学生的内心世界和文本语言所描绘的山雨景色发生了“心理同构”现象，表现了人和自然的和谐，人的内心世界的和谐，这是一种十分难得的奇妙的教学景象。

本课教学表明教师具有很高的教学素养。严老师在课堂上重敲快拨，轻拢慢捻，穿针引线，前呼后应，都恰到好处。特别要指出的是，严老师的教学语言十分精彩，也极精练，文化含量和智慧含量都很高。可以说，教师语言就是教科书的一部分，对学生具有很强的示范作用。

可谓是“书声琅琅，润物无声”，严杏老师正是在琅琅书声中，用富于魅力的语言去滋润孩子们的心灵，产生了“润物无声”的效果。

言语和想象齐飞

——《写给云》教学点评

一、绘本阅读，了解内容

师：（伴随着轻柔的音乐，教师用充满想象的引语为学生创设情境）老师现在请小朋友闭上眼睛，张开想象的翅膀，身体随着轻风飘浮起来。现在的你就是一朵小小的云了。睁开眼睛，看！

（课件展示云的绘本图片，教师诵读。）

你就是一朵小小的云。

你自由自在地飘浮在蓝天上。

你想变小，就变小，小得像一朵小花。

你想变大，就变大，大得能盖住天下。

你想变什么就变什么，小鹿、大象、小鸟、青蛙……

即使变成又笨又顽皮的小狗熊，也不用担心挨骂。

——小朋友，你喜欢变这样的云吗？

生：喜欢！

师：为什么呢？

生：它可以随心所欲地变。

生：因为它想变什么就变什么，神通广大。

【点评】变，想变，喜欢变，这是儿童的天性，教师了解童心，创设情境，用生动活泼的语言，引领孩子们走进这奇妙的想象世界。

师：是啊，有这样的本领多好啊！我们继续看图。你就是这朵自由自在的云，你想做什么你就能做什么。

——你想成为雨就成为雨，去亲吻小草小花。

——你想成为雪就成为雪，像白蝴蝶飞落千家万家。然后，变成透明的水汽，飞呀，飞呀，飞回天上的家。

多有意思啊！小朋友，你们喜欢做这样的云吗？

生：喜欢！

师：为什么呢？

生：因为它自由自在地做自己想做的事情，没有人能管它。

生：它想帮谁就帮谁。

师：老师今天给小朋友准备的这篇课文，写的就是让小朋友喜欢的云。来，自己读读吧。

二、诵读课文，体会情感

1. 自读课文，朗读词语。

师：大家读得很起劲，先检查一下，是否已经把课文里的词读好了。谁愿意来读？

生：小鹿、大象、小鸟、青蛙、顽皮的小狗熊、快乐的白蝴蝶、“聪明”的傻瓜、规规矩矩的机器娃娃……

师：谁能读得让这只“小狗熊”顽皮起来，可爱起来？

生：（调皮地）顽皮的小狗熊。

师：这样读好可爱，是个小调皮。

生：（生动地）顽皮的小狗熊。

师：哈哈，这样读特别活泼有趣。来，我们接着往下读。

生：快乐的白蝴蝶。

师：怎样读能让这只白蝴蝶幸福快乐起来呢？

生：（美美地）快乐的白蝴蝶。

师：哟！真聪明！我看着她是微笑着读的。这样啊，让我感觉这只白蝴蝶又快乐又美丽。谁再来读一读？（指名读。）

师：我都看见这只蝴蝶在翩翩起舞了。来，继续读后面的。

生：聪明的傻瓜、规规矩矩的机器娃娃……

师：规规矩矩的机器娃娃，那可有点闷闷的。谁能学学它的样子？

生：（一板一眼地）规规矩矩的机器娃娃。

师：读到这里，老师有一个问题。我想问一问，像“规规矩矩的机器娃娃”这样的云宝宝，你愿意做吗？

生：不想做。因为太死板了。

生：这样会很不开心的。

生：被人管住，就不能自由自在地。

生：谁都不喜欢变成机器娃娃。

【点评】教师要求学生把课文中的词读好，就是要求把词读正确，还要读出“快乐”“顽皮”，也读出“规规矩矩”，自然地渗透了对词意的初步理解，这是学好课文的基础。

2. 理解、诵读课文。

师：哦，你们不愿意做“规规矩矩的机器娃娃”这样的云宝宝，你喜欢的云宝宝应该是什么样的呢？

生：你想变小就变小，
你想变大就变大。
小得像朵小花，
大得盖住天下。
你想变什么就变什么，
小鹿、大象、小鸟、青蛙……

你愿意做什么，
就去做什么。
你想成为雨就成为雨，
去亲吻小草小花；
你想成为雪就成为雪，
像白蝴蝶飞落千家万家。

师：自由地读读这些句子，让我们来体会这样的云宝宝会有什么样的心情。

生：（自由朗读后）很快乐！很兴奋！

生：活泼，开心。

生：很自由。

【点评】因为很自由，孩子们才感到快乐、兴奋、活泼、开心，自由是儿童本有的天性。孩子们体会得多好啊！

师：对啊，这样的云宝宝是自由的，是快乐的。你能通过朗读把云宝宝的这种心情表达出来吗？

生：你想变小就变小，你想变大就变大……

师：读得真好听！老师觉得如果你能用声音的大小表现出云宝宝的变化，一定会更美！你愿不愿意这样试一试？

（生再次朗读，突出“小”与“大”的变化。）

师：真棒！来！我们把掌声送给她！

师：老师想这样读下面这一句。你们听好了。

你想变什么就变什么，

小鹿、大象、小鸟、青蛙……

师：你们猜我眼前看见什么了？

生：看到小鹿了。

生：看到了大象、小鸟、青蛙了。

师：真聪明！老师在读的时候，眼前就出现了一幅一幅的画面。这些小鹿啊，大象啊，小鸟啊，青蛙啊，还有好多好多的动物，它们排着队，在我的眼前跳过去，蹦过去，飞过去，有意思吧？我读书的秘诀一下子就让小朋友给发现了，你们想不想也用这样子的方法来读一读？

【点评】作为第二信号系统的语言，如果能和它所表达的事物——第一信号系统结合起来，像“过电影”似的在头脑里浮现出一幅幅生动的画面，不仅是一种读书方法，而且更有利于理解词语，进入文本所设情境。

（生摇头晃脑地读。）

师：真好！谁来读下面这一句？

生：你愿意做什么，就去做什么。你想成为雨就成为雨，去亲吻小草小花……

师：小朋友，你亲吻过谁啊？

生：我亲吻过奶奶，还有妈妈。

生：还有爸爸和爷爷。

师：是啊，我们亲吻过身边的亲人，也许我们还亲吻过大自然的——

生：花儿，草儿……

师：还有呢？

生：小露珠，小动物……

师：也许我们还亲吻过自己小房间的——

生：布娃娃、米老鼠……

师：那是我们心爱的小玩具，对吧？亲吻，它能表达出我们对家人，对花儿、草儿，对我们小宝贝的那种——

生：爱。

师：好，就让我们读出云的自由自在，读出心中的爱。

（生自由地、快乐地读。）

师：太美了！小朋友，你们想拥有这样的自由快乐吗？

生：想！

师：让我们一起读——

（PPT 出示：啊，让我也变成一朵自由快乐的云吧！）

师：谁愿意一个人来读，表达你一个人的感受？

【点评】亲吻身边亲人，亲吻大自然，都是在表达一种情绪。在此处，费时不多，点到为止。还是让学生通过“读”来强化这种感受吧！

3. 转换角色诵读。

师：假如你就是这朵自由自在的云，把诗歌中的“你”改成“我”，我们再来读一读。

生：（自信地）我想变小就变小，我想变大就变大……

师：你们听出来了吗？我听出了他心里的自豪！我们也为你骄傲！

生：（动情地）我想变小就变小，我想变大就变大……

师：真美！这位小朋友还是笑着读的，我觉得她是一朵美丽又快乐的云。还有谁想来读一读？

生：（神秘地）我想变小就变小，我想变大就变大……

师：我觉得他的脸上刚才有一股魔术师般的表情。的确啊，这是一朵充满了神奇魔力的云。还有很多小朋友想读，是吧？这样吧，严老师想了一个办法，想做一朵自由快乐的云的小朋友都站起来，来，加上我们的动作，我们一起读。

（生配合动作齐读。）

【点评】让儿童想象自己就是这朵自由自在的云，不仅是人称的改变，角色的转换，而且孩子们身临其境，深有同感，想象更丰富，感受更真切了。

三、激发想象，补充诗句

师：现在我也是一朵自由快乐的云。我想变成什么，就可以变成什么。我想做什么就可以做什么——

我想变成小鸟，
在晴朗的蓝天，
悠悠地歇息。

我想变成小鱼，
在清澈的水底，
悠然地闲逛。

我想飘落在妈妈的脸上，
亲亲她，
然后就快乐地融化。

我想做一个画家，
在天空中，
画出一幅又一幅的图画。

师：云宝宝，你们想变什么，做什么？请说给身边的小朋友听，好吗？

（同桌互相想象说话。）

师：有云宝宝迫不及待地想告诉大家了。来，你告诉大家。

生：我想变成一道彩虹，把我们的世界变得更美。

生：我想变成一只展翅欲飞的雄鹰，在天空中自由地飞翔。

师：来，我们把“勇敢的雄鹰”请上讲台。你呢？

生：我想变成一个绿色的太阳，夏天的时候给人们带来凉爽。

师：好，绿色的太阳！爱心的太阳！来！

生：我想变成一只白鹭，在天空自由自在地飞翔。

师：自由自在、快乐生活。

生：我想变成一朵小花，大家看见我一定喜欢。

师：因为你给大家带来了芬芳。

生：我想变成一艘潜水观光艇，在海洋里观看各种各样的生物。

师：能不能带上我们啊？

生：非常愿意。

生：我想变成一匹骏马，在空中和草原玩耍——

师：奔跑、跳跃。

生：我想成为一只小鸟，在树枝上叽叽喳喳地唱歌。

师：那肯定是一首动听的歌。

生：我想变成一把伞，为人们遮风挡雨。

【点评】诗歌是情感的结晶，是想象的产物，通过反复诵读，儿童把自己当成一朵快乐的云。此时，儿童的内在情感被诱发，心灵获得了从未有过的自由，儿童的悟性被启迪，言语机制被激活，此情此景，儿童随心所欲地想象，自由自在地表达，这是情感的自由流淌，是心灵的放声歌唱，儿童诗不正是这样产生的吗？

师：我们多么喜欢云啊！来，请快乐的云上来。老师和每一朵快乐的云一起作一首诗送给大家。我们向云借用一下它的音乐。

师生合作：

师：我是一朵自由快乐的云，我想变什么就变什么，我想做什么就做什么。

生1：我想变成一把伞，为人们遮风挡雨。

生2：我想变成小鸟，在树枝上叽叽喳喳地唱歌。

生3：我想变成一个绿色的太阳，夏天的时候可以给人们带来凉爽。

生4：我想变成一只展翅欲飞的雄鹰，在天空上自由地飞翔。

……

师：啊，你们就是一朵朵自由快乐的云吧！（生鼓掌。）

【点评】把零散的言语珍珠连缀起来，不就是一首优美的诗歌吗？

四、拓展阅读，启发想象

师：多么美好的想象啊！不过，小诗人们，天空啊，它不会只挂着白云朝我们微笑；云宝宝呢，也不可能永远只穿着一身洁净的白衣裳，它又会有什么变化呢？

（课件出示三种不同色彩的云图：黑的，白的，红的。）

师：看到了这些云宝宝，你又想到了什么呢？它们为什么会有不同的表情，不同的色彩呢？

生：那一朵黑色的云宝宝肯定是很伤心。

生：粉红色的云宝宝是特别快乐，特别兴奋的！

师：为什么它的脸红红的呢？

生：因为它很害羞！

生：它化了妆！

生：它家里有喜事。

生：喝醉了酒。

师：大家多会想象啊！有个小朋友，也和你们一样，看着它们脸上不同的表情啊，他有了这样的想象。自己读一读。

云

云开心的时候，
脸色白白的，
我们也很开心。

云生气的时候，
脸色黑黑的，雷雨交加，
我们也很不快乐。

云有喜事的时候，
脸色红红的，
我们特别欢喜。

【点评】人们常把情感寄寓于色彩，不同的色彩表达不同的情感。如果说前面是教师引导学生用不同的形象来抒发自己的情感，此处，则通过不同色彩的云来表达不同的情感。由形至情，由感受到体验，都是学生自己完成的。教师巧妙引导，适时点拨，因势利导，顺势而发，水到渠成。儿童的想象力飞起来了，言语也鲜活起来了！

师：看到了红彤彤的云、白云、乌云，你能想到什么呢？回家以后，把想到的，写成一首诗，然后诵读出来送给云，好不好？

生：（喜悦）好！（课件播放轻快的音乐和飘浮的云朵。）

师：谢谢小朋友！让我们一起和云宝宝说再见吧！

生：云宝宝再见！老师再见！

【点评】

这是一堂充满诗情画意的诵读课，也是一堂师生想象飞舞，思维活跃，情感激荡的诵读课。严杏老师深入了解儿童内心世界，善于激发儿童兴趣，巧于激活儿童心灵，妙于引导点拨。她的语言生动活泼，本身就是一首优美的儿童诗。通过语言去激活儿童的语言，展现了教师较高的语言素养；她的教态清新自然，情感丰富，对学生的爱溢于言表。师生之间情感交融，心灵沟通，营造出一种宽松、和谐、生机勃勃的教学生态，充分体现了教师扎实的教学功底和较高的人文素养。课堂上书声琅琅，通过朗读，让儿童接触文本，走进文本，与文本对话，又适时引导学生跳出文本，让儿童将有限的经验变为无限的遐想与多彩的语言。教育的主要功能是什么？是发掘学生的潜能，唤起生命的激情，诱发创造的天赋。苏霍姆林斯基说，按其本质，每一个儿童都应该是一个诗人，严杏老师用富有个性的教学艺术，让儿童把心灵深处的絮语生动地喷射出来。这是倾诉，是宣泄，是呐喊，又是快意的创造！

以读悟情　情辞兼得

——《只有一个地球》教学点评

（教师出示有关宇宙和地球的电脑课件，教师在优美的配曲中动情诵读：在浩瀚无边的宇宙，有一个美丽的星球。它是人类的家园，它是太阳和月亮的朋友。同学们看到了吗？它就是——地球！）

【点评】神秘的宇宙，悠扬、柔美的音乐，为学生创设了一个可感而又充满遐想的情境，加上教师诗化的语言，一下子就把学生的视觉、听觉锁定，使他们仿佛置身其中。这样的情境创设和激情导入，能有效地激发学生学习探究的兴趣。

师：地球，你还想把它叫什么？

生1：我还想把地球叫作母亲。

师：好，真是亲切的称呼。

生2：我还想把地球叫作家园。

师：对，地球就是我们的家。

生3：我想把地球叫作摇篮。

师：摇篮，你一定是个非常热爱生命的孩子。

【点评】教师引导学生将地球人格化，拉近了与地球的情感距离，同时，也为后面的教学做好情感铺垫。

（教师板书课题，学生齐读课题。教师用手势作朗读提示，指出根据对语意理解的不同，朗读的重音位置也不同。）

（学生汇报预习情况并质疑问题。）

师：从你们的疑问中，我发现你们特别想知道宇航员为什么会发出这样的感叹。能否先解决这个问题呢？也许在解决这个问题的过程中，其他的问题也能迎刃而解。同意我的建议吗？

生：同意。

师：那好，我们就先来看看地球可爱在什么地方。用你们喜欢的学习方式，开始学习吧。

【点评】爱因斯坦说过，提出一个问题比解决一个问题更重要。教者深知其中的道理，鼓励学生质疑问难，用征询的口吻提出探究的问题，让学生用自己喜欢的学习方式学习，这些都充分凸显了以生为本、以学定教、师生平等对话的教育新理念。

（学生自由读课文，然后发表自己的看法。）

（学生认为从“晶莹”“透亮”“薄薄的水蓝色‘纱衣’”等词语看出地球是非常漂亮的。然后教师提示并鼓励同学们根据自己的独特感受进行感情朗读，每个学生读完后，教师让学生说说为什么要这么读。）

【点评】教师十分尊重学生对课文的独特体验和多元理解，引导学生边读边悟，以读悟情，培养语感。

师：在你们朗读的语调和表情中，我感受到了你们对地球母亲的热爱之情，我也忍不住想读读了，欢迎吗？

生：欢迎！

（教师动情朗读，学生不禁热烈鼓掌，随后师生又充满激情地一起朗读。）

【点评】在这里，生生之间、师生之间通过朗读相互交流，共同体验情感，也为后面学习地球遭到破坏时的情感转折做好铺垫。

师：你们动情的朗读让我陶醉了。这么好的句子，想不想把它背下来？试试吧。

（学生练习背诵。）

【点评】让学生熟读成诵，积累语言，把阅读教学“感悟、积累、运用”的教学要求落到实处。

（经过讨论，大家感到地球的“可爱”还表现在她无私的“慷慨”奉献上，而课文中的地球慷慨地为人类提供了哪些资源没有具体说明，于是教师提示同学们根据课外阅读和网上查阅的资料进行交流发言。）

生1：地球妈妈提供给我们的海洋是一个蓝色的宝库。据有关资料分析，如果把整个地球上的海水加以提炼，可以得到550万吨黄金、4亿吨白银，还有许多贵重的金属。

生2：地球妈妈为我们人类提供的植物极其丰富，根据植物学家统计有40万种，我国就有3万多种。

（其余几位同学还分别介绍了自己所查阅到的地球上煤、石油的储存量以及地球陆地的总面积等资料。）

【点评】让学生通过多种途径获取资料来补充说明地球的“慷慨”，既体现了“简约——扩展”这一辩证的语言文字训练方式，又能有效地培养学生搜集信息、处理信息和交流信息的能力。

师：从同学们查找的资料中足以看出，地球妈妈“慷慨”地为我们人类提供了各种资源，哺育着地球上的60多亿人口。（板书：人类?）然而今天，我们人类是怎样对待自己的母亲的呢？

（话锋一转，出示课件：在悲凉的音乐声中，地球母亲被人类破坏、摧残的一幅幅画面展现在学生面前，现场一片沉寂；学生在哀婉的音乐中静静地观看着、思索着，人人神情严肃，个个都沉浸在对地球妈妈痛苦的感受之中。）

师：（语调低婉）能说说让你感触最深的画面吗？

生1：（心情沉痛地）当我看到砍树那一幕，我觉得地球妈妈那么美丽、那么漂亮的纱衣被人类无情的手给破坏掉了，我觉得非常难受。

生2：（激动地）我看到每个画面都很难受。比如说砍树……（话没说完就忍不住用手擦眼泪，说不下去了。在场的所有人也都被震撼和感染了。）

师：（强控制住自己的情感，边抚摸孩子的头边安慰）很难用语言表达是吗？爱妈妈的孩子都会心疼的。

（先后有七位学生分别从动物被残害、树木被乱砍滥伐、空气日益严重的污染等方面说了自己的感受，并表示出十分焦急和痛心。）

师：看到这么美丽可爱的地球妈妈如今已伤痕累累，我们禁不住伤心落泪，禁不住想起了宇航员发出的那句感叹：我们这个地球——

生：太可爱了！

师：同时，又——

生：太容易破碎了！

（此时，师生的情感达到了高潮。教师出示了“我们这个地球太可爱了，同时又太容易破碎了！”板书：易碎）

【点评】学生的情感触发，往往与一定的情境有关。严老师利用图像与音响，配上饱含真情的语言，再次掀起学生情感的波澜，引起心灵的共振，架起了文本与学生的情感桥梁。

师：地球易破碎的原因在哪儿呢？

（学生找出有关的句子带着感情朗读，并联系生活中所见的日益严重的环境污染现象来说说自己的理解。）

师：那么，你们怎么看待人类的这些行为呢？

生1：我觉得人类太可耻了。

生2：我觉得人类很残忍。

生3：我觉得人类恩将仇报。

生4：我觉得人类不顾后果。

【点评】调动学生已有的生活经验，把课堂学习与社会生活紧密相连，启发学生真正地由课本走入生活，从封闭走向开放，很自然地渗透了人文教育。

师：请结合课文内容和你此刻的心情来说说这段话。

（出示完形填空，学生先独自进行填写练说，然后相互交流说，最后请学生代表说。）

地球，这位________，这个________，是那样的________。地球是无私的，它向人类慷慨地提供了________。但是，因为人们________，不但________，还________。面对________母亲，我们________，我们________。

生1：地球，这位人类的母亲，这个生命的摇篮，是那样的美丽、壮观、和蔼可亲。地球是无私的，它向人类慷慨地提供了生活所需要的各种资源。但是，因为人们不顾后果地滥用化学品，不但使这些资源不能再生，还造成了一系列的生态灾难。面对伤痕累累的母亲，我们落泪，我们惭愧。

（一位学生回答后，教师再引导同学们创造性地说出抒发情感的末句。）

生2：面对千疮百孔的母亲，我们落泪，我们伤心。

生3：面对伤痕累累的母亲，我们伤心，我们落泪。

生4：面对慷慨无私的母亲，我们敬仰，我们惭愧。

……

师：同学们用不同的词语，表达了我们共同的心声！来，我配合你们说说，说到最后一句的时候，我们就说各自的感受！

（师生再次充满感情地说。）

师：（动情地）难怪宇航员目睹地球时，发出了如此痛心的感叹——

生：（接读）我们这个地球太可爱了，同时又太容易破碎了！

（屏幕再次显现这两句话。）

【点评】运用完形填空，较好地概述了课文内容，特别是末句让学生任意扩展叙说，充分地尊重了学生的独特感受，更是一种极好的语言训练方式。这种语言训练是建立在情感基础上的，所以，工具性与人文性在这里得到了有机的结合。

（师生合读课文第六自然段，经讨论，大家都认为人类还不能移居到地球以外的星球。）

师：既然我们不能移居，我们只能怎么做？

生1：保护地球！

生2：我们要爱护地球！

生3：我们只能用自己的双手抹去地球妈妈的眼泪！

生4：我们只能自己拯救地球！

师：说得太好了！我们只能这样做，我们必须这样做。因为我们——

生：只有一个地球！

师：因为人类——

生：只有一个地球！

师：我知道同学们此时已经按捺不住内心的激动。这样吧，把你最想对地球妈妈说的一句话写在课题上，向大家述说你心灵的呼唤。

（学生认真、激动地写，然后争相站起，激情表达。）

生1：亲爱的地球妈妈，我们爱您，几十亿的地球儿女都爱您。

生2：地球妈妈，几十亿的地球儿女已经醒悟，我们会保护您的，妈妈！

（鼓掌。）

生3：地球妈妈，请不要伤心，不要流泪，我们会找回您的青春美丽，再为您披上美丽的纱衣。

生4：地球妈妈，4月22日是您的生日，您的儿女会祝福您的。

生5：地球妈妈，您曾经有一份美丽摆在我们面前，可是我们没有珍惜，现在失去了才觉得后悔。您的美丽能再回来，我们一定爱护您。如果一定要在这个“美丽”上加一个期限，我们的希望是永远，永远，永远！

（听众热烈鼓掌。）

【点评】 在学生的思维得以放飞，激情得以飞扬时，不失时机地让他们说话、写话，充分表达内心的情感，凸显了阅读教学读写结合、说写结合的要求。同时，情感熏陶与语文实践也得以完美结合。

师：（动情地）同学们，你们对地球热爱的呼唤感动了我，我仿佛也看到了地球妈妈那含泪的微笑。善待地球，珍爱地球，这是一个永恒的话题。因为我们（手指课题）——

生：只有一个地球！

师：因为人类——

生：只有一个地球！

（全场响起热烈的掌声。）

【点评】 教师充满激情地三次引读课题，使学生体味课文的情感，达到了高潮。真可谓：以情激情，方能使情感的潮水起浪涌。

（这时，耳边响起了《让世界充满爱》的歌声，课件伴随着歌声滚动出现人们治理地球的图片，课在歌声中结束。但学生还静静地坐着不肯离开。）

师：（在音乐声中）同学们，现在已经下课了，还不想离开吗？其实课外有我们更广阔的学习空间。我这儿有一些网址和书目，送给你们好吗？

（教师发给学生卡片，师生互道再见，学生的心绪仍难平静，依依不舍地离座。）

【点评】教师不失时机地引导学生寻找更广阔的学习空间，体现了由课内向课外延伸拓展的大语文观。另外，以学生外显的不舍情态，可以看出，这节课人文教育的效果不但写在学生的脸上，也已深入到他们的心中。

【总评】

从以上所述可见，整节课书声琅琅、议论纷纷、情意浓浓。教学能达到如此境界，其一是因为整个教学过程始终抓住一个“爱”字，把语文的学习与学生的生活紧密相连，让学生把地球当作母亲来热爱，在静态的文本中激发灵动的想象，让学生真正地走进课本又走出课本，融入社会生活之中；其二是因为整个教学过程始终洋溢着一个“情”字，教师饱含真情的语言，紧紧地扣动着学生的心弦，引起了情感的共鸣，使他们充满求知的渴望和探索的力量。“情”是语文教学的根，严杏老师深谙这句话的真谛。

运用之妙　存乎一心

——《湖边》教学点评

一、聆听朗诵，带入情境

师：我想先请大家闭上眼睛，深呼吸，轻轻地打开你的想象之门。（课件音乐）这是一个晴朗的秋天，我们来到了风景秀丽的湖边。蓝蓝的天空，飘着悠悠的白云。蓝蓝的湖水一碧如洗。几只大雁，从我们眼前飞过去了。空气中散发着秋的香味，也许远处有个可爱的果园吧。轻风徐徐吹来，我们凉爽极了，头脑变得越来越清醒，眼睛变得越来越明亮。我们看到了，看到了白云飘动，落叶飞舞。我们听到了，听到了青蛙在唱歌、小鸟在欢叫。多美的秋天呀，多美的湖边呀……好，现在请深深地吸一口气，慢慢地醒来，醒来，睁开眼睛。

【点评】这是一个多么美好的课堂开启方式。在天籁般的诵读与音乐声中，严杏老师用诗意、纯净的语言，把学生带进了课堂所创设的意境里。那一刻，课堂变成了自然，自然走进了课堂。学生外在的眼睛轻轻闭上，同时，内在的眼睛悄然张开，身心愉悦地走进了秋天的湖边，感知着这美的一切。

二、欣赏图画，激发想象

1. 出示图画。

师：看到秋天了吗？闻到秋天的气息了吗？

师：看，这就是秋天的湖边。

课件：先出现一汪湖水，边上有草地，有树木。

师：呀，一只好漂亮的蝴蝶飞过来了，小青蛙也来凑热闹。

课件：湖面上出现一只漂亮的蝴蝶，一只青蛙蹦到湖水里……

2. 拼读词语：

蝴蝶　青蛙

3. 启发想象。

咦，蝴蝶它来做什么呢？

——尽量让学生想象，看看这只蝴蝶究竟是来干什么的。

【点评】在严杏老师教学语言的巧妙引导下，触发了学生各感官相通，内在的视觉与嗅觉被充分调动起来。这幅秋天的画面，因为小动物的出现，由静态转为动态，激起了学生的好奇心与求知欲，打开了学生的想象之门。

三、理解诗歌《湖》，欣赏诵读

湖

好大一面镜子，
蝴蝶飞过来，
照一照，
看看衣服美不美。
看看身材好不好。
一只青蛙跳着，
蝴蝶大声叫着：
我的衣服破了，
我的衣服破了！

1. 师诵读。

2. 拼读词语：

镜子　衣服　身材

3. 学生朗读诗歌。

先自己读一读。再指名读。最后齐读。

4. 回答问题：

这只蝴蝶到湖边来干什么的呀？

蝴蝶却着急地叫：衣服破了，衣服破了！她的衣服真的破了吗？

5. 指导有感情地朗读诗歌：读出开始的甜美，读出后来的着急。

【点评】 由想象、猜测引出本课的第一首儿童诗，再通过严杏老师自己的范读，学生的自读、个别读与齐读，亲近这首诗。对于诗歌这样音乐性很强的文学样式来说，它的意蕴、情趣、韵律，会在声音的形象中一一呈现。以诵读的方式学习儿童诗，就是让儿童用自己的声音去寻找诗的感觉，使诗的感觉能在声音的刺激中变得敏锐起来。

四、理解诗歌《秋叶飘飘》，欣赏诵读

1. 课件：镜头从湖面移到几棵枫树，叶子有红有黄。树上的叶片纷纷落下，草的颜色渐变。

2. 同学们看，秋意渐渐浓了，一片一片的树叶从树上飘落下来。

——咦，这些红色的、黄色的叶子又像什么呢？

——树叶纷纷地飘落下来，想干什么呢？

（尽量让学生想象。）

3. 有一个小作者也和你们一样，看着纷纷飘落的秋叶展开了丰富的想象，写出了下面这首诗歌。

4. 出示下面的诗。

秋叶飘飘

红色的蝴蝶，
黄色的小鸟，
在空中飞翔，
在风中舞蹈。
不是蝴蝶，
不是小鸟，
是红叶舞，
黄叶飘，
像秋姑娘发来的电报，
告诉我们秋天已经来到。

5. 指导理解、诵读。

（1）拼读词语：

飞翔　舞蹈　姑娘　电报

（2）教师范读。

（3）学生自主朗读。

自由读。指名读。齐读。

（4）回答问题：

把秋叶比作什么？

——像蝴蝶在空中飞翔；像小鸟在风中舞蹈。

——像秋姑娘发来的电报。

（5）指导有感情地诵读。

——读出喜悦，读出飞翔的快乐，读出自由自在。

【点评】伴随着课件的演示，严杏老师把学生带入了更深的秋天，引出了第二首儿童诗《秋叶飘飘》。除继续用欣赏诵读的教学方式外，她还启发学生到诗歌中去提取有效信息，以此来提升学生的独立阅读能力。

五、理解诗歌《不学写字有坏处》，欣赏诵读

1. 出示图片。

越来越多的叶子染上了秋天的颜色，好多秋叶在空中飘啊飘，飘落到地面上。一件有趣的事情发生了。瞧——

课件：镜头追随树上飘落的一片叶子落到地面，一只小虫（七星瓢虫）从叶子里探出头来咬了三个洞，接着叶子被风吹到了另一个地方，一只蚂蚁也从这片叶子里探出头来咬了三个洞。

2. 引发想象。

多么有意思的画面呀，它们在干什么？

小虫在叶子上咬三个洞，表示什么意思啊？

树叶被风送给了蚂蚁。蚂蚁也在上面咬了三个洞，这又是什么意思呢？

（尽量让学生想象。）

3. 出示诗歌。

有一位台湾的作家小时候也看到这件事，她特别会想象，她觉得这是小虫和蚂蚁在写信呢，可是因为他们不会写字，所以遇到了一点儿麻烦，想看看她是怎样描述的吗？

不学写字有坏处

方素珍

小虫写信给蚂蚁，
他在叶子上咬了三个洞，
表示我想你。

蚂蚁收到他的信，
也在叶子上咬了三个洞，
表示看不懂。

小虫不知道蚂蚁的意思，
蚂蚁不知道小虫的想念，
怎么办呢？

4. 指导理解、诵读。

（1）拼读词语：

小虫　蚂蚁　表示　意思

（2）教师范读。

(3) 学生自主朗读。

(自由读。指名读。齐读。)

(4) 回答问题:

小虫不知道蚂蚁的意思,蚂蚁不知道小虫的想念,怎么办呢?

(5) 指导有感情地诵读。

——读出困惑。

【点评】这是一首有趣的儿童诗。严杏老师通过动画演示,使诗歌立体化地呈现在学生面前,再次引发学生的阅读猜测,使学生的学习兴趣始终盎然于课堂。

六、补充画面,叙说想象

1. 带入情境。

其实秋天的湖边还有好多好多动人的画面,还有好多好多有趣的故事,只要你有发现美的眼睛,只要你有灵敏的耳朵……现在请你再次闭上你的眼睛,(音乐)我们又来到了湖边,秋天就在你的眼前,此时的秋意更浓了,远处……近处……让我们用自己的想象来丰富秋天的画面,秋天的色彩……

2. 补充画面。

现在,我想请聪明的你们用灵巧的画笔来继续描绘我们秋天的图画,秋天还有什么景物呢?请你们将刚才看到的景物,添在画面上。

(三分钟之后。)

3. 叙述想象。

请小朋友讲述自己的图画。引导他们尽量发挥想象。

4. 总结。

今天我们一起来到了秋天的湖边,在这儿,同学们展开了想象的翅膀,朗读了精美的诗歌,也画下了有趣的图画。你们笔下的作品真让我喜欢,你们独特的想象让大家看到了不一样的秋天。比秋天更美丽的是你们的想象!下课。

【点评】在动人的音乐与动情的诵读声中,学生又一次闭上了眼睛,与课堂初始形成了呼应。在经历了课堂之旅之后,学生又一次张开心灵的眼睛,所看到的画面,所想象的场景,肯定更加丰富、更加有趣、更加富有诗意。因为严杏老师把美好的意境通过这三首童诗,传递给了学生。于是,画画、想想、说说,便成了水到渠成的语文实践活动。

【总评】

“运用之妙,存乎一心。”严杏老师在景物与童诗的处理上独具匠心。她以秋意渐渐变浓为时间线索,使三首不同的儿童诗,无痕融合在自然的情境之下。

严杏老师的学生曾说："在我的记忆中，您的诵读让课本中的文字，不再是一个个码好的方块字，它们是风、是海、是浪、是花香、是阳光，是世间一切美好的事物。"学生所言极真。在这节课上，严杏老师的诵读，带来的就是充满诗情画意的秋天。她的诵读，特别具有审美感染力，营造出和谐、自然、纯美的学习场。学生处在这个"场"中，用与不同的儿童诗相对应的情感练习诵读、放飞想象、锻炼思维，这真是一段美的旅程。

我的教学语录

1. 诵读作为一种把无声的书面语转化为有声语言的再创作活动，它可以更加有效地把书面语言系统“内化”在大脑之中，逐渐建构完善一个处理语言的“格式塔”，从而把语言学习过程变成语言习得过程。从这个意义上说，诵读是语文阅读教学的一种重要方法，也是一项重要的语言技能。

2. 诵读，不仅仅是一种对文字和语言的读取形式，也是对语言的感受过程。

3. 诵到极致就是“说”，就是平和、自然、质朴、生活化地说话，就是诵读人之“心”与文本之“心”的共鸣。这是原汁原味的读，也是能抵达作者心灵深处、表达作者真心本意的读。

4. 真正的颤音应该是心灵的颤动，真正的笑容是源于内心的快乐。

5. 诵读语文是以诵读作为教学活动的切入点和依托，彻底改变以往教学中肢解文章内容和语言的做法，使学生从节奏上感知文章，从整体上把握文章，进而获得完整的思维形象和情感体验，变研究语言为运用语言的一种教学活动。

6. 我的诵读教学，意在追寻语文教育的灵动，激活孩子们的童心、童真、童趣；意在通过诵读实现阅读吸收与表达倾吐同在、言语活动与想象活动的同步、认识事物与学习知识的同行；意在用诵读浸润孩子的心田，把最美的声音留在孩子的心底。

7. 诵读作文就是通过整体诵读的方式把儿童读本还原成为有整体节奏的儿童声本。我们并不反对或否定儿童绘本的经验，但是，根据《三字经》《弟子规》《增广贤文》等中国蒙学教材的传统，我们更重视“儿童声本”，而不是“儿童绘本”。“儿童声本”虽然是我们在“诵读语文”的过程中提出的一个个性化的概念，但这个概念扎根于中国语文教学的大传统之中。

8. 诵读作文就是通过诵读的路径恢复语言文字的声音节奏。通过语言文字的节奏感来帮助儿童找到写作的整体感。

9. “胸藏万汇凭吞吐，笔有千钧任翕张。”学生在琅琅的读书声中可以感受辞章之美，同时在不经意间对抑扬顿挫的语音、错落有致的节奏和匠心独具的结构也拥有直观的体验，这样，作文教学便能进入一个美好的世界：“文章读之极熟，则与我为化，不知是人之文，我之文也。”

10. 学生通过对自己的写作进行诵读修改，是一个情动于中——声形于外——情化于内的不断循环上升、深化的过程，这也是锤炼语言、完善语感的最佳通道。

11. 美的诵读不单是使学生获得愉悦感，更是要指导学生借鉴前人的审美经验、美的规律、美的表现方法，形成合乎要求的听说读写能力。

12. 车尔尼雪夫斯基说过：“美的事物在人心中所唤起的那种感觉，是类似我们当着亲爱的人面前时所洋溢于我们心中的那种愉悦。”诵读教学的艺术就是要善于唤起学生心中的“那种感觉”，并利用“那种感觉”，引起“那种愉悦”去优化教学情境，逐步实现智能培养和人格教育的目的。

13. 我的语文课总是这样读读、议议，很是随意，似乎也没什么章法。诵读是最寻常的。可是，我喜欢，我的学生也喜欢。听到孩子们朗读的声音我就感到温暖，并且常常沉醉其中。

14. 孩子们在属于自己的儿童世界里是无所不能的。此时的孩子们在沟通和对话中视野开阔了，思想畅达了，联想丰富了，许多精彩俏皮的儿童话语，独出心裁的表达方式，甚至连大人都会惊叹的小小哲理也出现在儿童美好的表达中。

15. 在真正属于孩子们的课堂里，他们可以很放心地说出自己想说的话。孩子们的心情放松了，就会有创意的表达，不寻常的发现，由童心折射出来的世界是丰富和精彩的。

16. 文学作品中的景物、人物、情节都蕴含着作者强烈的思想感情，要让学生熏陶作品的思想感情，教师就要带着激情去引导学生体会，在理解意义的基础上，产生与作者的共鸣，与文中主人公的共鸣，从而进入情感与思想融合的境界，让读成为一种需要，成为自己抒发情感的最自然、最恰当、最迫切的表达方式。

17. 面对胆怯腼腆、不敢读书的学生，教师要热情地鼓励，真诚地启发，耐心地等待，“水尝无华，相荡乃成涟漪；石本无火，对击始发灵光”。课堂上，教师把学生看作心上的朋友，学生就将教师视为眼中的亲人。教师爱意绵绵，学生则情深意重。

18. 教学激情绝不是做作的、浮浅的虚情假意，它依靠教师的人格结构、知识结构和审美理想。

19. 如果说“情”是朗读的“导火索”，那么“趣”则是朗读的“催化剂”。在学生对课文内容理解不深、朗读基调把握不准时，教师要以亲切的微笑、殷切的期待，给学生以生动而深刻的心理暗示，使学生心领神会，在妙趣横生中产生理解和顿悟，进而领悟朗读的要领，让朗读成为一种乐趣。

20. 作为一名语文教师，站在讲台前，用满腔的激情将一段段文字传递给学生，读出来的不仅仅是自己对文字的一份感悟、一份责任，更是滋润学生心灵的一汪清泉。

21. 我期待在自己的课堂上，学生不是在奉命读书，而是书中的形象、情感、语言激荡着学生。让书阅读学生的心灵。

22. 语文不仅给予学生语言知识，也要培养和塑造具有完整人格的学生。

23. 审美情趣是人在审美活动中表现出来的心理定式，它以喜爱或不喜爱的情感评价方式体现审美的倾向性和选择性。在语文教学中，审美情趣常以一种直感的方式，迅速对事物做出情感性的选择和评价。

24. 教师需要给予学生一种以人为本，以促进个性发展为宗旨的综合性动态评价，要让文本与学生心灵的“共情”契合。

25. 也许，只有把孩子们引入百花丛中，让他们像蝴蝶一样，自由自在地采撷，像小鸟一样，尽情地歌唱，才能拨动孩子们智慧的心弦，激发起孩子们自由的、活泼泼的思想，让他们的话语如涓涓细水，潺潺而流；心门似春天百花园的柴扉，轻轻洞开。

26. 语文的综合性学习是形成“自主、探究、合作”学习方式的重要途径。它重在学科内外的联系，重在学习过程，注重激发学生的创造潜能，能较好地整合知识和能力，尤其重在实践中培养学生的观察感受能力、综合表达能力、人际交往能力、搜集信息能力、组织策划能力、互助合作和团队精神等。开展语文综合性学习的核心环节是：研究。

27. 在开展小课题研究活动中，我们坚持让学生自主选择和主动探究，从课题的产生，到研究方法的选择，再到研究成果的展示。

28. 我喜欢讲故事，同时伴随悠扬的乐曲，让温暖舒适的感觉在教室里弥漫。我相信故事的熏陶会在不知不觉中催生优雅的心境。学生喜欢故事，教师就应该带领学生进入故事的世界。

29. 我总是怀着一颗平静的心，不急，不燥，耐心。平静中，我会有足够的时间思考一些教育教学的问题，慢慢回味，认真反省。即使一些问题一时无法解开，也不着急。教育的事情不能急，有时甚至需要慢一点儿，像水晶一样，慢慢地凝结。

30. 当一位教师将自己的教学行为、策略、模式、构架，融化为深层的、潜意识的自然行为时，我们的教育生命才会绽放出绚丽的光芒。

31. 教学是一个极富活力与个性的运作过程。而课后练习就像是这一进程中的一个个加油站：不是要“敲打”，也不是要“强化”，而是要给一路前行的孩子们以“肯定”和“激励”，“回顾”和“展望”。它是“伴学”，是“助教”，是教学流程上不可或缺的“节点”，是师生共同建构的“成长活动”。这才是练习的本义。因而，从某种意义上说，练习是富有色彩、充满情趣的引导学生前进的阶梯，是学生多方位、多角度提高语文素养的助推器。

32. 博客，正在改变着我的教育方式和孩子们的学习方式。看似平淡的故事，看似不经意的交流，因为来自真实的生活，因为有了真诚的思考和关注，便充满了生命力，充满了打动人的力量。透过这个虚拟而又真实的互动平台，我和孩子们的心贴得更近了，他们的行为也在悄悄发生着可喜的改变，变得更关注生活，更乐于学习，更富有爱心，更懂得自省。

33. 童心，是荷叶上滚动着的露珠。我多想在孩子们的心田种下一片圣洁的荷花，让荷叶上的晶莹露珠，永远那么清澈，永远那么纯净。

34. 从来不曾怀疑，越来越坚定地相信，爱是师生间一首最美的诗。

35. 生命是一种轮回，也许活着就是在不断地回归。回归，向着我们的最纯真的童年回归。难道不是吗？在我们长大成人后的不断求索和索求之后，蓦然回头，我们会发现，其实更多的期待似乎都是在向童年靠近，在向童年的梦想靠近。

36. 我愿意用这样一种爱的表达：一页温馨的信笺，几行清新的小字，当墨迹流淌在笔尖的时候，往日的温暖与幸福萦绕在心头。曾经有过多少未曾表达的祝福与问候，在岁月的河流中随水而去。只有这些信札，将它们定格在我心灵的深处，也许，多年以后，还能唤起我遥远的回忆。

37. 走在教育改革的十字路口，我们既要有气定神闲的守望，更要有时不我待的追寻。

38. 读书就应该像呼吸一样自然！如果一个国度每个人都在读书，这一定是一个自信、自强的国度。如果一个学校弥漫书香，这一定是一所充满智慧和希望的学校。如果一个人已经让阅读融进了自己的生命，这个人的生命或许就会无限绵长，或许他就会拥有宽广的、多姿多彩的生命空间。

39. 生活是一种真切的体验，是一种心灵的历程，也是一种生命的积淀。生命赐予我们感知的力量，把自己当作世间一象，时时关照，不时与自己对话，和自己谈心，是一种生活方式，亦是一种生命的修行。

40. 如果说“自有人生，便有教育”，那么“自有教育，便有故事”。发生在教育中的故事也许“其貌不扬”，波澜不惊，但因她是人与人的美丽相遇、是心与心的和谐共振、是真与善的智慧相依，因而，记录她们，就是记录我们的心灵成长史。